# 打造同村共養

# PARENT NATION

## Unlocking Every Child's Potential, Fulfilling Society's Promise

父母的語言 2

**正視0-3歲大腦發展期**
**幫助每個爸媽安心育兒**


Dana Suskind 丹娜・蘇斯金——著

Lydia Denworth 莉迪亞・丹維斯——著

謝儀霏——譯


每一個孩子 都是我們的孩子

獻給我的父母，Leslie Lewinter-Suskind 和 Robert Suskind
他們的愛讓我總是看到人性的美善與無限可能。

D.S.

獻給 Jacob、Matthew 和 Alex
他們讓我成為母親。

L.D.

# 導讀

## 小兒外科醫師與經濟學家的浪漫邂逅

林明仁 台大經濟系特聘教授
賴建宇 台大經濟系助理教授

丹娜・蘇斯金醫師是芝加哥大學的外科與兒科教授，專長為人工耳蝸植入。在二〇〇七年時已執業多年的她，問了自己這樣一個問題：「為什麼同樣植入了人工耳蝸，有些小病人各方面發展突飛猛進，另一些卻還是原地踏步？」她得到的初步答案是：「聽得到還不夠。」孩童早期的語言經驗，是導致表現差異的最重要原因，而聽力差異（先天）與家庭背景（後天），同時扮演著重要角色。她因此在二〇一〇年開始了名為「三千萬字」（thirty million words）的研究計畫，在其著作《父母的語言：3000萬字，給孩子更優質的學習型大腦》中，詳細討論早期語言環境對嬰幼兒發展的重要性，即是初步研究成果的總結。

然而，語言只是幼兒日常發展的其中一個能力而已。舉凡認知與非認知能力、如何推理、觀察週遭事物變化邏輯、了解父母或他人的情感反應，甚至是掌握自己身體與情緒的能力，都讓嬰幼兒的生活非常忙碌，也豐富他們的生命經驗。近十幾年來，社會科學也逐漸理解到投資幼兒早期發展的重要性，此一文獻也稱做「早期幼兒生命投資或介入」（Early Childhood Investment/intervention），依據諾貝爾經濟獎得主海克曼（James Heckman）的計算，對〇至五歲幼兒的社會投資報酬率可達一三%，是青少年時期的兩倍！

蘇斯金醫師在發表《父母的語言》後，也理解到應進入一個更跨領域的思考，從生理、心理、學習過程、社會支持等各個面向，全方位的開展研究設計。就在此時，她遇見了智識與生活上的靈魂伴侶：芝加哥大學經濟系前系主任約翰・李斯特（John List）教授。李斯特教授是行為經濟學與實驗經濟學的權威專家，他的社會科學背景與蘇斯金醫師在生理、公衛上的知識及第一線實務經驗，成了絕佳的互補！兩位一路走來相互挑戰，也相互扶持，將「三千萬字計畫」逐步擴大成「三千萬字計畫早期學習＋公共衛生中心」。本書即是這對學界神鵰俠侶研究成果的科普版。

我們與蘇斯金醫師和李斯特教授是多年好友，筆者（林明仁教授）在擔任台大經濟系系主任時，曾在二〇一七年邀請兩位擔任第一屆台大經濟講座主講者，賴建宇助理教授則是在李斯特教授的指導之下完成博士學位。在相處過程中能感受到兩位對小孩的溫暖關懷，以及用學術「make the world a better place」的志向。在參加他們的家庭聚會時，李斯特教授很常讓孩子在來訪者面前，以一、兩分鐘闡述自己目前工作、就讀的領域與議題，孩子們都具備很好的語言表達與組織能力（他也常常如此訓練學生與助理）。他們對此能力的重視及養育孩子的經驗，正是啟發他們對於學前教育一系列研究的最重要原因。以下我們就為讀者做個簡要的導讀。

## 為何要在意學前教育？從教育投入與產出說起

依據世界銀行的資料，政府花費在教育上的支出，世界平均大概是四％左右。從政府、家庭花費在教育上的金錢、時間與精力來看，大家在意孩童教育是無庸置疑的。但如何知道我們的做法有沒有效果？我們必須先理解教育的投入與產出機制是如何運作，才能制定有效的政策與決策。

在蘇斯金、李斯特及莎瑪克（Anya Samek）三位所合著的〈結合行為經濟學和現場實驗，重構幼兒教育〉（*Combining behavior economics and field experiments to reimagine early childhood education*）一文中，給出了一個可清楚思考此問題的基本架構。在此模型裡，孩童某一時期的表現和產出，會與當時父母、學校和孩童自身的投入，以及孩童先前的表現有關。這些投入可能對於孩童的學習相輔相成，也可能會彼此替代。以臺灣常見的課後補習班為例，除了父母要繳交費用（父母投入）之外，孩童也要在補習班認真聽課、寫作業等（孩童投入），學業表現才會有所增進。課後補習班可能會補充學校教學遺漏的概念（相輔相成），也可能讓學生減少專注在學校課堂上（彼此替代）。因此，教育政策必須先考量這些投入的相互影響與消長，才知道該如何介入。

模型裡的另一大要素則是孩童先前的表現。若將學習比喻成蓋塔，前期地基的建構，會影響後期往上蓋塔的穩固程度。以學習數學為例，如果孩童在小學時無法掌握基礎的加減乘除計算，那麼在之後學習解方程式時，便更可能碰上困難。這裡就出現了教育政策該在何時介入的問題：中小學的基礎教育被視為建立生活能力，也是接受高等教育的基礎。因此站在人力資本建立的角度，許多國家的教育政策著重於這段期間的介入（像是書中提到的美國 K-12 教育）。然而從許多研究看來，這種蓋塔般的學習過程並非中小學階段才開始，而是從出生時就已經開始。許多研究顯示，在嬰兒六至九個月大時，其腦電波圖的表現已大不相同，顯示出不同家庭背景的嬰兒有認知能力上的差距，且隨年齡增加而擴大。在統計上，父母對幼兒的投入與互動可用來解釋這些差距。經過更長的時間，這些差距甚至能擴大為成就差距，例如就學準備表現、高中輟學機率、取得大學學歷的機率等。

此外該文也指出，**在學前教育中，幼兒所面對的環境是由父母選擇，並包含了孩童與父母（照護者）的互動，所以父母在學前教育中的投入有不可替代性，這也是為什麼學前教育的介入，應該以父母為介入標的**，也是本書討論圍繞著父母，並以「父母國」為書名的由來。

## 學前教育與政策施行效果要考慮規模問題

即使諸多研究顯示，學前研究與教養（parenting）確實影響幼兒發展甚至成年的成就，但如何將這樣的概念做為政策並實行，仍然是一大難題。低參與率與缺乏成效，往往都是從研究轉換到政策要面對的問題。此一問題在李斯特的新作《規模化效應》（*The Voltage Effect*）中被詳細討論。我們可以將此稱為「規模問題」，泛指一個在某些受實驗群體與特定時空下被驗證有效果的方法與介入手段，是否能夠在其他群體、時空大範圍的複製出相同效果。蘇斯金醫師在本書中討論的案例，其實很多都反映出規模問題的存在。蘇斯金教授觀察到有許多困境會讓父母心有餘而力不足，阻礙家長執行「三千萬字計畫」建議的教養方式；而各種家庭的異質性，會造成計畫參加者得到不同成效。

在阿佑拜李（Omar Al-Ubaydli）和李斯特、蘇斯金合著的〈使用科學的科學：理解對可擴展性的威脅〉（*the science of using science: toward an understanding of the threats to scalibility*）一文中，也提出投入實驗介入的要素如何產生，也會造成規模問題。比如在一些教育實驗中，不可避免的要聘用教師來教導孩子，在小規模的實驗下，也許能用目前市場上的薪資水準，篩選出最有熱忱與教學能力的教師。在這樣的教師參與實驗的情況下，教育實驗的介入成效非常顯著，因為這些教師可以很好的掌握實驗介入（像是教材與技巧）的操作。但若將相同實驗介入擴大到整個城市甚至國家，仍維持相同的薪資水準的話，優秀教師數量可能就不足以支撐整個大型計畫，在這種情況下，可能必須提高招聘的工資，才能吸引更多優秀教師。蘇斯金醫師在書中也提到要提高幼兒照護人員的待遇，因為優秀的托幼人員可以提升學前教育品質，如果只是單純的廣設托兒機構，而沒有相對應的品質提升，就會讓托幼變成單純的「看小孩」，而沒有學前教育的效果。

## 行為經濟學與現場實驗的加入

我們可以想像一個極端的父母國形式，就是讓國家全權負責幼兒教養，投入大量甚至所有資源，聘請最佳的教養人員，確保有效的幼兒教養方式被準確充足的執行。這種形式或許能得到最佳的學前教育品質，但也會犧牲父母與子女的情感建立，而且在資源上也並不允許。這也是為什麼在這個議題上，他們仍然以父母做為學前教育的主要執行者，並且尋求簡單的政策介入方式。因此我們必須理解父母的決策行為，了解其背後動機，而行為經濟學的理論與應用則為此提供了很好的工具。

例如，蘇斯金、李斯特與柏諾特（Julie Pernaudet）發表在《自然通訊》（*Nature communication*）的〈改變父母對兒童發展的信念，讓父母願意投資並改善孩子入學準備度〉（*Shifting parental beliefs about child development to foster parental investments and improve school readiness outcomes*）文章指出，經實驗發現，藉由增加父母對學前教育的信心，能提升父母於學前教育的投入，改善學前教育的品質。我們必須對父母傳達正確的知識，讓他們正視並相信與幼兒互動對孩子發展的影響，才能讓父母在幼兒投入上做出較為正確的選擇。這樣的研究便是基於行為經濟學的架構，假設父母並非全知全能且不會犯錯，而是需要提供必要資訊或加以提醒來修正其決策。這樣的研究往往可以發展出較為便利、容易實施的政策。提供資訊可比提供完整的幼兒照護要便宜多了！

## 推力：「簡單便宜又有效」有可能嗎？

另一項行為經濟學提供的可能手段是推力（nudge），根據諾貝爾經濟獎得主泰勒（Richard Thaler）跟桑斯坦（Cass Sunstein）的定義，推力是在沒有禁止決策者任意可行選項，也沒有強烈改變決策者的經濟誘因下，透過設置去對決策者做可預測的行為改變。本書中提到「床邊數學故事」，經實驗發現對增進孩童數學能力有正向效果，這種改善幼兒發展的方式或許能藉由推力來實行，像是讓父母與孩童候診時，有機會閱讀相同教材來消磨時間，或是將相關故事發給他們，若此法可行也將會是成本低廉的政策。

本書不但提供了我們該如何看待教育的觀點，也讓我們對於教育政策的改進方向有所理解。希望本書的諸多討論，能讓讀者從各個面向觀察教養孩子的難處，以及教育政策為何在某些因素下行不通，進而探討社會制度與政府政策該如何改正，以消除這些困境，創造出對父母教養孩子更為友善的環境。

## 好評推薦

「因體系不完善而讓家長痛苦的這些故事，更凸顯政策與個人切身相關。本書內容深刻，令人信服，能鼓勵大家付諸行動。」

——《出版家週刊》（*Publishers Weekly*）

「知名小兒耳鼻喉科醫師提倡大幅改革美國社會政策，因為政策對兒童影響甚鉅……有必要加強社會服務，並轉化兒科醫師診間，成為家庭易於取得這些服務的集散地，尤其是當家庭陷入困境時。」

——《科克斯書評》（*Kirkus*）

「這是一份宣言，也是一本手冊，道德呼籲不管是個人或社會，都應該為了孩子的美好未來做些什麼。任何愛孩子的人絕對要讀。」

——安琪拉．達克沃斯（Angela Duckworth），「品格實驗室」（Character Lab）創辦人兼執行長、賓州大學心理學教授、麥克阿瑟獎得主、紐約時報暢銷書《恆毅力》（*Grit: The Power of Passion and Perseverance*）作者

「我們能為孩子（和我們自己）所做最棒的事，就是聽從本書及時、重要且美好的號召，起而行動。《打造同村共養父母國》提出以科學為本的扎實架構，引領我們到另一個國度，那裡有更健康的孩童、更快樂的父母、更強韌的社區。」

——艾蜜莉．奧斯特（Emily Oster），布朗大學經濟學教授；紐約時報暢銷三部曲《好好懷孕》（*Expecting Better*）、《兒童床邊的經濟學家》（*Cribsheet*）、《家庭事務所》（*The Family Firm*）作者

「在美國似乎極端到令人絕望的時代，丹娜．蘇斯金博士告訴我們如何能夠橫跨政治歧見，為我們孩子、家庭、社區的福祉共同努力。《打造同村共養父母國》一書充滿了辛

酸的故事、清楚的數據、切實可行的提案，發出鼓舞人心的行動號召。」

——克莉絲汀．杜梅茲（Kristin Kobes Du Mez），加爾文大學（Calvin University）歷史教授、紐約時報暢銷書《耶穌和約翰．韋恩》（*Jesus and John Wayne*）作者

「丹娜．蘇斯金博士在這本清晰而重要的書中，結合了醫學與社會科學，彰顯個人即政治，熱切論述我們國家應如何支持父母，讓他們去做最想做的事：照顧自己親愛的孩子。」

——佩莉．柯來斯（Perri Klass），醫學博士、紐約大學小兒科及新聞學教授、《生對時代》（*A Good Time to Be Born*）作者、紐約時報專欄「健康檢查」（The Checkup）作家

「丹娜．蘇斯金博士寫了一本好書，以歷史和科學為後盾，優雅而有力的文字更為其增色。身為兩個不同世代的家長——一個是努力讓孩子維持生活現狀的單親媽媽；另一個是每天努力，想為自己的孩子與所有孩子提供更好、更公平未來的父親——這本書吹響號角，呼籲家長團結起來，建立一個看重家庭且願意給予支持的社會。身為母親和兒子，我

們團結一心，準備加入《打造同村共養父母國》所提出的奮鬥。」

——韋斯．摩爾（Wes Moore），紐約時報暢銷書《同名不同命》（*The Other Wes Moore*）作者，與母親喬伊．湯瑪斯．摩爾（Joy Thomas Moore）合著《孩子的七大後盾》（*The Power of Presence*）

「《打造同村共養父母國》清楚說明，孩子三歲前是大腦成長最快速的階段，我們的公共政策必須反思這個事實。孩子出生第一天，學習就開始了，但我國教育體系缺少對該階段父母的社會支持。蘇斯金博士有理有據、切實可行的建言，照亮我們通往未來的路徑，讓所有孩子都打穩基礎，有機會能夠實現天賦潛能。」

——鄧肯（Arne Duncan），前美國教育部長、《學校的運作》（*How Schools Work*）作者

「這本書猶如當頭棒喝。我們太清楚早期大腦發育的重要性，所以絕對要把孩子的嬰幼兒期，視為社會健康的首要驅動力。支持孩子，意味著支持照顧他們的成人；因此整合並投資高品質的幼教體系，並肯定提供資源的企業和政府，是我們所有人的工作。」

——史帝夫·奈許（Steve Nash），前NBA全明星與最有價值球員、布魯克林籃網隊教練、史帝夫奈許基金會（以兒童健康為宗旨）董事長

「在《打造同村共養父母國》一書中，丹娜·蘇斯金的主張很有說服力：給予養育幼兒的家長支持，應該是國家的首要之務。蘇斯金以語帶同理、有急迫意識的動人篇章，闡述嬰幼兒發展的神經科學，藉此解釋何以此階段為關鍵期。《打造同村共養父母國》無異於一份行動呼籲。」

——艾力克斯·寇羅威茲（Alex Kotlowitz），暢銷書《這兒沒有小孩》（*There Are No Children Here*）作者

目錄

# 前言

本書中我多次使用「父母」一詞。我也會用母親、父親、祖父母、照顧者、幼保員與其他成人等詞，有時是為了讓行文有變化，有時是因為語意的區別很重要。我也要強調，父母的類型很多，我所謂的「父母」包含最廣義的可能詮釋：被交付育兒重任並富有愛心的成人。就我所見，在「父母國」這樣的社會裡，相當珍惜且支持教養未來世代，並為此投入愛與努力。你在本書所讀到的父母都是真有其人，但我採取一些措施以保護他們的隱私。對於我在「三千萬字計畫早期學習＋公共衛生中心」所遇到的家庭，我只用名字而不用姓。其他受訪的家長，我也採取相同做法，不過有一些例外：若是連名帶姓呈現，都是因為他們所屬的專業使其可容易識別，也與本書內容相關。潔德和她的家人、賈斯汀、凱薩琳，以及艾倫·克拉克的朋友都是假名。

# 第一部

# 基礎

一個家庭的現實情況（工作壓力、經濟壓力、心理健康），對孩子健康大腦發展的重要性，並不亞於 3T 原則。

# 1

# 朝向新的北極星

建立支持父母的國度

一個社會的靈魂，
在其對待小孩的方式中表露無遺。

——曼德拉（Nelson Mandela）

我們走到了「紅線」，也就是醫院裡術前準備室和開刀房的分界，此時，寶寶的父母把孩子抱給我。他們眼裡噙著淚水，用滿懷希望又恐懼擔憂的眼神看著我。眼前這個小男嬰只有八個月大，先天耳聾，準備要進行人工耳蝸手術。我將為他植入通往聲音世界的小裝置，而在多年前，當他父親還是青少年時，我也曾為他動過一模一樣的手術。小男嬰躺在我臂彎裡，我安慰著他焦急的父母：「我保證一定會像照顧自己孩子那樣，照顧你們的寶寶。」

我抱著他們的兒子進手術室，他們則開始漫長而揪心的等待。每週二上午我都會進四號手術室，每一台刀都要仰賴在那等待我的專業醫療團隊，而每次聽到監測器吵雜的嗶嗶聲，我都覺得非常安心。我的手術室有兩位流動護理師：蓋瑞．羅傑斯（Gary Rogers）確認人工耳蝸準備妥當，也確保我最愛用的鑽孔器和臉部神經監測器運作良好；尼爾森．弗洛雷斯可（Nelson Floresco）檢查手術室顯微鏡，這台顯微鏡大小和一輛Smart汽車差不多，讓我可以清晰準確看到耳朵微小精細的內部空間。手術室的技術人員羅蘋．米爾斯（Robin Mills）刷手後，進來整理手術台上一系列的無菌微小耳內裝置。兒童麻醉科醫師將充滿無色氣體的面罩，輕輕蓋在扭動的小寶寶臉上。小寶寶很快就睡著了。

在開始進行手術前，我們再三確認一切就緒：我們的病人身分正確嗎？確認。我們準備的人工耳蝸是正確的嗎？器械都正確嗎？確認。我們知道病人對任何醫療處置有過敏反應嗎？確認。外科手術預防性抗生素給藥了嗎？確認。這個例行流程確保手術的正確與安全。手術室裡的每個人各司其職，不可或缺。沒有人忘記我們一同聚集在此的原因：幫助孩子。

我進行的精細外科手術，離腦部只有幾公釐遠，不容許有任何差錯。所有必要的工具都準備妥當至關重要，更重要的是全程待命的精英團隊。如果這個細心建立起的體系分崩離析，不管我的技巧多高超、出發點多良善，這項工作絕對會變得困難無比，甚至不可能成功。有些困難可以克服，比方說少了幾個手術器械。但要是醫院停電，我突然必須在沒有照明或氧氣的情況下開刀呢？或者要是羅蘋、蓋瑞和尼爾森突然離開，剩我一個人該怎麼辦？形勢會對我很不利，任務也會變得不可能。

把小孩養大成人所面臨的挑戰也不亞於此。要把小孩養成健康快樂、能發揮潛力的大人，你需要擬定計畫，也需要適當的安全環境，能夠提供必要的支援。但是太多父母並沒有在最佳環境下發揮教養力，對美國及世界各地的許多父母來說，他們好像在不知何時能恢復的停電情況下，試圖正常運作；或是在沒有必要工具或任何支援的情況下，被要求達成重要的目標。

二十年前，我初為人母，以為自己擁有所有必要的工具。但在一個痛徹心扉的日子，一切都改變了；我先生劉永嘉（Don Liu）為了救兩名男童而溺斃，我年紀輕輕就守寡，三個孩子從此沒了父親。雖然我們有棲身之處也衣食無虞，比很多家庭好太多了，但是永嘉撒手人寰，在我們生命裡留下一個巨大的空洞。

他過世後好長一段時間，我每每在深夜裡，都會因為同一個可怕的惡夢而驚醒。夢裡的我站在霧氣瀰漫的河岸邊，月光穿透雲層，照射在離我不遠的木造扁舟上。三張驚恐的小臉——年幼的吉納維芙、艾許和艾蜜莉——從木舟上探出來，盯著眼前不祥的河流。湍急水流很像密西根湖的水域，很像奪走永嘉性命的湖中洶湧暗流。我感受到狂烈的水勢，永嘉當時離開安全的岸邊，游向那兩名掙扎大叫的男孩時，一定也曾感受到相同的水勢吧！我和永嘉一樣，一心一意要確保幼童的安全。在夢裡，我必須讓孩子安然渡河。我覺得如果自己做得到，他們就會安然無恙……一切就會安然無恙。但是水勢太急、小舟太破、對岸太遠。我哭著醒過來，茫然無助，孤單一人。

要抓住我夢境的要旨並不困難。我的想望和全天下父母一樣：把孩子安然送達健康、穩定、有生產力的成年人生，護送到遠遠的彼岸。我想給每一個孩子機會。但是我花了些時間，才看出自己夢境裡所有的元素：洶湧的水流、一葉扁舟、我獨自一人站在河岸，恰恰象徵了許多父母在成功育兒路上，將會面臨的難關。

我要怎麼在沒有支援、無依無靠的情況下，獨自於激流中前進？雖然我已經當外科醫師許多年，對於我所照顧的孩童，也自認充分了解其家庭生活，但成為悲痛單親媽媽的我，面對眼前困難的心路歷程，讓我對這些家庭面臨的挑戰有了新的領悟。

# 三千萬字計畫的後續

我走上外科醫師這條路，是因為覺得自己可以扭轉孩童的人生，救一個是一個。為耳聾的孩童植入人工耳蝸，無異於讓他們踏入聲音的世界，能夠聽，能夠說。我希望清除障礙，讓他們邁向成功，我也深信，「恢復聽覺」就是他們通往成功的第一步。手語確實能提供豐富的早期語言環境，前提是該語言由打著流利手語的人提供。我前面提到那位動手術的小嬰兒，現在能以兩種語言（美國手語和英語）流利溝通。但事實上，超過九成的失聰兒童，其父母都是不會手語的聽人。我執業初期，注意到病人術後進展有巨大的差異：有些小孩進展飛快，有些則原地踏步；有些學會說話，有些則否。我這才發現，聽的能力，並不全然能打開他們的學習和智識成長。我不能接受、也無法忽視諸多孩子間令人困擾的差異，但又無法理解。我覺得有義務要發掘個中原因，找出解決辦法，所以踏出手術室，步入社會科學領域，開始新的旅程。

起初，一個開創性研究深深啟發我：孩子幼年接觸的語言量（實際的詞彙數量）會造成巨大差異。通常（雖然不是百分之百）和社經背景有關，較富裕的家庭語言流動較多；而在幾代以來鮮少有教育機會的低收入家庭，語言流動多半較少。研究人員估計，在孩子滿四歲時，聽到許多語言的孩子和聽到很少語言的孩子，他們所接收到的詞彙差距，大概是三千萬字。雖然研究對象是聽力正常的孩童，但也能解釋我在病人身上觀察到的狀況。為了讓孩子從新的人工耳蝸中完全受益，他們必須天天聽到許多自然使用的字句，也必須練習聽懂。孩童聽到的語彙品質與數量會刺激大腦：學習處理文法和意義的大腦區塊，與說話能力及之後的閱讀能力息息相關；此外，接觸詞彙也會影響大腦處理感覺與推理的區塊，而在孩童成長階段，那有助於調節情緒與行為。孩子小時候聽到的語言使用愈多，其大腦裡建立的基礎連結就愈穩固。

在我的病人當中，有些得到上述的語言接觸經驗，有些則沒有。進一步了解後，我發現自己在失聰病人身上所看到的，和一般大眾的情況相符；我也發現，這個現象是我們所謂「教育機會」或「成就落差」的根源。對所有孩子來說，早期語言環境的差別，和後來成就的差別密切相關，而這往往造成貧富家庭孩童間的差異。

該研究之所以令我振奮，在於其所根據的概念：父母是孩子最初的大腦建築師；也就是說，父母透過語言的力量，將能開發孩子的大腦，所以我們必須確認每位家長都有足夠的資源可達成此事。研究也凸顯了「在生命最初三年積極開發大腦」的急迫性。那些早期的研究並非無懈可擊，這些年也愈來愈能看出它們的局限性。但我現在覺得，那些研究就像是大量文獻的開頭。這樣的研究給了我和同事相對簡單的理由，可以解釋前述的差異，也有個可以著手的關鍵起點，也足以讓我每週大半時間都離開手術室，投身轉譯研究（translational research）和社會科學。

二〇一〇年我開始推動「三千萬字計畫」（Thirty Million Words Initiative），也就是現在的「三千萬字計畫早期學習＋公共衛生中心」（TMW Center for Early Learning + Public Health），主要目標是協助所有孩童，無論在情緒或智力方面，都能健康發展並發揮潛能。大腦科學為我們指明策劃與執行的方向：照顧者和嬰兒的互動與對話，會為大腦發展奠下基礎。所以我和團隊發展出與之相應的策略，告訴家長對嬰幼兒說話的重要性。那些策略成為「三千萬字計畫」的主軸：全心全意（Tune In）、多說有益（Talk More）、雙向互動（Take Turns），簡稱為3T原則。我們的研究認為，質量俱佳的對話能開發孩子的潛能；我們也相信，父母（和其他慈愛的照顧者）在幼兒早期階段握有那把鑰匙。所有的大人，無論教育程度、財富能力、工作類型為何，都可以掌握開發孩子大腦的必備技巧。

這是解決複雜問題的直接方法，不僅乍聽之下很有吸引力，實際上也相當成功。這帖大家尋尋覓覓的「特效藥」，也在二〇一三年把我帶到華盛頓特區，我在那裡召開首次會議，主題是「縮小詞彙量差異」。不久後，我便於二〇一五年寫了一本書：《父母的語言：三千萬字，給孩子更優質的學習型大腦》（*Thirty Million Words: Building a Child's Brain*），書中闡述早期語言環境對兒童大腦發展所發揮的作用。重點絕對不只是詞彙量而已；接觸大量語言和少量語言的差別，足以解釋說話和互動對於開發大腦有其優勢。這本書暢銷全球，內容廣為人知，儘管有文化、詞彙或社經地位的細微差別，大家卻幾乎都能馬上理解：語言是開發大腦，使其發揮最佳潛能的關鍵。

然而，我愈是投入新的研究，就愈覺煩惱；講得更直白一點，我愈加發現自己的想法有多天真，有多局限於舒適的生活條件裡。我過去一直覺得答案在於每位家長的做法與信念，在於他們能否知行合一（現在我仍認為這些要素很重要）。於是，就如我在《父母的語言》書中所言，目標在於確保「不分地域的所有家長都能了解：他們對幼兒說的一個詞彙，絕不只是一個詞彙，而是在為孩子的大腦打下基礎，將他們養育成穩定、有同理心、才智兼備的大人」。為此，我們以隨機對照試驗（以科學方式衡量什麼方法有用、什麼方法沒用的尺規）來測試早期語言計畫。我們發現這套策略確實有效，在科學上完全站得住腳。「三千萬字計畫」確實可以改善孩子的人生。

但事情沒那麼簡單。為了研究，我們徵求許多家庭參與，多數都是低收入戶，遍及芝加哥各地，後期受試者則來自美國其他地區。我們從孩童出生的第一天開始追蹤，直到幼兒園階段；這項計畫將我們帶到這些家庭裡，走進他們的生活，得以近距離且長時間去了解他們。這些家長熱中的程度令人讚嘆，他們欣然接受3T原則，興致勃勃的親身實踐，全心全意和孩子相處，生活起居盡量多說有益，並且著重雙向互動，鼓勵孩子參與對話。我們的目標一致：讓孩子有個好的開始。問題是，3T原則也只能讓家長發揮至此。現實生活的殘酷不斷來叩門，一次又一次，永無休止。

比方說，蘭迪很興奮的發現，談論他熱愛的棒球（僅限於小熊隊，白襪不算）能幫助兒子學習數學；但他得做兩份工作，而且多數時候，每天只有不到半小時能陪伴孩子。還有薩賓娜，她為了照顧生病的丈夫，放棄了一份薪水不錯的工作，結果他們家有兩年被迫棲身於遊民收容所，她不得不在令人擔心害怕的混亂環境中養育兩個孩子，其中一個還在襁褓中。最令人揪心的，莫過於麥可和奇雅納的遭遇，他們的兒子麥奇亞，在人生前五年都沒有爸爸在身邊，因為那段時間，麥可因為自己沒有犯過的罪，被關在監獄裡等待受審，他既不是等上訴也不是服刑，只是等待自己的案子開庭審理。

無論在美國還是其他地方，養育小孩都不是在與世隔絕的環境下進行，我們的研究也不能脫離現實。儘管每個家庭情況都不一樣，但我放眼望去，所見盡是阻擋家長的障礙。

我們可以透過「三千萬字計畫」，和家長分享開發孩子大腦的知識與技巧，卻無法大幅改變他們的日常生活。一個家庭的現實情況（工作壓力、經濟壓力、心理健康），對健康大腦發展的重要性並不亞於3T原則。現實有可能履行「多說有益」的大腦開發策略，也可能箝制運用3T原則的機會，像雜草阻礙花園生長般窒礙難行。對於家長促進孩子健康大腦發展所需的能力，社會支援簡直微乎其微，可以想見教養小孩會有多困難。看到這一點，我知道得進一步追究。希望自己能有更多實際作為。

## 問題反映更大的危機

在思考自己見到的情況後，我開始把視角放大，從我的病人和「三千萬字計畫」的家庭，延伸到全美國有十八歲以下小孩的六千多萬名家長。我也見到家長們無論收入多寡，都因美國缺乏家庭友善政策而腹背受敵。我無意輕描淡寫貧窮家庭打拚的艱辛，也不是在暗示較富裕家庭面臨的挑戰完全相同，我只是想點出：我們社會沒盡到對所有家庭該負的責任。除了前一%的富有家庭外，我們社會讓大家養育小孩變得困難，對一些人更是雪上加霜。有些問題顯而易見，有些則在暗中為害。為什麼比起其他已開發國家，我們花更少的錢在嬰幼兒照顧與教育上呢？為什麼美國是經濟合作發展組織（Organisation for Economic Cooperation and Development，簡稱OECD，致力於衡量並促進會員國之間的經濟發展）三十八個會員國當中，唯一不強制規定育嬰假要支薪的國家？事實上，絕大多數家長必須上班，但我們的兒童照顧體系卻不完整，而且品質差到離譜。

大約半數的美國人住在所謂的「兒童照顧沙漠」，在國家兒童健康與人類發展研究所（National Institute of Child Health and Human Development）的研究中，現有的全部兒童照顧方案，被評為高品質者不到一〇%。此外，大約兩千萬名在職美國人有六歲以下的小孩，而二〇二〇年有超過七〇%的母親是勞動人口，上述種種數據，意味著有數百萬位家長在兒童發展關鍵初期，無法為孩子找到妥善、適切的幼兒托育方案，而這可就要「感謝」我國的經濟了：中低階層的薪資已停滯數十年。破壞式「創新」影響層面很大，從書店到計程車皆然，而由此衍生出的工作型態，完全和家長及孩童的需求背道而馳。在這個趨勢影響下，注重的是企業主和股東的受益程度，但把有益於家庭的部分拋得老遠。在這個過程中，最直接的結果就是不平等大大增加。

為了維持家計，有些家長必須身兼數個最低薪資的工作，因此無暇陪伴小孩；有些家長的工作則必須時刻待命，透過手機、電腦跟職場保持聯繫，不分晝夜，週末也不得閒。最後每個人都過勞且壓力爆表，毫無家庭生活可言。

這問題並非美國獨有，雖然某些層面源於美國的歷史和傳統，但全球父母都很辛苦在維持生活，為孩子努力爭取時間與資源。每個國家都有各自的挑戰，並且依賴社會安全網及文化觀念（如親職教養、女性角色、大家庭角色）的力量。不管在哪裡，父親請育嬰假都很少見。在德國，母親能領到津貼，讓她們可選擇在家育兒，但她們也表示，母親外出工作會承受文化偏見（職業婦女被貼上「烏鴉媽媽」的負面標籤）。在英國，幼兒保育費用昂貴，令人望而卻步，但幼保人員的薪水卻很低。在肯亞，幼兒照顧設施廉價劣質，迫切需要改善，畢竟有成千上萬的家庭需要使用。在中國，最近一份報導指出，母親生小孩之後，找工作將變得困難。在世界上最貧困的地區，許多家庭缺乏基本的健康照護及必需的營養。

我和愈多人談過（你會在本書中讀到他們的故事），就更明白上述種種如何大幅限制了家長的選擇。不管他們的政治立場、宗教、職業或學歷為何，所有家長似乎都很辛苦。以吉博莉為例，她是社區健康中心的小兒科醫師，她女兒是二十七週的早產兒。吉博莉在產後兩週，為了回去上班，不得不把小寶寶留在新生兒加護病房。想想看她有多心痛！但家裡少了她的薪水就沒辦法度日，吉博莉無法獲得有薪家庭照顧與病假，她的工作也沒有提供這種假。還有潔德，她相當虔誠，深信已婚婦女就應該當家庭主婦；她邊哭邊解釋：因為沒有健保、家庭收入不豐，儘管她夢想待在家裡當全職媽媽，但是在小孩出生後，她還是得回到星巴克咖啡店工作。我也很能理解塔莉亞的情況，她一邊照顧小寶寶，一邊讀心理系博士班，但是拿到學位後，放棄了博士後研究的職缺，因為她無法同時兼顧工作的要求、幼兒托育的經濟負擔，以及兩個不滿四歲孩子的需求。

雖然大多數社會捍衛「家庭價值」，卻很少真正把重心放在家庭上。這些社會並非立基於保護、發揚上述價值的方案與政策，甚至根本背道而馳。在全世界，我們在許多家長行走的道路上，豎立起諸多阻礙，小從讓幼兒照顧變得棘手的不固定工時，大到根深柢固的結構層面，例如讓大部分人退縮的全面種族歧視問題。這些阻礙讓家長無暇也無力投入孩子的大腦開發，不僅對家長極不友善，也拖累了我們的下一代。

我們對於兒童大腦需求的了解，對比我們實際在開發大腦上的作為，兩者之間的斷層令人心驚。在家長和孩童最需要幫助的時刻（藉由強化神經連結，孩童最終會有能力學習並成功，而此時提供幫助，能發揮最大的影響力），許多社會不但沒有提供幫助，甚至落井下石，讓情況變得更糟。說到孩童，美國大眾的注意力和預算一直放在 K-12 的學校教育，但是只在這年齡階段資助兒童，意味著跳過為K-12程度奠定基礎的早期階段。我們的努力對很多兒童來說已經太晚，他們在關鍵期遠遠落後，等到上幼兒園時，可能永遠沒辦法趕上。即使是很重要的全民托兒所計畫，也仍然不夠早。

人生最初的三年，是大腦成長最快速、最關鍵的時期。成功的教育取決於學習能力，而學習力又仰賴小孩進入幼兒園（甚至托兒所）之前那時期的發展。在關鍵的最初幾年，家長幾乎都要靠自己。正因如此，儘管投入了數十年心力，美國還是無法在教育成果或教育平等上有實質進展。在OECD二〇一八年國際教育評比中，美國的數學成績，在七十九個國家中排行第三十八名，科學成績則是第十九名。在已開發國家中，我們幾乎敬陪末座。以平均每人所得來計算，美國是世上最富有的國家，但我們卻忽略了一件事：必須給孩子強健的起始點，才能讓他們長成有生產力的大人。

## 疫情的當頭棒喝

就在我思考這些根深柢固問題的當下，二〇二〇年三月，新冠肺炎疫情讓大半個世界停擺。我工作的芝加哥大學醫學中心，進入全體總動員的狀態。我花好幾個小時篩檢病患，並且和恐懼的民眾談話通訊，記錄他們的症狀，以及建議他們是否要來醫院。我是耳鼻喉科醫師，這專科意味著我所診療的身體部位（口鼻），正是傳播病毒風險最高的器官（中國第一位死於新冠肺炎的醫師，就是和我同科的耳鼻喉科醫師）。某天很辛苦，我為一位四十歲出頭的男性病患看診，他無法自主呼吸，需要進行氣管切開術。一般情況下，慣常的開刀處理就是建立人工氣道，但是在疫情期間，這個手術術式風險很高，我必須請兩位住院總醫師進來協助。從醫療角度來看這個經驗，因為疫情帶來的焦慮與額外規定，讓手術難度倍增，但是從人道的角度來看，這是很折磨人的痛苦經驗。我看著病患瘦弱的身體，很難想像在幾週之前，他還是個健壯的營建工人。我知道他母親已經染疫過世，而他太太也生病住院中。我不禁想著，誰來照顧他們年幼的孩子？還有這個被疫情害得分崩離析的家庭，未來會怎樣？

然後，四月二十一日，也就是疫情爆發後一個多月，我接到尼爾森的簡訊，他是我開刀房裡精英團隊三人組中的一員。

請為蓋瑞・羅傑斯祈禱。他今天插管。

我心頭一驚並倒抽一口氣。因為疫情，我們暫緩非緊急外科手術，所以我們有好幾週沒見面了。但高大強壯、機智又總是笑臉迎人的蓋瑞，多年來一直是我生命中溫暖、穩定、相當能幹的要角。從二〇〇五年芝加哥大學醫學中心的柯默兒童醫院（Comer Children's Hospital）開張以來，蓋瑞和尼爾森一直擔任手術室護理師。蓋瑞是在兼職工作時染上新冠肺炎，他為了支付女兒的大學學費，從事照顧洗腎病患的兼職，他是五十八歲的黑人，而這族群似乎重症的風險最高。在醫師仍絞盡腦汁研究怎麼治療新疾病的當下，我和大家一樣，一聽到有人必須要使用人工呼吸器，就知道病情發展並不樂觀。我害怕蓋瑞會死掉。

在加護病房躺了一個月，並使用呼吸器維生兩週後，蓋瑞全面肌肉萎縮，也有心肌症，必須進行數週的復健，才能恢復到足以返家的狀態，並且回到工作崗位上。六月下旬，我們因為近期第一件人工耳蝸植入手術，在四號手術室重聚，能夠再度和蓋瑞、尼爾森與羅蘋（她也染疫，不過是輕症）合作，我心裡如釋重負。

有一陣子，我安慰自己，至少孩童對此病毒相對較有免疫力。唉，結果這完全是我一廂情願。有些孩童確實染疫（尤其是 Delta 變種病毒出現後），許多孩童失去父母和親人，幾乎所有孩童都因為疫情停課而深受其害。在我撰文的當下，疫情對於兒童的影響還持續增加中。然而，在疫情帶來創傷和困難的同時，有一則正面消息出現：即使面臨疫情所造成的極度壓力（多半就是那些壓力本身），許多家庭表示他們有較多的時間共處，我家也是如此。因為我三個孩子（現在已經讀高中和大學）一直都在家，所以我們共進晚餐的時間比以往多很多。疫情的社會安全網，幫助部分因疫情而失業的家庭減輕衝擊，讓他們能享受同在的時光。

二〇二〇年三月，美國國會的第一個紓困法案，也就是二．二兆美元的《新冠病毒援助、救濟和經濟安全法案》（簡稱CARES法案），補助許多因疫情而失去收入的美國勞工，就連沒有失業保險的勞工都能領取。接下來還有更多紓困方案，包括更直接補助家庭，以及兒童抵稅額度增加等。根據針對第一輪疫情補助對象所做的研究，可以發現獲得補助者和未獲補助者相比，前者表示親子互動變得更好。但是問題來了：父母能夠和小孩聊天講話、在家陪小孩，促進他們年幼大腦的發展，都是因為世界幾乎停擺，那並不是生活的常態。家庭對話的代價，有時是薪水和財務穩定，那通常撐不了太久。最終，多數遠距工作的家長，還是必須回到辦公室，或至少從事兼職；而失業的家長不得不去找新工作。那樣一來，家庭時間和親子互動又會變成什麼樣子呢？

我們再也不能否認，個人的家庭生活和經濟狀態彼此牽動。如果孩子沒有安全度日之處，家長就無法上班。在疫情期間，美國的學校停課，我們已經搖搖欲墜的幼兒照顧體系，幾乎形同瓦解。二〇二〇年四月，三分之二的幼兒托育中心關門，而到了二〇二一年四月，有三分之一仍然停業中。就連聯準會（Federal Reserve）都開始擔心，幼兒保育可能會變成經濟椅凳的斷腳，讓國家無法正常站立。

大部分國家的家長都得靠自己。他們既焦慮又疲憊，既要打理孩子生活的大小事，還必須身兼孩子的老師、教練、治療師、露營活動負責人，很多地方的父母大半年每天從早忙到晚，其他地方的父母甚至忙得更久。網路上瘋傳一位義大利媽媽抱怨在家上課的影片，只見她大吼：「都快崩潰了！」而還保有工作飯碗的人們，其中有數百萬人最終辭職（多數是母親）或降低工時（同樣多數是母親）。包山包海什麼都做，終究難以長久。疫情就像是強烈地震，餘震不斷，久而久之就顯出我們給家長的支援根基有多不穩固，因此給孩子的支援也一樣岌岌可危。

新冠疫情對我猶如一記當頭棒喝。當我在好幾個月的遠距與艱困中，看著疫情影響擴散，驚覺這樣極端的情況，其實讓事情更清晰。我們看清楚什麼才有用，看清楚弱點在哪裡，看清楚什麼是真正重要的事。幼兒的大腦發展並無法按下暫停鍵，而疫情是一記警鐘，提醒我們：「沒有人願意在育兒路上單打獨鬥。」那真的如同四號手術室會遇到的最糟狀況：停電、沒有氧氣或照明、而且精英團隊全員缺席（蓋瑞差點就離我們而去）！

在美國，疫情就像一面明鏡，讓我們看清當前兒童與家庭的相關策略，不但短視，而且代價高昂。在疫情前就已有很多證據可看出此事。不投資早期兒童發展，預計會讓國家付出數十億美元的代價。兒童與家長會因此付出代價，社會也將付出代價。諾貝爾經濟獎得主芝加哥大學教授赫克曼（James Heckman）計算過，投資在零到五歲兒童身上（即使是短期相當高價的活動），能以一三%的年利潤回饋給社會，因為受惠的兒童直到成年，都有更優質的教育、健康、社會與經濟成果。

另一方面，若未投資於學前教育，意味著社會最終會遭受損失，因為缺乏踏實的早期兒童發展，少了先發制人的保護，最後一定會花更多錢在健康照護、矯正教育與刑事司法系統。簡言之，如果不從孩子的嬰幼兒期就開始投資，我們（和孩子）不只會錯失從投資中獲得報酬，還會為自己的錯誤付出沉重代價。

教育組織 ReadyNation 有份受很多人引述的報導發現，美國社會兒童托育問題的全部支出，是每年五百七十億美元，而對於雇主的直接成本則是一百二十七億美元。報告也預估，如果美國女性待在職場的比例，和有政府補助兒童托育的挪威差不多，那麼美國可以給國內生產毛額增加一兆六千億美元。如果沒有人照顧小孩，家長就沒有辦法工作。

## 單打獨鬥的迷思

我們是怎麼落入這難以為繼的局面，讓家長暗夜孤單站在河岸邊，以及殘酷的現實生活裡？我夢中湍急的惡水和不堪一擊的小舟歷歷在目，而每位家長都被重擔壓得喘不過氣。我們社會選擇的離心力，不知怎的竟然把孩童與家長都甩出優先事項外，而不是放在中心點。

歷史和傳統的影響在此發酵。在美國，一切要歸咎於一連串刻意的政治決策、疏漏之罪與意想不到的後果。但在我們社會所做的決策背後，始終有個一以貫之的主軸，那就是美國個人主義的神話概念。它深植於立國基礎，可以追溯到那些不得不單打獨鬥的殖民地移民與西部拓荒者。他們因為別無選擇，所以不屈不撓，獨立堅強，開疆闢土。從那時起，我們一直讚頌他們，即使今日環境已相當不同。個人主義把單打獨鬥奉為高尚典範，期待社會扶助被視為軟弱，等同於承認自己失敗。個人主義的理想深深影響我們的觀念，認為自己可以做出關於家庭與育兒方式的決定，那是神聖的權利，社會支援因此被視為對自由與自主的妨礙。至少故事就是這樣發展。

這種想法有一個關鍵要素，那就是教養「選擇」的概念，被奉為神聖不可侵犯，是所有父母權威的根源；除此以外，都被視為「不符合美國精神」，而結果就是說服全天下的父母，他們不用政府支援，應該要自己一肩扛起嬰幼兒照顧、發展、教育的重責大任。換句話說，他們應該要這麼做，應該把不受干擾、自主的決策家庭事務，看做是個人自由的展現。

身為家長（尤其是母親），我們已經把這種思想內化了。多數人背負著罪惡感，努力找出微妙平衡，想盡辦法要做到，但又總覺得不夠，無法達成心中理想。然而，那個經常被討論但鮮少達成的「家庭與工作的平衡」，把壓力加在家長（往往仍是母親）身上，要他們達成通常做不到的事。為了平反，研究世界各國女性工作與育兒生活的社會學者凱特琳・柯林斯（Caitlyn Collins），提出了「工作家庭公平正義」口號，呼籲眾人團結，並提醒解決方法來自於所有人及整個社會。「要達到工作和家庭的公平正義，就要建立起這樣的社會體系：每個成員都有機會和力量，可以完全參與有薪工作和家庭照顧。」柯林斯在她的書《母職》（*Making Motherhood Work*）中如此寫道。該書比較了美國、瑞典、德國與義大利的情況。

在很多其他國家，對家庭和育兒的支援愈來愈受重視，成為社會政策與投資方案的重要一環，目標在於降低貧窮、減少不平等、提倡正向教養與兒童福祉。當然，各國提供的補助差異很大。很多歐洲國家有近乎全面的兒童照顧；在部分亞洲國家，許多移工仍必須拋下孩子，到遠方的工廠與田地工作，甚至前往別的國家。幾乎各地都還有改善空間，也必須更多注意哪裡需要改變。聯合國兒童基金會（UNICEF）運動與倡議負責人班傑明・柏克斯（Benjamin Perks）告訴我：「在世界的每個角落，很多社會都開始意識到，就終身的生理和心理健康而言，早期投資能產生巨大收益，並且讓社會更繁榮富裕。」聯合國兒童基金會致力於把美好願望化為實際行動，發起了全球運動，號召企業和政府強制至少提供六個月的有薪育嬰假（父母合計）、哺乳相關支援，以及品質優良的幼兒托育，在孩子關鍵的幼年期，給予該家庭幼兒照顧所需的時間、資源與服務。

在美國，我們似乎完全接受了現狀，加上或許是為人父母的挫敗感，而不敢要求社會提供更多支援。我們以為應該要自己一肩扛起，對於求助深感愧疚。我在醫師同事、病人、朋友和「三千萬字計畫」家庭裡，都看到這個現象。我身邊的人不論貧富都有這種想法，沒人可以倖免。

事實上對家長來說，所謂「選擇權」和「個人主義」都是迷思；那是想逃避支援職責者的開脫之詞，對深信迷思並因此受苦的人而言，可說是一場災難。在教養育兒的路上發揮「個人主義」，比較像幻想而非現實；而「選擇權」更近乎天大謊言，讓人以為有多重選擇。事實上，多數父母能選擇的項目少之又少，因此根本沒什麼好選，那我們究竟為何稱之為「選擇的自由」？沒有支援，就沒有所謂「真正的選擇」。而且要知道「拉拔一個孩子需要全村之力」這話之所以引發強烈迴響，就是因為它講出了事實。育兒路上沒有幫手或社區支援，幾乎前所未聞。總是有祖父母、叔伯阿姨、兄姊手足、親朋好友、街坊鄰居來幫忙；其他家長提供協助也很常見。即使是拓荒者，也會把大家的篷車圍成一圈，守望相助。同理，我們給彼此建議、幫忙臨時看顧小孩、提供精神支持、互相取暖。我們共同經歷這一切。儘管這些私人相助彌足珍貴，卻還是不夠。支援體系固然好，但公有資金挹注，以及社會全面的支援體系更為重要。我們需要（也應該期待）社會提供更多支援。

## 引導我們的星辰

今日，我們身陷公共衛生危機，情況遠比疫情更嚴重，要是我們不做點什麼，危機必定比疫情更加難纏且持久。和新冠肺炎不同的是，這個問題沒有疫苗。早期大腦發展的終身影響，是社會潛藏的隱憂與威脅，將會放大世界上令人沮喪的不公平現象，甚至永遠存在。經濟、階級、種族等多股勢力交織，忽視或大大削弱數百萬位家長的教養力，讓他們無法提供極度希望孩子擁有的早期學習環境，也就是充滿啟發的豐富語言環境。

換句話說，為世界帶來痛苦的不公平，早在孩子人生之初就開始了，遠超乎多數人預期。兒童要充分發揮先天的資質，需要盡早開發大腦，而缺乏這樣機會的不公平，就如看不見的流行病一般，持續折磨著我們。

把我從手術房裡拉出來的關鍵，也是這個危機；有時它的嚴重性大到難以抵擋。我再次經歷那個夢裡的感受，在暗夜裡佇立於河岸邊，我們都是如此。但我也想起一九六〇年代受全國關注的人權運動中，馬丁・路德・金恩博士（Dr. Martin Luther King Jr.）所說的話：「夜夠黑，才能見到星星。」我確實見到了，我清楚看見兩個獨立但又交織在一起的概念，讓我們能夠向前邁進。

首先，科學提供路線圖，指示我們身為家長，如何區分事情的輕重緩急；也告訴我們社會該往何處去。科學可以標出坐標，把我們引導到所有孩童的健康大腦發展。這個為最佳大腦發展奠定基礎的目標，應是我們恆久不變的準則，能讓我們著手進行社會改革之時，聚焦於大方向，將未來公民放在社會的中心。

大腦發展的科學告訴我們，學習不是從上學第一天才開始，而是從出生第一天就已開始。事實上，小寶寶還在媽媽肚子裡的時間，就開始辨識父母的聲音了。時機最為重要。大腦有可以自行組織、規劃的驚人能力，終身都能形成新的神經連結，此乃神經可塑性；而從出生到三歲的這段期間，是神經可塑性的顛峰。大腦迴路基本上都是用進廢退，雖然我們的大腦一生都具有可塑性，但仍比不上那神奇且關鍵的最初幾年。為了好好利用這段時間，極其重要的第一步就是「豐富的對話」，而進行的方式通常是「訊息接發球」，也就是父母和孩子一來一往的互動。說話、微笑、指物、回應，那樣的教養互動就足以協助孩子進步，發展兩組關鍵的技能，讓他們在求學與人生路上成功。這種互動能夠建立認知技能，也就是智力測驗和性向測驗所關注的讀寫能力、計算能力與模式識別。對話互動還能建立非認知技能，也就是所謂「軟性」技巧，例如恆毅力和心理彈性。換句話說，教養互動能打造全腦。

神經科學告訴我們「環境」也很重要。穩定、平和的環境能培養社會情緒技巧與執行功能（executive functions）；不安的環境則會阻礙兒童發展。太多家庭沒有機會提供健康的環境。疾病、貧窮、流離失所，這類苦難會引發動盪不安，從而產生的負面壓力會成為風險因子，對健康的大腦發展造成危害。當孩子最基本的發展受到束縛時，遭受到損失的其實是我們所有人。現在我們培育的孩子，將是未來社會的棟梁；因此社會應該提供協助，為所有兒童的最佳發展奠定基礎。

如果大腦科學是我們的路線圖，那麼導航的人就是父母，這是第二個關鍵。父母是家庭號船艦的船長，負責掌舵領航。但是每位船長都需要船員，把個人主義當成不提供社會支援的正當理由，絕對是應該被破除的迷思。就像我走進四號手術室時，身邊絕對少不了我的精英團隊，而精英團隊的存在，絕不會降低我對手術室的掌控。當家長在紅線把孩子交給我時，他們清楚知道握著手術刀的人是誰，也很高興我有堅強的後盾，而團隊也在我的領導下密切合作並完成任務。有人支援並不會減損我這名外科醫師的能力；同理，生活在對家庭友善、提供相關支援的社會裡，不會讓為人父母者減損家長的能力，也不會剝奪他們的掌控權。家長需要真正的選擇，他們需要主導權，也需要支援。

## 建立父母國

正因如此，這本介紹基礎大腦發育有多重要的書，定名為《打造同村共養父母國》。父母既是我們未來幸福的守護者，也該被視為我們當下的守護者。為人父母者是沒有超能力的普通人，但他們成功把孩子撫養長大，那是很了不起的成就。父母是孩子大腦的建築師，因此也是社會未來的建築師。只有當我們發起運動，在父母育兒路上提供支援時，全球社會才能支持早期兒童發展所需。慈愛的父母不需要有博士學位或高檔儀器，就可以開發幼兒大腦，打造我們未來的公民。他們僅需要容易取得的基本知識，了解促進關鍵神經連結的最有效方法。他們需要和孩子相處的時間，才能培育那些連結；他們需要高品質的托育，才能讓自己的努力相得益彰；他們需要提供孩子沒有壓力的家；不管他們住在哪裡，他們需要來自雇主、社區、立法者的支持，共同促進孩童大腦養成，而我所謂的「社會」，指的就是以上三者。

在撰寫第一本書時，我以為若知道並理解強大的腦科學，讓他人知道並理解，就足以造成有意義的改變，結果我錯了。真實且必要的改變，只有在同心協力下才會出現。我們需要意識到，可以藉由分散負擔來減輕負擔，要求我們所需要的，請社會給予協助。我們需要見到這股力量是由家長與國家凝聚起來，通力合作協助孩童。我們需要把孩童的大腦發展視為首要之務，放在心上並納入規劃。給小孩發揮原有天賦的機會，就是在實現他們前途的希望。我們為了影響家庭所做的一切，必須發自這個初衷。本質上，我們必須完全改變觀念，讓社會將焦點往內投射，把孩童（及其照顧者）放在中心。我們必須改變社會看待家長的方式，不只是低收入家長，而是所有家長。接著，我們必須改變家長看待自己的方式，並且提高他們對於支援的期待。

但是該怎麼做呢？團結力量大，要眾口一詞。在美國數千萬和全世界的數億人，都要異口同聲。各國的人團結起來，為自己與孩童的需要努力爭取，爭取高品質托育、有薪育兒假，或是退而求其次的育兒津貼。我們可以為兒童貧困問題努力爭取；我們可以要求產前與兒科照顧更為全面，並且包含大腦發展的相關資訊；我們可以呼籲雇主制定有助於公司獲利的家庭友善政策。家長可以攜手合作，實現我們需要的改變。

為了從根本改變，改善世上最盤根錯節的問題，我們必須讓家長、立法者與雇主明白，健康大腦發展應是指引我們的北極星，引導我們的社會前往更有生產力、更公平正義的方向。處理孩童的議題，就是處理家庭的問題，這不只幫助到個人，同時也解決了人權、性別平等與經濟實力的問題。到目前為止，我們一直無法用這角度看事情。這個重大瑕疵所產生的後果日漸無法忽視，在疫情期間達到救濟補助的高峰。

身為照顧孩子超過二十年的外科醫師，我可以證明，最大力支持擁護孩子的人莫過於父母。一次又一次，我親眼見證此事，那畫面美得令人動容。父母想給孩子他們應有的一切，即使面臨最嚴苛的障礙，也要讓他們的前途有希望。要是我們能利用那樣的熱情、堅毅與決心來發起運動，促使社會讓孩童行使不容妥協的權利，將他們的潛能化為實際，結果會怎樣？要是我們能說服社會，把根本的大腦開發列為我們的指導原則，定為我們新的北極星，結果會怎樣？

這個策略妙就妙在能讓每個人受惠，就連不是父母的人也一樣。毫無疑問，這策略能讓競爭局面變得公平，確保所有孩童有更好的機會發揮潛能，有可以和同儕匹敵的成就。每個孩子不管得到多好的教養，最終都會和所有孩童的命運緊密交織。任何一個國家的國力，都是奠基於確保所有孩童擁有相同的機會。

身為父母，我們有可能會被擊倒，但把我們擊倒的事物，也能激勵我們再站起來。改變不是自動發生，這些日子以來，我夢想著家長和我肩並肩站在岸邊，我們數百萬人一起出航，和我們的孩子一起搭乘堅固的船，安然駛過最洶湧的河流。我希望這本書能夠提醒家長，我們處在同一陣線，不會被分裂；這本書會讓家長見到，自己在跌跌撞撞的育兒路上並不孤單；這本書也會讓家長明白，我們團結力量大。我希望本書能給家長及其盟友成功所需的一切。只要齊心協力，我們可以在每個地方打造出父母國。

# 2

# 大腦最厲害的招數

把握對的「時機」和「環境」，
開啟孩子潛力

我相信每個人都有與生俱來的天賦。

——瑪雅・安傑盧（Maya Angelou）

我進行手術的部位離大腦很近，執刀數十年，我還是非常讚嘆大腦的複雜度與能力；我所謂的讚嘆，是讓我驚嘆到說不出話來的那種。幾年前我的導師兼同事蘇珊・萊文（Susan Levine）的論文出現在我信箱時，我也是這種感覺。蘇珊是語言發展與認知發展的專家，那份論文是針對一名青少女的研究，蘇珊和其他研究者稱之為C1，但我接下來會叫她夏綠蒂。

夏綠蒂天生就罹患罕見疾病「半無腦畸形」（hemihydranencephaly）；簡單來說，她只有一半的大腦。夏綠蒂還在媽媽子宮時，很可能左腦的血液供應被切斷了，使得大腦無法正常發展成長。雖然她大腦最基本、原始的結構（負責呼吸與動作功能等非自主活動的部分）完好無缺，左腦卻一直沒有生長，其中反倒充滿了腦脊髓液。從大腦掃描影像裡可以見到，原本應是左腦的地方是個很大的黑點。夏綠蒂所缺乏的部位，通常主責邏輯、語言與推理。這種疾病的預後顯然很不樂觀。

想像一下，醫生告訴你，你的寶寶天生只有半邊大腦，你對寶寶懷抱的一切希望和夢想，都在瞬間轉化為震驚、悲傷與不確定感。你很可能會想，即使寶寶順利活下來，也會有嚴重的發展遲緩；早在出生之前，她獨立在世界生活、發光發熱的可能性，就已經被抹煞了。

但夏綠蒂的情況卻完全不是如此。

蘇珊及其同事從夏綠蒂十四個月大開始追蹤她，而我讀到的論文描述了夏綠蒂前十四年的人生（她現在又多了幾歲）。到十幾歲時，她的身體右半邊還是有輕微的動作無力，但是除此之外似乎並未受影響。她讀完高中，準備上大學。

這怎麼可能？

答案就潛藏在問題出現之處：夏綠蒂的大腦。在解釋之前，讓我們先來看看所有孩子大腦的神奇之處。

## 夏綠蒂的故事

艾西莫夫（Issac Asimov）說，人類大腦只有三磅重，但這三磅「比天上的星星更複雜」。大腦的隆起與褶皺都很脆弱，軟硬度和一盒乳瑪琳差不多，但是在大腦內部，卻是一個精細忙碌的世界，是思考和學習的指揮中心，是人類特有，而且為你存在。大腦控制我們的呼吸和心跳，幫助我們學習說話及理解語言。大腦能看出其他人有各自的信念與情緒，引導我們感受焦慮或放心、歡欣鼓舞或沮喪消沉。大腦掌管我們靜坐不動或延遲滿足的能力。大腦讓我們有能力閱讀、寫作，並能加減乘除、計算微分方程式、看出歷史的關聯。大腦想知道星星有多遠、為什麼狗和海豚會有各種行為、癌症的起因是什麼，甚至也納悶大腦本身如何運作。然後大腦規劃實驗，並且找出答案。

在孩子出生時，那張長長清單上的能力，幾乎每一種都即將出現。新生兒的大腦還在發展，是未完成的作品。我記得自己的每個孩子剛出生時，我凝視著眼前皺巴巴的小臉蛋，心想他們未來會變成怎樣的人。新生兒充滿無限的潛力，能夠發展成獨一無二的個體，但是潛力無絕對。孩子從父母身上遺傳的基因，預設了一些可能的情節，但那也只提供人生故事的最初草稿。大腦隨著經驗而變化的驚人能力，稱之為「神經可塑性」，對於寫下人生巨著厥功甚偉。

大腦有能力透過與世界互動而改變，根據經驗重新自我配線、適應環境，提供了難以想像的機會，這是大腦最厲害的招數，卻也帶來極大的風險。大腦的區塊可以強化與改善（也就是夏綠蒂所經歷的情況），同時也會受阻礙與減弱。每個新生兒大腦都包含數十億個神經元，但是神經元之間少有連結。在人生最初的幾個月和幾年，幼兒大腦裡的神經元數量暴增；更重要的是，大腦細胞之間所形成的新連結也是如此，估計以每秒一百萬個的速率增加。每個新經驗（小嬰兒聽到的、看到的、摸到的、嚐到的、聞到的東西，每個撫觸與擁抱，每一首搖籃曲或每一次教導）都是指引。

你可以把那些經驗想成是大腦用來微調結構安排，或者是修改手稿的訊息。每個訊息都會觸發電脈衝，從一個神經元傳到下一個，跳過細胞之間的狹小間隙，稱為「突觸」。當一系列神經元經常互有連結，就會變成習慣，就像有自信且熟練的舞伴，一起隨著節奏起舞，不用思考下一步。連結（真正的電化學訊號傳達）的效率於是增加。簡言之，這過程就是我們常聽到的金句：「共同放電的細胞會彼此相連。[1]」

---

1 **編注** 概念出自加拿大心理學家唐納．赫布（Donald Hebb），他在一九四九出版的《行為的組織》（*Organization of Behavior*）中描述這理論。

神經元細胞彼此相連，就會開創出迴路，大腦不同區塊相連神經元迴路，會構成孩子要習得能力的基礎，而孩子新獲得的技能，也會影響這些迴路的發展。最先形成的是基本感覺處理迴路。舉例來說，隨著嬰兒愈來愈會辨認臉孔（尤其是最重要的父母臉孔），大腦後側枕葉的視覺皮質也慢慢接通，接著更複雜的迴路就建立於其上。

因為我是人工耳蝸植入手術的外科醫師，所以就用聽力來說明基本和更複雜的迴路如何相關，以及環境因子所扮演的角色。聽力正常的新生兒周遭環繞著聲流，而在生命第一年，他們其中一個主要任務是理解這些聲音，整理模式，辨識出重複的聲音。假設活潑的媽媽莉茲說：「Peekaboo，傑克小寶貝，看到你了！」日復一日，一遍遍重複，小傑克很快就會辨認出自己的名字，此外還會把「peekaboo」這個字和好玩連結起來。聽力會強化聽覺皮質的迴路，也就是大腦掌管聽覺的區塊。

最終，傑克慢慢學會講話，他大腦的語言區塊（位於耳朵上方的顳葉）就會使用已連接好的聽覺迴路，並且加以擴充，和動作區塊連動，從而能實際發出他所聽到的聲音，表達自我。有一天（看似突然，實則不然），當媽媽指著公園裡叼回樹枝的黃金獵犬說：「你看，狗狗！」傑克會大叫：「狗狗！」之後，當傑克開始解讀書頁中的符號時，大腦會利用他已精熟的語言、聽力與視覺，建立起閱讀迴路。產生新的神經元，並且建立神經連結的過程，就是幼兒學習的樣貌。

不過，大概在三歲時，神經活動有一個重大轉變，這有助於解釋為何人生最初三年是如此關鍵。大腦細胞數量與連結快速增長之後，緊接著會經歷逐步而無情的減少，也就是針對未發展（或被證實不必要）的神經連結進行修剪。沒有用到的神經纖維萎縮，重新被吸收到大腦組織內。削除神經連結聽起來是個壞主意，但此舉有個重要目的，就是讓我們的大腦更有效率，可以專注於重要的事物上。

修剪能讓原本可能混亂且難以招架的場面恢復秩序。任何見過學步兒在自己生日派對上耍脾氣（是的，艾許吾兒，我說的就是你）的人都知道，幼童的大腦需要組織整理，幫助其保持穩定。經過修剪，那些經常使用的迴路被留下來，成了穩固且可靠的大腦構造。也因如此，我們才會想不斷強調，哪些連結有用且值得保留。

實際上，我們希望有大量東西可供修剪，但如果重要的連結一開始從未形成，就根本沒機會成為大腦迴路系統的一部分。若孩子所處的語言環境較不活絡，因為可刺激發展中大腦的訊息太少，所以無法建立一樣強而有力的基礎。我這才知道，這也是我為一些失聰病患植入人工耳蝸後，他們卻無法發展出強健語言能力的關鍵因素。

飛速成長及接續而來的神經連結修剪，都發生在人生最初幾年。奠定學習與發展基礎最有效的時期，絕對是這階段。在孩子人生最初的一千天，超過八五%的成人大腦總容量會建立起來，因此這階段至關重要。早期經驗影響甚鉅，科學家證實，一旦建立起強壯的大腦結構，就能建立較強的語文、推理與其他能力；也能增加學業成就，減少中學輟學的機率。幼年期的發展也會影響一輩子的身心健康，並且和輕度肥胖、第二型糖尿病、心臟病等疾病有關。扎實穩健的幼兒照顧與教育，甚至和犯罪率減少、終身收入增加有關。

要打造大腦迴路系統，好的開始是成功的一半，勝過亡羊補牢。創立家庭要在穩固的基礎上，同理，一開始把大腦的地基打好，就能夠確保蓋在上面的建物不會搖晃或傾斜。

那麼，像夏綠蒂這樣，天生大腦結構就有殘缺的寶寶怎麼辦呢？很神奇的是，就先天腦部缺陷的寶寶而言，神經可塑性有助於健康部分的大腦進行重整，並且救起神經遲緩的部分。夏綠蒂擁有的那半邊大腦，學會做雙倍的工作！夏綠蒂進入青春期時，她的大腦掃描顯示，其右腦的白質連結度，比同齡的一般小孩更為強大，而白質連結度是大腦細胞間傳導效率的決定因素。她的大腦自行彌補不足；原本出現在左半腦的功能被指派給右半腦了。因此，夏綠蒂能只靠右腦就完成那麼多事，讓周遭的人讚嘆不已。

但最驚人的不只這樣。

研究者將夏綠蒂的認知功能與正常發展孩童對比後，發現她在多數領域跟同儕並駕齊驅，甚至在某些領域還超越同儕！那樣的成就需要時間。一開始，夏綠蒂的語言表達與接收（她能夠表達和理解的內容）頗為遲緩，但從三歲開始就能閱讀並辨識文字。到了中學，雖然她的詞彙和閱讀理解低於平均，但是大部分的語言能力都在一般水準，其中有些能力（如識字與推理能力）則高於平均。大腦損傷影響很大，但夏綠蒂面對逆境卻表現絕佳，實在相當難得。

怎麼會這樣？我們如何把神經可塑性發揮到淋漓盡致？這兩個問題的解答，就是開啟所有孩童潛力的鑰匙，而不僅限於天生腦損傷的孩童。第一個關鍵要素是「時機」。夏綠蒂還在媽媽子宮裡時，就已經出現腦損傷。如前所述，神經可塑性（大腦終身都能形成新的神經連結，有自我重新組織的驚人能力）的高峰，是介於出生到三歲之間。我們知道，當重大的腦損傷發生在大孩子和成人身上時，大腦調整與適應的能力大幅下降，結果也是天差地別。如果夏綠蒂的大腦是在她成年時才損傷，甚至是在青春期發生，很有可能連性命都保不住，當然會受到相當大的影響。但因為情況是發生在她還是嬰兒時，大腦迴路還有時間重新取道，使用部分右半腦，而非較常用的左半腦。

夏綠蒂在腦損傷的情況下還能成功，第二個原因就是從出生開始所處的發展「環境」。她的例子清楚告訴我們，即使一個人處於極度危急的情況，如果生在支持他們發揮潛能的環境，能夠帶來怎樣的結果。夏綠蒂的爸媽在她十個月大時得知她的狀況，但我想他們早在那之前，就已經不斷對襁褓中的她說話了。他們一發現夏綠蒂遭遇的困難，並得知早期語言環境對克服此困難有多關鍵，就全心全意投入幫助夏綠蒂。他們確保有提供大量的刺激與訊息（對話、互動、溫暖的擁抱等），這對她最終的大腦發展與行為轉變都不可或缺。他們家也透過早期介入服務，得到專業人士的協助。夏綠蒂還是嬰兒時，就開始接受物理治療與職能治療，進入學步期後又加入語言治療。

夏綠蒂所接受的治療，和她父母的努力相輔相成，她的大腦在幼兒期那幾年完成重整連線。儘管語言發展起步慢，但大概到四歲就已經趕上了。

夏綠蒂不是唯一一個天生只有半腦的人。不是每位個案結果都和她一樣好，但是用Google搜尋會發現，有些人多年來渾然不知自己大腦未發育完整，但生活與工作毫無問題，而且這樣的人還不少。醫學期刊《刺胳針》（*The Lancet*）二〇〇七年有一則報導，描述一位過著正常生活的四十四歲男性，他喪失了絕大部分的大腦，其MRI影像的黑色空缺甚至比夏綠蒂更誇張。

這類案例強調了一個事實：孩子人生的前三年會對一輩子造成影響，不管是好還是壞。這三年代表無法重來的機會。

夏綠蒂的案例也強調第二個更令人不安的事實：有幾百萬、幾千萬個孩子天生大腦功能正常，結果卻半途而廢，未能持續進步。這些孩子大腦受損並不是在子宮裡發生，而是之後才出現，他們想要實現潛能，就必須有健康的經驗，但社會卻拒絕提供。

我常常在想，如果我們能看到小嬰兒大腦裡每秒形成的驚人神經連結，結果會怎樣？我們是不是會更主動想辦法投資這些小小公民呢？或者更重要的是，如果我們能看到幾百萬個小嬰兒的神經連結沒有出現，知道後果不堪設想，會不會被激勵早點行動，更加堅決且熱心呢？我們整個社會願意更多投注心力嗎？

今天還蜷曲在你大腿上的孩子，一轉眼就抱不動了，沒辦法抱上樓梯（哦，我都還記得那一刻）；但比起身體的變化，孩子神經元的變化較不明顯。大腦的成長和發展隱藏在頭蓋骨內，在自己的黑盒子裡變化。我們看得到小孩肌肉變健壯、長高，卻看不到大腦連結增強，而那確實存在。孩子說出第一個字，或是突然能把三個字連在一起，然後是五個字，然後串成句子，或者是能辨識出字母 B，他們新能力的幕後推手，就是大腦裡那了不起的成長。如果我們不支持那種成長，不給小孩所需要的刺激，他們與生俱來的權利就會遭到剝奪。

## 貧窮是無形的疫病

大腦並不知道自己生在怎樣的環境，或是收入條件如何的家庭，就只是出現在那個大約拳頭大小，但充滿無限可能的世界。但生活環境或經濟能力往往會影響大腦發展，也因此為孩子的一生帶來巨大差異。所有可能影響大腦發展的條件裡，最具傷害力且最常見的就是「貧窮」。我開始探究孩童發展差異之初，並不知道自己即將發現當代的疫病，而且是比新冠肺炎還早發生的流行病。

在美國，孩童出生在貧窮或是近乎貧窮家庭（意指生活在貧窮線或低於貧窮線二〇〇％的家庭）的可能性是四〇％。對有色人種孩童來說，可能性則增加到五〇％以上。在全世界，根據聯合國兒童基金會的資料，孩童生活於貧窮的可能性，是成人的兩倍以上，而其中有十億名孩童屬於貧窮類別（無法接受教育；無法獲得住屋、健康、營養、衛生與水）。

探討健康差異的研究告訴我們，生來貧窮不只和一生貧窮有關，也和許多不健康的結果有關，例如藥物濫用、心血管疾病的可能性較高，整體來說壽命也較短。貧窮在暗中危害大腦，小嬰兒如果是營養不良，一下就看得出來，但是貧窮對大腦的影響，卻隱藏在寶寶胖嘟嘟的可愛臉頰與粉嫩皮膚之下，要好多年之後才顯現出來。

總體來說，我們早就知道困頓和逆境對孩子發展有害，特別是發生在幼兒時期的困境。不過大概到了十五年前，才開始有幾位神經科學家認真探討「社經不平等」這個眾所皆知的影響，到底是如何改變大腦，其中一位科學家就是金柏莉・諾柏（Kimberly Noble）。

金柏莉和我一樣是小兒科醫師，也和我一樣離開診間，以研究科學家這身分踏入病患的世界。我倆都相信，許多社會弊病都可以靠大腦來解決，大腦也是實現每位孩童有公平機會的關鍵。我們的研究有許多相似之處，甚至我們第一次見面是在某個學術會議上，金柏莉走上前來自我介紹，我們互相擁抱，彷彿是認識多年的老友。感覺真的是這樣呢！

金柏莉之前就讀賓州大學，當時她認為將來會走上心理學教授一途，但同時也為一位神經科醫師工作，一起會診病患。

那段經驗改變了她的人生。她對醫學著迷，於是改變計畫繼續深造，拿到醫學士／博士雙學位。博士需進行原創研究，金柏莉因此進入知名神經科學家瑪莎・法拉（Martha Farah）的實驗室，那時法拉正想把神經科學應用到實際生活裡。瑪莎・法拉和金柏莉・諾柏兩人，都是最早探究「貧窮對於大腦結構影響」的研究者。

她們和其他學者的發現令人擔憂。雖然有滿大的個別差異，但是平均來說，貧窮和大腦明顯的變化有關，會讓孩子本就很難走的路更加難走，甚至奪走孩子成功的前途。

但事情並非絕對如此。

金柏莉說：「我們的起跑點其實差不多。」雖然每個孩子來到世界時有遺傳差異，使得可發揮的潛力程度不一，但並沒有證據顯示，嬰兒的社經地位與出生時大腦的連結有關。之所以會知道這點，是因為我們可以運用腦電波儀（Electroencephalography，以下簡稱EEG）這樣的技術，記錄與測量和大腦有關的不同類型腦波；做法有點像是偷聽大腦對話。孩子剛出生時，我想你不太容易從EEG讀數區分出，哪個寶寶是在里約熱內盧貧民窟出生，哪個寶寶是華爾街投資銀行家之子。要到往後，孩子社經背景所造成的差異，才會顯示在EEG上。到了六至十二個月大，就會出現顯著差異，這表示出生後的環境影響重大。

其中有些是結構上的差異，意即與大腦的解剖構造有關，也就是大腦實際的大小與形狀。你可以把結構想成電腦的硬體，包含中央處理器晶片與電路；硬體建構好了，才可以執行軟體程式。金柏莉等研究者針對超過一千名年紀介於三至二十歲的孩童進行研究，仔細檢視大腦結構的精確量測值。我們大腦外部表面薄薄的一層細胞，叫做「大腦皮層」，套句金柏莉的話，「認知方面絕大多數搬重物的費力活」是由大腦皮層負責，而這部位是立體的，你可以測量其體積、厚度與表面積。金柏莉鎖定表面積，包括大腦隆起與褶皺的每個部分，以及在幼年期逐漸增長的部分。表面積愈大，通常認知能力愈高，而金柏莉等研究者發現，皮質表面積和社經因素之間的關係一致，特別是家長教育程度，以及家庭收入這樣的社經因素。

其他研究還發現大腦運作方式的差異。如果將大腦結構比擬為電腦硬體，那麼大腦運作就是當你啟動電腦，下指令要電腦搜尋文件、播放影片時所發生的事。測量大腦運作，意味著評估大腦進行特定任務時的確切方式。運用到大腦哪個部位？有效率嗎？做得到任務要求嗎？貧窮讓許多任務變得困難。研究顯示，物質生活困頓顯然會影響大腦運作的諸多部分，從而大大影響孩子的在校表現，諸如語言、執行功能與記憶力。

正如我自己的研究顯示，人生最初幾年的經歷，對語言能力影響相當大。我們知道，孩子日常接觸到的語言及對話品質有顯著差異，而較差的語言環境，會影響大腦語言區所建立的迴路。那些基於語言的差異，最終會影響學習能力。

執行功能和記憶力似乎也深受早期經驗影響，兩者都由大腦相同的區域所支持，對壓力相當敏感。許多貧窮孩童遭受大到有害的壓力，影響了大腦三個重要部位的形成：海馬迴（掌管記憶力）、杏仁核（掌管情緒）、前額葉（掌管推理、判斷、自我調節）。像壓力這類對重要大腦區域發展的負面影響，和語言環境貧乏相同，會導致較差的學業成果。

但生在貧窮家庭為何會引發上述變化？這就是金柏莉等科學家試圖釐清的部分。家庭收入與父母教育程度其實有其他意味。家庭收入較少，或是父母教育程度較低，通常表示這家人住的地方資源較少、汙染較多、全面健康照護較少、犯罪率較高，而且父母工作時間較長，沒有時間陪伴小孩。因此，像是營養不良、接觸有毒物質、優生保健不足、認知刺激有限等因素，都是研究發現可能的問題根源，顯示幼童大腦因貧窮而受害。

令人沮喪的結果是，出生於貧窮家庭的嬰兒，在九個月大時的認知發展測驗得分，就已經比那些較富裕的同齡嬰兒還低了。到了幼兒園時期，貧童的認知分數平均起來，可能比那些較富裕的同齡幼兒低了六十％。簡單來說，這是個看不見的疾病。孩童在大腦發展上遭受不公平之苦，而這些不公平會造成一輩子的負面影響，包含了學業表現、身心健康及就業。

雖然平均而言，生於貧窮家庭的孩童就如上所述，但也有很多人不被局限於此框架。變異性確實存在：比方許多出身貧窮家庭的孩童，卻有較大的皮質表面積；而許多較有優勢的孩童，則有較小的皮質表面積。另一方面，這樣的劣勢無疑特別影響貧窮孩童：你愈貧窮，對大腦就有愈不好的影響。金柏莉的研究有令人很在意的一點，那就是最有害的影響，都出現在收入最低的家庭。金柏莉等研究者執行「寶寶最初幾年研究」（Baby's First Years Study），該計畫規模宏大、方法嚴謹，每個月發津貼給一些低收入母親，提供補助，而這項研究最近有了振奮人心的結果。有獲得低收入補助的母親，其嬰兒在滿一歲之後，顯示出不同且較快的大腦活動，該活動和較強的認知技能有關。

讓我們擔憂的是，孩童是美國人口中最窮的族群。全世界有三分之一的人口是孩童，但其中一半活在極度貧窮中，每天努力靠著不到兩美元生活。想一想，我們知道有那麼多嬰幼兒的生活環境對大腦有害，這有多令人震驚。在人生機運的道路上，這些孩子在起跑點的運勢令人氣餒。

## 被埋沒的愛因斯坦

「人才是平均分布，但機會不是。」類似這樣的金句相當常見，而且恰如其分總結我們所面對的問題：機會不均。好長一段時間，「成就落差」一詞被用來描述出身富裕和低收入家庭學生之間，兩者的表現差異。但最近教育工作者和社會科學家改用「機會落差」一詞，以求更正確描述美國及世界各地的情形。很不幸，機會落差在世上大多數國家一直擴大。這詞彙能表達出真正的事實：一個孩子生在什麼環境裡，將決定他的人生能有什麼機會。通常這些環境是社會造就的結果；或者如某些教育專家所言，機會落差是「體系的問題，而非個別孩童的問題」。如果每個孩子都享有資源和支援，所有孩童都可以發揮潛能，達到自己心中的目標。

我們還應該擔憂一種落差，即是所謂的「卓越落差」。記得我曾說過，每個孩子來到世上都帶有基因差異，因而造就不同的潛能範圍嗎？我們不全然相同，天生能力的差別和家庭收入並無關聯。「卓越落差」一詞描述的現象，是能力強的孩子得不到平等的人生機會。有很多孩子都是如此。

根據傑克肯特庫克基金會（Jack Kent Cooke Foundation）的估計，平均一年中，美國從幼兒園到中學的教室裡，有近三百五十萬名高成就的低收入家庭兒童。對那些孩子來說，問題不在於確保他們達到最低能力，而是要發揮潛能，走入他們可透過天分打開的大門。但那三百五十萬名聰明的窮孩子，卻較不可能修習更有挑戰性的課程，較不可能申請聯邦助學金，甚至較不可能上大學。那些原本可以躋身最有生產力、最有創造力之列的一大群孩童，會因為出生的環境而受限。

知道這些孩子情況的我們，理應盡一切所能幫助他們成功，從生命之初到求學階段皆然。雖然機會落差逐漸穩定或稍微縮小，卓越落差卻漸漸擴大。這一路上的障礙實在是太多了。當我們錯失這些孩子將來的貢獻時，就等同於失去能改變世界的人力資本。當這些孩子沒機會向世界證明他們的才能時，其中最聰明的人無疑就是「被埋沒的愛因斯坦」，這情形實在令人沮喪。

哈辛．哈德曼（Hazim Hardeman）讀北費城的高中，他升高三時的成績落在C和D等級，而這也在意料之內，畢竟他在學校裡待在走廊和廁所賭博的時間，遠比在教室還多。到了校外，則經常可在當地休閒中心的籃球場找到他。他覺得籃球這條路可以引領自己走向榮耀，或者至少脫離目前的環境：他童年都住在社會住宅，換了幾所不怎麼樣的學校，而且多半都讀不下去（不過有個例外，容我之後再談）。所以，如果我請你大膽猜測哈辛和前美國總統柯林頓（Bill Clinton）、交通部部長布特朱吉（Pete Buttigieg）、前國家安全顧問及美國駐聯合國代表萊斯（Susan Rice），以及醫師兼暢銷書作家葛文德（Atul Gawande）有什麼共通點，你可能會很訝異。

在答案揭曉之前，我想先告訴你哈辛的故事。請注意，其中有很多時候，他的人生有可能前往不同的方向，踏上不可挽回的歧途，成了「被埋沒的愛因斯坦」。他的經歷與其說是「勵志成功」的故事，或許更像是警世寓言。

哈辛生於一九九四年，母親關德琳對他期望頗深，當時在費城定居的她，決心要給哈辛和另外三個孩子穩定且充滿愛的家庭，那是在亞特蘭大寄養家庭長大的她所不曾擁有的。說得容易做得難，關德琳身為黑人單親媽媽，沒有可提供後援的大家庭。

哈辛還記得，即使他們很窮，關德琳仍對於「擁有社會住宅區最好的房子」感到自豪。「雖然我們物質生活不富裕，但她總是讓我們覺得，如果我們有什麼想要的，都可以得到，即使她無法馬上提供。」在教育上更是如此。一路辛苦過來的關德琳知道，讓孩子受良好教育能翻轉他們的人生，她清楚表明學業很重要，並且鼓勵孩子：「對事事好奇，要能批判思考，不要輕易妥協。」哈辛表示，在某種程度上，他母親把孩子的教育視為「生死攸關之事」。

在哈辛小時候，醫生告訴關德琳，他有注意力不足過動症（attention deficit hyperactivity disorder，以下簡稱ＡＤＨＤ）。哈辛說：「我一刻都坐不住。」醫生給他開藥，也指派社工介入追蹤。被診斷出有ＡＤＨＤ，原本可能讓哈辛進入補救教學班，甚至被學校退學；那些所謂的「黑人小男孩、搗蛋鬼」經常遵循這種模式，從幼兒園就已經開始。不過就如哈辛所言，關德琳決定要讓他轉學（某次她到哈辛的小學，看到學生站在桌上，教師無法掌控課堂秩序）。有一天，關德琳搭公車到一個很遠、較富裕的社區，找到該社區看起來最好的 K-8 學校，然後她冒了個險（因為有人為此坐牢），使用一個假住址，把哈辛和他弟弟的戶籍登記在這個社區。哈辛說：「她冒著自己被抓去關的風險，想確保我們能接受有品質的教育。」他們在那裡待了三年。

孩子們很快就發現，新學校和前一所學校明顯不同。他們住家附近的學校絕大多數是黑人學生；新學校多半是白人和亞洲人。設備上的差別也數不完，哈辛說：「新學校資源就是比較多。書很多，教師不至於負擔過重，課外活動也多。」他也談到，這樣的資源豐富了教室裡的教學，以及「無形的課程」。在以前的學校，感覺好像要不斷證明自己很聰明，才有資格使用那些資源。新學校認定孩子本來就具備聰明才智，鼓勵他們探索世界，保持好奇心。哈辛發現新同學舉手投足都截然不同，他們知道自己的歸屬。哈辛也想要有歸屬感，希望被看成是聰明小孩；但過去他用的方法是在班上耍寶，帶頭嬉鬧。

聽著哈辛的故事，我確定早期一定有跡象能看出哈辛的天賦。我們都願意相信，當光線對了，就會照到未經琢磨的鑽石；當鑽石閃閃發光，我們就會知道這個人有天賦，務必要好好栽培。但當我詢問哈辛時，他卻堅稱不是那麼回事。一直以來，他始終不是表現中上的學生；換句話說，即使是在前景比較看好的環境，他的潛力還是沒有發揮。他在新學校那幾年的真正價值，不在於他向世界證明什麼，而在於世界向他證明什麼，他因此看到了無限可能。

哈辛在就讀中學期間，即是原本那所績效不佳的學校時，他蹺課、打牌樣樣來，身邊很多朋友不是被抓去關就是死了。哈辛猜想，自己之所以能避開較嚴重的麻煩，是因為有足足十八個月，他母親在亞特蘭大照顧家庭成員，所以他和姊姊一起住。姊姊家離他以前常去的地方很遠，因而限制了與那些朋友接觸的頻率。

不過仍有幾次僥倖脫險的情況，「我和朋友鳥獸散，我向左跑，朋友向右跑。」有一次，他在以前住家附近閒晃時，警察來找搶劫嫌犯。哈辛和身旁友人都跟那起搶案完全沒有關係，但他們還是拔腿就跑。最後朋友被逮到，哈辛則成功脫身。談到那名友人，哈辛說：「我不知道這是否是他第一次接觸（刑事司法體系），但我知道他年紀很輕，比我還小，而我當時大概才十五歲吧。從那時開始，他的童年就烙上進出體系的印記。」

哈辛在學校的表現也不好。十一年級快結束時，他的成績差到幾乎要重讀一年才能畢業。就在那時，他媽媽從亞特蘭大回來，見到此景真是失望透頂。哈辛心裡有愧，媽媽冒著坐牢風險送他進資源充足的學校，而自己竟然如此回報，「我覺得自己背叛了她的犧牲，沒有好好表現，反而讓她失望了。」他說：「從那時開始，我應該算是開始起飛了吧。」他需要補修七十二個學分，基本上就是一整年的課業。關德琳付了五千美元（這對她來說是一大筆錢）讓他修讀補修學分課程，課程從升十二年級的整個暑假，一直到秋季學期的課後時間。

有位老師給了哈辛一本書，是科伊．布思（Coe Booth）寫的《泰瑞爾》（*Tyrell*），故事主角是一名在遊民收容所長大的黑人男孩，努力幫媽媽維持生計。從這本書開始，閱讀成了哈辛不可或缺的一部分。這本書破天荒引起了他的共鳴，覺得自己就是故事主角；他開始用文字豐富自己的世界，也讀到一句特別有意義的話，那是詹姆斯．鮑德溫（James Baldwin）的名言：「你以為自己的痛苦和心碎史無前例，但閱讀之後發現並非如此。」到了十二年級，哈辛在只讀一年的特殊實驗學校（charter school）裡，學業有出類拔萃的表現。「那個階段我求知若渴。」他表示自己愛上學習，「不只因為學科內容，還有覺得自己能透過學習改頭換面。確實看到我的人生翻轉。」他不再到籃球場打混閒晃，而是集中精神在學業上。

雖然他十二年級表現進步神速，但總平均卻因前幾年成績太差而被拉低，低到沒辦法直接上大學。所以，他就讀一所社區大學，起初被分到補救教學班，但很快就轉到榮譽學程。他上課會坐在第一排，並且私下向老師討教。費城社區大學（Community College of Philadelphia）和他就讀的小學一樣，學生不需要證明自己夠聰明與夠格，就可以發揮創造力做專題和分析。哈辛如飢似渴的閱讀。如果他在圖書館找到一本有興趣的書，就會把擺放在架上的同類書籍全部讀完。他的臥室窗台很快就堆滿書籍，主題包含哲學、教育學、小說、非裔美國人研究等，開卷有益，利於學習。他的老師也注意到此事；費城社大一位教授向《費城詢問報》（*The Philadelphia Inquirer*）如此描述：「有沒有看過小孩吃東西狂吃狂塞，你心想他都吃到哪裡去了？哈辛對於知識就是如此。」在其他面向，哈辛也開始有傑出表現，他擔任學生會副會長，出現在費城當地的國家公共廣播電台節目《電台時報」（Radio Times），是三名傑出第一代大學生之一。

兩年後，他進入費城東北區的天普大學（Temple University）就讀。這所大學就在他兒時住家附近，一直以來距離很近卻又感覺遙不可及。天普大學於一八八〇年代創校，創辦人是羅素・康威爾（Russell Conwell）牧師。康威爾原本於晚間對在職男性與女性授課，後來他認為需要創立學校，不管學生出身及財力為何，都提供他們受教的機會。

康威爾一直會固定在演講時說〈鑽石就在你身邊〉（*Acres of Diamond*）這個寓言，內容講述一個男子受到誘惑，離開原本滿足的生活，去尋找閃閃發亮的鑽石，結果發現鑽石其實就在自家後院。這故事告訴大家，我們常常忽略自家後院裡人的潛能。哈辛就正如這寓言所述，很快成為天普大學的明星，校園裡大家都認識他。榮譽學程的教授很喜歡他，同儕也深受他的聰明才智吸引。他是天普大學使命的證明，他就是那顆被忽略的鑽石，現在終於能夠發光。

現在，讓我們回到前面的問題：哈辛和我列舉的傑出人士有什麼共通點？答案就是「羅德獎學金」（Rhodes Scholarship）。他和那些大人物都贏得世上公認最負盛名的獎學金。二〇一八年，哈辛是美國三十二名羅德獎學金得主之一。

羅德獎學金提供受獎者二至三年的全額補助，可以到牛津大學進修，多數得主是精英學校出身，很多都畢業於哈佛大學或史丹佛大學。哈辛是第一位得到該獎學金的社區大學畢業生，也是天普大學第一位獲得該獎學金的學生。在宣布得獎者時，哈辛被唸到名字的那一刻，當然是欣喜若狂，但同時也很訝異自己心裡有點難過，因為他「意識到有太多跟自己背景相似的人，並沒有這個機會」，他們得不到獲取成功所需的資源。

「除了被壓制之外，我不認為我的社區有什麼錯。」有一次他這麼告訴記者（他引用了麥爾坎．X〔Malcolm X〕的話，之後會和二〇二〇年五月喬治．弗洛伊德〔George Floyd〕之死有關），「我不認為我的社區需要救世主。我認為他們需要的是資源。」之後哈辛和我對談時，強調他的社區常被忽視的富饒面，他說，激勵人心的語言環境有許多不同形式。饒舌歌手 Jay-Z 是在布魯克林長大，給他啟發的環境就跟哈辛長大的社區類似。哈辛說：「催生出他『語言想像力』的，就是馬西社會住宅（Marcy Projects）的聲景。」

在牛津深造兩年後，哈辛開始在哈佛攻讀美國研究的博士學位，他是所上三十九名博士班學生之一。他似乎已經準備好要發表創新的黑人研究，想師法他的文學偶像，諸如胡克斯（Bell Hooks）、杜波依斯（W. E. B. Du Bois）以及詹姆斯．鮑德溫。在費城北區，他的老鄰居當然覺得他注定要做大事。最近他走在路上時，兒時朋友會對他大叫：「哈辛選總統！」

你或許覺得哈辛．哈德曼的故事太不尋常，也不切實際；畢竟我們沒有「被埋沒的愛因斯坦」名單可以比對，用 Google 搜尋也不可能有結果（這也是必然，不然就不會埋沒了），而哈辛是個例外。身為科學家，我意識到像哈辛這樣的故事儘管勵志，卻缺乏可概括的數據資料。因此，請容我分享一些真實數據，其實就是一個簡單的曲線圖，從中可看出一九七〇年，單單一週內出生在英國的寶寶的故事。這圖讓我們清楚見到，被埋沒的愛因斯坦將會……嗯，被埋沒。

這張曲線圖顯示出社經地位和認知測驗成績等級的關聯，為期八年，但這只是一項大型研究的一小部分證據。從一九四六年開始，英國針對同一時期出生的數千名孩童，進行長期世代研究，並在一九五八年、一九七〇年、一九八九年、二〇〇〇年及二〇二〇年持續重複此研究。這些研究大大證實我們對於許多社會關注議題的了解，例如教育、肥胖與心理健康。

下圖出自一項子研究，研究人員對一萬七千名出生於一九七〇年的孩童，進行了長期追蹤。此研究直指我

按照父母社經地位（SES）及最初認知測驗成績等級分組後，四組受試者於 22、42、60、120 個月大時，認知測驗分數的平均等級。

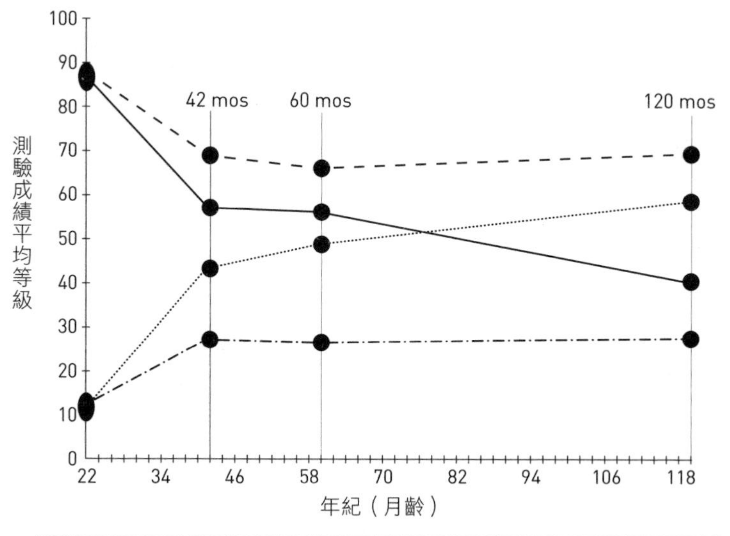


| Key： | | |
|---|---|---|
| – – SES 高，分數高 *（n=105） | —— SES 低，分數高 *（n=36） |
| ······· SES 高，分數低 *（n=55） | –·– SES 低，分數低 *（n=54） |

*22 個月大時　†幼兒人數

們所關注的問題：社經地位對於兒童智力的影響。

第一個判斷標準，依據孩童兩歲以前直到十歲的認知測驗成績，研究人員以智力四分位數（比較孩童和群體其他人的方法）分布最低和最高數值的孩童為研究對象。最早開始，高分群和低分群內的貧富混合相當均等，但到了十歲就出現重大改變。一開始在智力低分群，但來自較高收入家庭的孩童，測驗成績上升，輕鬆超越低收入高智力的孩童，並慢慢趕上一開始在智力金字塔頂端的高收入孩童。同時，完全相反的命運降臨在低收入家庭的孩童身上。一開始分數低的低收入家庭孩童，仍然維持原狀。至於起初在智力高分群的低收入家庭孩童，他們的認知測驗分數大幅下降，最後分數沒有比低收入智力低分群的孩童好到哪裡去。他們就是那些可能被埋沒的愛因斯坦。《華盛頓郵報》記者對此現象所下的結論，適足以說明事實：「出身富貴勝過天賦優異。」

上述的研究結果，更顯出哈辛．哈德曼的成就令人讚嘆。表面上是哈辛媽媽的愛與決心，為他不凡的大腦奠定基礎。但要是媽媽按照規定來，沒讓哈辛有機會打開眼界呢？要是哈辛當時沒有和朋友分道揚鑣，最後也被抓去關了呢？要是關德琳沒辦法支付補修學分課程的費用呢？很有可能，哈辛今天走上的就不是這條路。在其他孩子的人生裡，那些「要是」成為數千筆資料點，合起來就成了這張曲線圖所描述，那令人沮喪的事實。

哈辛知道許多人聽了他故事後，會把重點放在他克服重重阻礙，在智識上取得成功；畢竟這是最典型的好萊塢勵志故事。但每當想到哈辛，我看到的並不是勵志故事（雖然確實很鼓舞人心），而是像哈辛贏得羅德獎學金時的心情，感受到五味雜陳、憂喜參半。我為數百萬位被埋沒的愛因斯坦，以及中等、中上的普通孩童感到悲傷，不管他們的潛能是卓越或平庸，都沒有機會去發揮。我就看到有好多時刻，這位羅德獎學金得主差點沒有機會。對於沒能了解哈辛故事真正意義的人，哈辛有話要說：「不要為我克服這些阻礙而喝采，要為竟有這些阻礙存在而憤怒。」

## 北極星：促進健全大腦發展

父母要的都一樣：提供孩子在世上的每個機會。我見到夢中的自己站在河岸，心裡想的也一樣，期望幫孩子清出一條路，讓他們可以發揮實力，努力達成可能的目標。我在哈辛的媽媽和夏綠蒂的父母身上，見到同樣根本的盼望；我也可以想像他們思及孩子面臨的挑戰時，心中浮現的恐懼，他們不免會擔心未來。身為家長，不管是貧是富，膚色是黑是白或棕，是身體健康或有殘疾缺陷，我們都有同樣的盼望。

大腦本身就預備好要做所有父母期望的事：讓孩子準備好去利用神經可塑性提供的所有機會。在人生最初的三年裡，神經可塑性到達顛峰，而提供機會與此息息相關。你可能會問，如果大腦有那麼驚人的能力，為什麼有那麼多孩子的情況出了差錯？正如我們在金柏莉．諾柏的研究，以及英國的世代研究中所見，出錯的並不是我們的大腦，而是這個社會。那三磅重的寶貴神經組織，並沒有附上說明手冊。大腦要發揮自己的能耐，需要外在世界的引導。這無形疫病的問題與根源就在於此：大腦是為其所存在的世界來打造，會隨著環境調整。如果大腦所生存的世界缺乏資源，大腦就缺乏資源，並因此受到影響。

我們萬萬不能為此怪罪父母或小寶寶。「人們常說，這跟貧窮無關，而是你願不願意拉自己一把，自力更生。」金柏莉．諾柏說：「請告訴我，小寶寶要怎麼自力更生？」

小寶寶不能自力更生，但他們身旁有大人，即父母、社區與整個社會。這些大人通力合作，就有辦法把寶寶們好好帶大；這些大人通力合作，就能讓健康大腦發展成社會的新北極星；這些大人同心協力，就能確保每個孩子擁有發揮潛能的必要條件。

# 3

# 路燈效應

教育從生命第一天開始

先生，
你一輩子都跟著錯誤的星星走。
——盲人卡西迪

或許你聽過這個故事：

有天深夜，警察遇到一名男子在路燈下跪地爬行。
「先生，你在做什麼？」警察問。
「找我的鑰匙。」男子回答。
「你在哪裡掉了鑰匙？」警察問，彎下腰幫忙找。

「對街。」

「那你怎麼在這裡找？」

「這裡光線比較充足。」

在科學界經常可以聽到這笑話的各種版本，它之所以會引起如此大的迴響，是因為幾乎所有科學家，都有在錯誤地方尋找答案的經驗。因為坦白說，此舉相對容易。我們往往不自覺被光線吸引。以專業術語來說，就是「觀察偏差」。

我們測量最容易測量的東西；我們研究最容易研究的族群（通常是大學生）；我們治療最明顯的症狀；我們找大家都會找的地方。有時候，那個明亮的地方和當前的問題完全無關，就如同男子在路燈下找鑰匙那樣。有時候，明亮之處僅提供部分答案，甚至有誤導之虞。這類情事不勝枚舉。

就拿阿茲海默症來說吧，研究人員花了數十年研發藥物，去處理他們認為是主要問題的腦部斑塊（plaques），部分原因就是他們「看得到斑塊」。他們一直沒多大進展，也是到最近才正視有其他侵害途徑。在企業界，大家投入諸多時間心力，在社群媒體上拉高按讚與追蹤人數（一樣又是追求看得到、可測量的東西），即使高人氣並未帶來實質增加的銷售量。這個「路燈效應」造成的結果，正如一位作家所言：「我們容易從情勢看好的地方找答案，而不是從答案可能隱藏的地方。」

從數百萬個孩童未來的角度來看，這效應很嚴重。在世界上許多國家，大家試圖要解決的問題（也就是我們在找的那把鑰匙）如下：該如何培養下一代成為有生產力的公民？我們如何確保所有孩童有公平公正的機會，完全發揮自己的潛能？

通常答案都是「教育」，而且指的是學校教育。二〇一一年，美國前教育部長鄧肯（Arne Duncan）這麼說：「在全球各地，當今都認為教育是改變現狀、顛覆傳統的方式，足以推動經濟成長和社會變革。」至於如何實踐那樣的教育，各國做法不同，例如南韓上學天數較多，芬蘭和新加坡教師甄選競爭激烈，但無論如何，都是在同一個主題上變化。換句話說，我們一直在同樣的地方找答案：K-12階段的學校教育。

美國致力於給孩子公平的人生機會，這是「美國夢」的核心價值，美國夢的精神表明：在美國，不論出身為何，人人都可以成功。美國夢讚揚的是精英領導，而非特權階級。事實上，很多其他國家雖沒有像「美國夢」這樣響亮的標語，也都擁護同樣的信念與精神。

但是「美國夢」正在消失。那些機會應該要造成世代流動才對。該精神秉持的信念是，我們絕大多數都能強過父母，會受更好的教育、賺更多錢、職業位階更高。不過根據哈佛經濟學者切提（Raj Chetty）的研究，比父母會賺錢的小孩比例，一九四〇年出生那一代大約有九十%；但是一九八〇年出生的那一代，只有五十%賺得比父母多，整體的職業流動下降比例也差不多。當然，不是每個人都有能力或應該當外科醫師或律師，但是以前不需要大學學歷就能做的工作，已足以讓一家人過好日子；反觀今日，多數藍領工作的薪水都不夠養活一家人。

這不是我們當初得到的承諾。

打從美國建國開始，我們就認為教育（此處指的是從五、六歲到十八歲孩子所受的正規學校教育，用當今詞彙來說就是K-12教育）是實現美國夢的途徑，提供我們認為與生俱來的社會流動權利。幾百年來，國民教育被視為建立團結國家的手段，培育有素養的公民，同化移民，並提供機會給所有人。

當然，有很長一段時間，「全民教育」並不真的代表「全民」，女性、黑人、原住民都被排除在外。但這概念深受肯定，傑佛遜（Thomas Jefferson）曾說，要避免暴政，政府必須提供全民基礎教育，如此才能「啟發……全體人民的心智。」

我們投入數十億美元，進行有品質的K-12教育，並致力於諸多改革。然而，在最近的閱讀與數學國際測驗中，如「國際學生能力評量計畫」（Program for International Student Assessment，以下簡稱PISA），美國學生的成績持續停留在已開發國家的排序中段。

美國排名所代表的意義，基本上就是過去二十年來進展停滯。有些學生進步（閱讀前段學生表現變好），但也有些退步（最後一〇%的分數變低）。在二〇一九年美國的「國家教育進展評測」（National Assessment of Educational Progress）中，只有三分之一的美國孩童在閱讀方面表現精熟。三個孩子裡就有兩個閱讀能力不佳！二〇一九年末，哈佛教育研究院的教育學教授柯雷茨（Daniel Koretz）告訴《紐約時報》，提升我們排名的整體努力「沒有什麼效果」。即使如此，因為K-12有所謂的路燈效應，所以我們仍持續在上面大量投資，不作他想。

在對街暗處的陰影裡，我們忽略了什麼呢？我們對哪些「關鍵」事實視而不見呢？教育是從人生第一天就開始，而非上學的第一天。到了進幼兒園的第一天，孩子就已有顯著差別了。有些孩子早就準備好要學習，有些孩子則已經需要補救。一次又一次，我們看不到光線以外之處，沒能理解人生最初幾年的重要性，以及那幾年採取正確做法的必要性。

## 為什麼我們不從最初開始

當代教育家把重點放在K-12階段是有跡可循的，而且意外可以追溯到很久以前。十七世紀，出生於現今捷克的神職人員康門紐斯（John Amos Comenius），奠定我們今天教育體系的基礎。康門紐斯生於一五九二年，想法和那個時代的每個人一樣，認為教育應該深植於宗教，認字閱讀都是為了讀聖經。但是他關於教育的某些想法，在今日聽起來都相當現代，在一六〇〇年代想必是非常激進的思想。

康門紐斯認為要用學生的母語來學習，並且以學生的發展程度做為起始點，設計第一套有圖畫的教科書，提倡應該循序漸進，從簡單到困難的概念來教學。他鼓勵教師注意每個孩子的心智，以及他們學習的方式，「跟著自然的腳步走」。他呼籲貧富皆可受教育，而且女性也有權接受教育，在那時代，這樣的主張相當激進。

康門紐斯也提倡將正式教育分成三級，類似今日小學、中學、大學。甚至在他於一六五七年出版知名教育專書《大教學法》（*The Great Didactic*）之前，其想法就在十七世紀「爆紅」，很快傳遍歐洲，而且多虧了清教徒，這想法被帶到美國殖民地。簡言之，康門紐斯是他那個時代的教育界「網紅」。

一六四二年，麻薩諸塞灣殖民地（Massachusetts Bay Colony）通過法案，要求父母必須教小孩識字閱讀。接著一六四七年，他們通過第二條法案，其他殖民地紛紛跟進實施，為美國全民教育奠定觀念上的基礎，該法案名叫《老惡魔撒但法》（Old Deluder Satan Act），是的，你沒聽錯，之所以會取這誇張的名字，是因為清教徒認為惡魔希望人民都是文盲。清教徒相信，要開創有生產力的社會，社會的每一份子都應該能識字閱讀，能讀懂聖經及當地的法律與規定。而撒但那個老騙子呢？透過明文規定的全民教育，必定能夠與其邪惡相抗衡。

該法案要求任何超過五十戶的社區，都要聘請一位教師；而有一百戶人家的城鎮，則必須建立「文法學校」供孩童就學，不過實際上這些文法學校只收男孩，年紀大概是從七歲開始，費用則由家長或整個社區負擔。這體制大致與康門紐斯的建言很相似。

但康門紐斯的種種創新概念，忽略了一個關鍵要素：人生最初的那幾年。即使在當時，路燈（確切說應該是油燈）照亮的還是學齡兒童。康門紐斯不只忽略幼兒期教育，甚至還反對幼兒教育，主張那會造成危害。他寫道：「最好是在大腦完全穩定後，再開始承擔工作會比較安全；嬰兒的頭蓋骨尚未密合，大腦在五、六歲之前還未穩定。」這樣的概念有其影響力，並且持續至今。

康門紐斯及其追隨者之所以認為「學校教育應從六、七歲開始」，我們可以理解。從發展的角度來說，大概在那個年紀，孩童的認知能力與成熟度會有很大的變化。這改變廣受認同，發展心理學家、人類學家、演化生物學家等都如此認為，也就是所謂的「五到七歲大轉變」，表示孩童在認知上趨於成熟，思考沒那麼絕對具體，比較能進行邏輯推理。

這改變相當明顯，即使不是科學家也看得出來，而父母絕對能感受得到。在狩獵採集社會，大概在五到七歲之間，給孩子的責任會開始增加。當然，只把焦點放在發生於五到七歲的轉變，其實忽視了之前幾年大腦發展的過程，而那是轉變成功的必經之路。

康門紐斯倒也不是認為孩子在六歲前無法或不需要學習；相反，他認為母親的角色（他只強調母親，沒提到父親）很重要。但他認為幼兒期必須進行的學習純粹是私事。

所以，當康門紐斯撰寫他的《大教學法》，勾勒出全民教育的現代體系時，提出教育六歲以下孩子是母親的責任，而教育六歲以上孩子則是政府的責任。從那時開始，父母必須想辦法在孩童最初的形成期讓他們學習。

## 休厄爾家族

關於這一點，我有個最喜歡的例子，就是清教徒時期麻薩諸塞州的休厄爾家族。他們的故事告訴我，從以前到現在，父母的努力與擔憂都沒變過。父母總希望孩子贏在人生起跑點，塞繆爾．休厄爾（Samuel Sewall）也不例外。他九歲時從英國移民到美國殖民地，一六六七年進入哈佛大學就讀，想必那時他已讀過康門紐斯的《大教學法》，畢竟那是課程的必讀書目。

塞繆爾娶的妻子出身富裕人家，他自己則當上傳記作家和法官。他提倡廢奴，主持塞勒姆審巫案（不過後來他對此深感後悔）。塞繆爾和太太漢娜一共生了十四個孩子，並且對孩子的發展相當著迷，當兒子豪爾十八個月大，說出第一個單字「蘋果」時，他還在日記裡寫下滿滿的慈愛與讚嘆。可惜，豪爾短短的生命大半時間都疾病纏身，他在父親日記裡出現六個月後就夭折了。塞繆爾另外六名子女也和豪爾一樣，在成年之前就離世，還有一個死產，這種悲劇在當時並不罕見。

你可能會想，這麼多孩子死亡，會讓休厄爾家飽受痛苦，也可能讓他們更執著要給活下來的孩子最好的機會。確實如此，他們送孩子去讀當地的文法學校，也就是根據《老惡魔撒但法》所建立的學校。塞繆爾對以自己名字命名的現存長子小塞繆爾，有著極高的期許，希望兒子能追隨自己的腳步進入哈佛，未來或許也當個牧師，但是小塞繆爾不適合讀哈佛。根據傳聞，小塞繆爾八歲進入文法學校，到了十六歲時（都夠他父親讀哈佛兩次了），小塞繆爾逃學了。

我想，當時漢娜和老塞繆爾晚上一定翻來覆去睡不著吧！也許其中一人翻身轉向床邊桌，打開檯燈，光線照亮兩人的臉龐。夫妻二人苦惱著該拿小塞繆爾怎麼辦；討論之後，他們決定讓兒子休學，送他去書店當學徒。或許實際情況和我的想像有出入，但我確實知道，為人父母者都對孩子滿懷愛和擔憂，即使是清教徒也一樣。

近年有學者表示，一直以來我們都認定清教徒特別嚴厲，但這刻板印象其實有失公允。（根據我的經驗，這是諸多對家長不公道的批判之一！）可以確定的是，休厄爾家替長子安排到書商麥可・裴瑞（Michael Perry）那裡去當學徒，然而賣書也不受小塞繆爾青睞，他才做幾個月就離職了，無所事事大概十年，最後才定下來務農。

當小塞繆爾終於找到自己的方向時，漢娜和老塞繆爾有鬆了一口氣嗎？但願如此。不知他們是否想過，如果當初在哪裡採取不一樣的做法，就能讓兒子人生的起步更扎實、強健？或許有。可以確定的是，老塞繆爾・休厄爾對下一個存活下來的兒子約瑟夫，採用了不同的策略，特別是他提早開始教育約瑟夫，而且提早很多。在這一點上，休厄爾是跟隨好友科頓．馬瑟（Cotton Mather）的做法，馬瑟是知名的牧師兼作家。休厄爾知道，康門紐斯批評早期教育，而馬瑟則是強烈反對康門紐斯之見。「教育永遠不嫌早，」馬瑟說：「*Quo semel est imbuta recens servabit odorem, testa diu.*」這串拉丁文的意思是：「最先倒入罐中之氣味長存不散。」

所以，比哥哥塞繆爾晚十年出生的約瑟夫，在活潑好動的兩歲稚齡時，就被送進一所「婦嫗學校」（dame school）。這類學校對外宣稱把重點放在「4R」上，也就是寫作（wRiting）、閱讀（Reading）、算術（aRithmetic）、宗教（Religion）。但事實上，很多婦嫗其實沒教什麼，這份工作薪水相當微薄。舉例來說，沃本鎮（Woburn）只付給當地教師渥克女士一年十先令，但是又扣除稅金七先令，再扣除農產品及其他開銷，結果可憐的渥克女士，最後只拿到一先令三便士的薪水。不過她也有可能和一些家長以勞務換東西。（你給我兩塊木柴，我教你小孩兩週，如何？）

這類學校的教學品質天差地別，不過倒是對約瑟夫有交代。約瑟夫換過幾所婦嫗學校（顯然是比較好的幾所），也和當時知名的牧師學習過一段時間。根據一名歷史學家的說法，休厄爾家希望約瑟夫「不要養成不受管教的習性，免得步上哥哥塞繆爾輟學的後塵」。到了十歲，約瑟夫進入知名的波士頓拉丁學校（Boston Latin School）就讀，該校是某種程度階級男孩讀的預備學校，準備將來上哈佛。十八歲時，約瑟夫從哈佛畢業（他還是畢業生代表），三年後，他獲得碩士學位。後來約瑟夫當上牧師，完成他父母的夢想。他熱愛這份工作，還因此拒絕擔任哈佛校長，以便繼續擔任神職人員。

乍看之下，休厄爾家所進行的實驗，似乎表示：你必須盡早開始（確實如此）；而且如果及早開始，你的小孩就會上哈佛，進入你理想中的職場（這部分不保證）。但我看到更重要的問題。這個早期教育體系始於沒什麼章法的婦孺學校，把我們最年幼孩子的教育與大腦發展（但說句公道話，當時大概也沒人懂），交到沒經過師培教育的婦女手中。

直到今日，照顧和教導多數社會最年幼兒童（包括許多中產階級和富裕家長的小孩）的工作，都還是那些薪資微薄、多半未受訓練且被社會邊緣化的婦女。即使有諸多證據告訴我們，這些人的付出有多重要，所做的事有多關鍵，她們並沒有得到與該工作相符的尊重和待遇。基本上，我們只付她們臨時保母費用。至於連這點錢都付不出來的人，就必須由東拼西湊的支援系統（祖父母、大哥大姐、其他家庭成員、鄰居）介入，協助照顧小寶寶，好讓他們的父母能工作兼差，以此支付家庭開銷。

## 瑪莉亞的故事

只要講到家長和學前教育，萬變不離其宗。記得我第一次見到瑪莉亞的場合，是她帶當時一歲的兒子黎安來到「三千萬字計畫」。瑪莉亞對孩子向來很有一套，而且會把我們課程的內容學以致用。我看著她陪黎安玩、和他說話，感受到瑪莉亞精力充沛，創意滿點。黎安爬到媽媽的大腿上，準備聽她講手上的一本小獅子繪本。「獅子吼了一聲。」瑪莉亞聲音宏亮，全場都聽得清清楚楚。黎安把書抽走，而瑪莉亞感覺到兒子想主導，於是就順著他。黎安一頁一頁翻著書，他小小的手指其實很費勁。同時，瑪莉亞拿起另外一本書《十隻手指頭和十隻腳趾頭》（*Ten Little Fingers and Ten Little Toes*），開始唸給他聽。「有個小小孩，出生在山上。另一個小小孩，不斷發抖打噴嚏，」她字正腔圓，彷彿在吟唱：「這兩個小小孩，大家都知道，有十隻手指頭和十隻腳趾頭。」

瑪莉亞抓住黎安的手指頭和腳趾頭，搔他癢，讓他把書頁上的字和自己的身體連結。黎安高興的尖叫。瑪莉亞和黎安又一起把注意力轉回小獅子上。黎安還是想主導，他翻著書，一直翻到最後一頁。

「好棒！」當黎安翻到最後時，瑪莉亞這麼說。

黎安咿咿呀呀回了一串意義不明的話，但其中有個字很清楚。「棒！」他說道，口吻透露出對自己的成就有多自豪。

瑪莉亞從記事開始，就想要跟小孩相處。她在芝加哥的南區及其近郊出生成長，生活在一個大家庭裡；她的祖父母結縭六十載，有十三名兒女，兒孫滿堂。成長過程中，每位家庭成員都很親近。瑪莉亞和堂表兄弟姊妹宛如親手足，她很愛這個大家庭，因為她有許多玩伴。等到兄姊成家生子，她也有很多當保母的機會。「我一直都很喜歡小孩，」瑪莉亞說：「我這輩子都在養小孩。」她等不及想要有自己的小孩，並且對育兒胸有成竹。

但出乎意料的是，她的小孩黎安，以及黎安的弟弟連恩都很難帶。「有自己的小孩以後，我真的好迷惘，原本以為自己對帶小孩得心應手，」她說：「我一直都在帶小孩，一直都在看顧小孩，因此認為自己還算行。結果根本不是那麼回事，完全不一樣。」認知到這點之後，身為想要學習成長的母親，她參加了「三千萬字計畫」的家訪計畫。「我想更深入了解怎麼跟兒子相處。」她說。

成為新手媽媽，讓瑪莉亞的生活天翻地覆，並且筋疲力竭，許多父母都是如此。但是耗費她心神精力的，主要還是工作。兩個兒子都還不到兩歲時，瑪莉亞開始在他們去的托育中心工作。由於她和孩子的父親走不下去了，所以得一個人扛起這個家。

她很喜歡這份新工作。最初，她被分配去照顧年紀較大的學齡前兒童，她注意到有個小男生（姑且叫他喬伊）坐在角落自己玩，沒和其他孩子互動。喬伊有自閉症，也不說話，但瑪莉亞還是坐在他身邊，自言自語講得相當生動，好像喬伊可以跟她對話一樣。「我對他視如己出。」她說。瑪莉亞的努力很快就有了成果。「他會發出一些聲音，會抱我，也會想要親我。」

瑪莉亞發現自己對喬伊這類孩子還滿有辦法的，「我發現那些孩子愈來愈愛跟我玩。」身為中心裡的助理教師，她把大部分時間花在照顧有特殊需求的孩子。這份工作感覺就是她的天職。「對待那樣的孩子，只需要有一顆特別的心。」她說。

但是熱情支付不了帳單。瑪莉亞領的是最低薪資，而且這份工作不提供保險，也沒有福利。身為獨力扶養兩名幼子的單親媽媽，又住在芝加哥，她的薪水就和從前用木柴換教育沒什麼兩樣。「我等於是用工作來換孩子的托育，就是這麼簡單。薪水一進來就拿去繳帳單，無窮無盡的帳單。」包括大眾交通費用（她沒有車）、房租、日用品。「我真的完全沒有閒錢可花。」她說。即使撙節度日依然入不敷出，每天都為錢煩惱。瑪莉亞心裡常常掙扎，要不要找待遇更好的工作。她內心的拉鋸大概就像這樣：

賺的錢不夠。

但我很愛這份工作，也好喜歡這群孩子。

有時她會想像不同的路，那幾條她差點踏上的路。她曾經讀了幾年大學，主修刑事司法，但她覺得那不適合自己。一位表姊建議她走殯葬業，因為防腐處理一具遺體，就可以賺九百美元。禮儀師一個下午賺到的錢，對任職於幼兒托育中心的瑪莉亞來說，要工作將近三週才賺得到。（這實在很不對勁啊，我們社會願意付那麼多錢來為死者防腐，卻只願意付很少的錢來資助生者。）但當瑪莉亞去表姊工作的場所深入了解時，見到她正為一具青少年遺體進行防腐，這孩子是因頭部中彈而死。對年輕生命的殞落與人才的損失，瑪莉亞感到相當悲痛。當時她就知道，她的職志是要為自己所照顧的孩子打造未來，那是她熱愛的工作。

有句老話說：「如果你熱愛這份工作，那麼你一生不會覺得自己是在工作。」但當你熱愛的工作不足以讓孩子溫飽時，這句話就站不住腳了。「那時的我並不是在過日子，只是還活著而已。」瑪莉亞回憶當年道：「我覺得自己像個機器人。起床，東忙西忙，一天大概只睡四個小時，循環往復。」白天充斥著幼兒的哭聲，晚上回家也是。她一直在生病，卻抱病上班，因為請假會被扣薪。如果她選擇放棄，好像會辜負學生，也對不起自己的孩子。

「我從來沒想過要留時間給自己。」瑪莉亞說：「我體重一直掉，壓力很大，沒有精神。」她因為一直婉拒邀約，所以和很多朋友斷了聯絡。雖然同事和她一樣領著微薄的薪水，但由於她們沒有小孩，所以不能理解她蠟燭兩頭燒的負擔。多數時候，瑪莉亞對於自己心情低落感到自責。「我應該要開開心心才對。我應該享受育兒才對。我應該樂活人生才對。」但是生活中持續不斷的壓力和拉扯，讓她覺得自己要是離開孩子，就是個失職的母親；要是考慮離職，那就是壞老師。

## 「就是沒有用」

在塞繆爾．休厄爾和瑪莉亞時代之間的這幾個世紀，路燈讓我們產生盲點，一直以管窺天，只看到K-12學校教育，認為那才是給小孩機會的途徑，卻忽略了小小孩的需求，沒發現在學前階段，其實是孩子大腦發展最快的形成時期。偶爾，我們會突然覺醒，發現這其實沒有用。

一九五七年，當蘇聯發射史普尼克號衛星進入行星軌道，開始了太空時代，美國人才警覺到，我們並不是自認無庸置疑的國際領袖。「突然之間，他們就先一步到外太空了。怎麼會這樣呢？」教育家切斯特・芬恩（Chester Finn）在《學校：美國公立學校教育的故事》（*School: The Story of American Public Education*）如此寫道。

對大家來說，最顯而易見的答案是「蘇聯的教育水準比較高」。所以接下來美國採取積極行動，透過《國防教育法案》（National Defense Education Act），提升學校教育中的數學和自然科學。（蘇聯也有大規模從三歲開始的早期幼兒教育，不過那些在乎美國為何落後的人，似乎沒有意識到這一點。）

讓我們將時間快轉到二十五年後的一九八三年。當時有則嚴厲譴責美國學校教育的報導，令我們再度警醒。各界對於國家勞動力的競爭力表示關切，教育部長因此委託專案小組，針對公立學校的狀況進行全面評估。

專案小組提出的報告名為〈國家陷入危機〉（A Nation at Risk），直指學校衰敗，在世界舞台上落後，前景並不樂觀。「我們在工商業、科學與科技創新領域，不曾受過挑戰的卓越地位，如今被全世界的競爭對手超越。」專案報告寫道：「如果不友善的外國勢力，企圖要把現行的平庸教育表現強加於美國，我們很可能會把此舉視同戰爭。」回頭來看，有些人認為這份報告並不是全然公允。但是結果很清楚：大家依然是努力改善K-12階段教育。

過去幾十年來，美國花了數十億美元，進行一個又一個重大教育改革策略，包括「不讓任何一個孩子落後」（No Child Left Behind）、「各州共同核心標準」（Common Core State Standards）、「邁向巔峰」（Race to the Top）、「每個學生都成功法案」（Every Student Succeeds Act）等。我們一直在增加聯邦資金補助；我們引進新的測驗形式，以及教師的績效評鑑標準；我們增加課後活動，降低班級人數；我們推動教師品質提升；我們建立特許學校並核發教育津貼；我們改變學校上課時間規劃；我們戮力提高標準。

當我們發現上述所有努力依然未見成效時，甚至擴大路燈的照明範圍，呼籲所有孩子應接受pre-K[2]，希望最終每個孩子上學的年紀不晚於四歲。普遍實施pre-K，基本上會讓公立教育體系多一個年級，而以二〇二一年來說，有九個州和幾座城市全面實施pre-K或類似的學制，包括聖安東尼奧（San Antonio）、紐約市、奧勒岡州的波特蘭。這會是我們企盼的有效解決方案嗎？我同意pre-K非常重要。而且因為這政策在兩黨都很受歡迎，把重點放在實現 pre-K 這一年，必然是政治上的權宜之計。

但是我們也不要自欺欺人。給四歲小孩的 pre-K 教育，並沒有滿足更小的孩子及其家庭的需求，也沒有解決我們在金柏莉·諾柏的研究中所見，出現在三歲前那令人扼腕的大腦發展差距。

## 教育從生命的第一天就開始

為了縮小這些早期差距，強化所有孩童早期的大腦發展，我們現在必須聚焦於生命最初三年的情況。那階段必須被視為教育連續體系的一部分。

通常那個關鍵時期獲得的關注，其考量背景只是致力於減輕貧窮的影響，以及處理重大社會危機。美國最早有規劃的幼兒托育，可以追溯至十九世紀末期，當時慈善機構經營

2 編注 約等同於幼兒園中班。

的「日間托兒所」成立，幫助家長出外工作的低收入家庭。政府在經濟大蕭條時期首次介入，提供資金成立幼兒托育中心，好讓家長能回到勞動市場（因為經濟崩盤影響深遠，許多家庭都符合資格）。

之後，第二次世界大戰迫使女性進入勞動市場，代替投身軍旅的男性；此時，政府再度設立大規模的幼兒托育中心網絡，多半都有極高的品質，符合《蘭哈姆法》（Lanham Act）的規範。幼兒母親熱愛這些托育中心，希望中心能繼續經營，但每當危機解除時，托育補助也跟著喊停。少數人確實看出此舉的錯誤。

愛蓮娜．羅斯福（Eleanor Roosevelt）是職業婦女和現代家庭的最早擁護者，她針對二戰後托育中心關閉一事寫道：「我們很多人都知道，或許托育中心是一直存在的需求，但過去我們都沒有正視此事。」但當時多數政客都明白表示，他們相當不贊成政府涉足幼兒托育。一九四三年，紐約市長拉瓜迪亞（Fiorello La Guardia）有句名言：「最糟糕的媽媽，也都還勝過最頂尖的托育機構。」

然而，到了一九六〇年代，我們對兒童發展的認識，幾乎和被研究的小寶寶一樣成長快速。高品質教養的重要性不言而喻，不僅從英國精神科醫師約翰．鮑比（John Bowlby）提出的依附理論研究清楚可見，在追蹤許多家庭數年的一系列先驅研究中，也得到此結論。接著，少數幾位教育心理學者發表開創性的研究，顯示智力確實可以隨著經驗改變。一時間大家無可否認，環境和經驗從人生第一天就很重要。

由於上述新提出的概念，加上詹森（Lyndon Johnson）總統「向貧窮宣戰」（War on Poverty）的倡議，一九六五年政府推行創新的「啟蒙方案」（Head Start program），協助最貧窮的孩童做就學準備。（一九六九年，兒童電視節目「芝麻街」就是基於同樣動機而製作。）

雖然過去幾年以來，「啟蒙方案」一直是政治激辯的話題，對於其效果也有褒貶不一的報導，但是這方案仍然有其影響力，這是充滿希望的徵兆，代表社會不願意放棄最弱勢的孩子。（話說回來，在二〇一八年，根據兒童保護基金會〔Children's Defense Fund〕的統計，啟蒙方案只造福了半數符合資格的三、四歲兒童；之後為一、二歲幼兒增設的「嬰幼啟蒙專案」〔Early Start program〕，則只服務了八%符合資格的小小孩，比例低得驚人。）

雖然「啟蒙方案」的目標是貧窮兒童，但因為受到媒體大幅報導，再加上當時對於兒童發展有新發現，引發大眾對於學前教育的興趣。中產階級家長認為，如果認知刺激對貧童有益，會不會對他們的孩子也有幫助呢？然而，沒有可用的經費可支援任何公立體系的學前教育與幼兒托育。反倒針對可以負擔的家長們，推出各式各樣私人托兒服務（有些品質很高，有些是美化版的顧小孩）。

同時，愈來愈多女性進入就業市場。在一九五〇至二〇〇〇年之間，美國女性的勞動力參與率近乎翻倍，從三四％迅速上升至六〇％。到了二〇二〇年，女性加入勞動力的比率超過七〇％。（從全球來看，雖然有七〇％女性表示想要做有償工作，她們加入勞動力的比率一直較低，疫情前大約在四七％上下。在印度和多數中東國家，比例則是更低。）

只要是有更多女性加入有償勞動的地方，大家就不得不討論「誰來照顧小孩」的問題。美國對於幼兒托育的無作為，與職場媽媽（及爸爸）的現實相互衝突，他們沒辦法一邊工作，一邊做到養育幼兒不可或缺的大小事。家長需要高品質的托育與教育方案，補足他們對孩子的愛與養育。

此事極為重要，又因我們對幼兒大腦發展益加了解而更顯急迫。之後每一個十年，我們愈來愈了解在幼兒期刺激大腦的重要性。接下來，由於神經科學知識的爆炸發展，美國國會和總統宣布一九九〇至一九九九年是「大腦的十年」（Decade of the Brain），「學齡前相當重要」的概念已滲入社會。

此時大家都明白，準備好上學的孩童，就是準備好踏上人生旅程。再者，經濟學家詹姆士．赫克曼在二〇〇〇年代的研究，顯示此投資有了回報，優質的學前教育對社會貢獻良多，大量的證據清楚指出，優質的學前教育不只讓孩子受惠，也讓整體社會獲益。

## 芬蘭的幼兒方案

其他國家處理這個就學準備的重大工作，遠遠優於美國。主辦國際十五歲學生閱讀與數學評量計畫的OECD，在二〇二〇年發表一份針對幼童的試驗性質研究。該研究測驗美國、英國、愛沙尼亞的五歲幼童入學準備度，結果美國小孩在「發展初期閱讀技巧」及「發展初期計算能力」兩項都敬陪末座。

讀過這份早期學習研究後，我很好奇國際評量表上的幾個常勝軍國家，都是如何處理學前教育？芬蘭就是個顯著的例子，雖然該國近年成績稍微下降，但其教育體系卻令許多國家欽羨，芬蘭的成功故事是許多學術分析的主題，也有充滿亮點的新聞報導。多數芬蘭學生學習良好，教育體系也相當公平。

然而，從前的芬蘭並非如此。在一九五〇年，芬蘭的學校表現平平，只有較大城鎮的居民才能讀中學，多數年輕人只接受六、七年正式教育，之後就離開學校，整體識字率很低，職業和技術學校也不多。

那麼，改變是如何出現呢？從一九七〇年代開始，各政治派別的芬蘭人都有共識，認為應該要為所有孩子建立優質的公立學校，而這被稱為「芬蘭夢」的想法從未動搖過。他們覺得要達成這樣的夢想，最好的一個做法是「打造世界級的教學力」，力求教師訓練有素、待遇優渥、受人敬重。二十年來，芬蘭學校改頭換面，教師不僅得到尊重，還被賦予權威。

芬蘭不只改革學校教育，還改變針對嬰幼兒的政策。事實上，我很訝異芬蘭兒童是到七歲才接受正式教育。

有些人會說，這就表示七歲以前不是那麼重要。但事實正好完全相反，在芬蘭兒童正式入學前，絕大多數都已進入「嬰幼兒教育及照顧」（Early Childhood Education and Care，簡稱ECEC）體系許多年。ECEC是相當高品質、費用可負擔的幼托制度。至少有一年ECEC方案是義務教育，以確保所有孩童都做好上學的準備。

甚至在那之前，芬蘭已協助其家長為孩子的大腦發展奠定基礎。芬蘭家長享有支薪育嬰假，薪水優渥得足以負擔孩子一歲前的多數開銷。當寶寶大約九或十個月大時，家長可以選擇公立或私立的ECEC方案，或者在家照顧小孩，如果選擇後者，直到小孩滿三歲之前，家長都可獲得津貼補助。

如果要我猜，我會說芬蘭（至少有一部分）成功的祕訣其實很明顯，從他們的幼兒方案名稱「嬰幼兒教育及照顧」就可以看出。

世上許多國家（當然包括美國）都有由來已久的共識，認為照顧是看顧小孩，而教育是到學校上課，兩者並沒有交集。換句話說，「正式及非正式照顧」與「教育」之間壁壘分明。但是芬蘭並沒有把兩者區分開來。事實上，他們融合方案的暱稱就是「educare」，美國有些團體（如幼教組織「盡早開展」〔Start Early〕）也採用這個詞彙，一針見血指出符合發展的概念。

想一想，在孩子一、兩歲時，我會讓他們坐在嬰兒車裡，推著他們去散步，沿途我會指認飛翔的鳥兒、呼嘯而過的公車、鄰居遛的大黃狗給他們看。我相信多數父母也都有類似的舉動，至少有空時會這麼做。這樣做是照顧還是教育呢？兩者皆是。

## 別只看路燈照亮的地方

如果休厄爾家可以穿越時空，他們會怎麼看「educare」？我想他們會認為，任何能享受 educare 的孩子，都可以準備好去上文法學校，也會很興奮的把孩子送過去。

至於瑪莉亞，當我描述芬蘭教育體系給她聽時，她馬上說：「我們應該搬去芬蘭。」幸好她不需要這麼做，因為她找到一份更好的幼兒托育工作。她獨自撫養兩個兒子，並且在第一所幼托中心工作，努力維持生計整整一年，她母親見到女兒如此落魄，為求收支平衡不負債而賣力工作，便在郊區買了房子，鼓勵瑪莉亞帶著兒子搬去一起住。到了新家，瑪莉亞有喘息的空間，享受育兒並專心在自己熱愛的領域，找一份薪水更好的工作。

她在新家附近找到一家剛開張的幼托中心，創辦人費莉西雅之前是名警察，退休之後覺得無聊而決定辦學。瑪莉亞被費莉西雅雇用為助手，她很喜歡這份新工作。費莉西雅做事有條有理，對員工標準很高，薪水給得大方，而且提供福利，包括優質保險。她要求高、為人務實，也會培養員工，協助他們在職涯方面更上一層樓。

瑪莉亞告訴我，費莉西雅會這麼說：「如果你不想當助手，『沒問題，那你想當什麼？教師嗎？我會告訴你該怎麼做。你希望加薪嗎？我會告訴你該怎麼做才能調薪。』」對瑪莉亞來說，新工作是截然不同的經驗，而她也很珍惜這個機會。「我的老闆重視我，並且看出我的潛力。」她說。

費莉西雅營運的方式凸顯出可能性，但是和她一樣的辦學者少之又少，我們無法全靠他們，社會必須出手協助我們小小公民的教育。社會重視什麼，就會對其付出。如果我們重視孩子的未來，那麼對待幼托工作者的方式，就該比照其他不可或缺的教育者及公部門員工，而不是強迫他們像之前的瑪莉亞，過著僅能餬口的日子。

如果我們真的想找出改變孩子教育、經濟、職業命運的關鍵，就必須仔細看K-12路燈照亮範圍外的陰暗處。我們在暗處所見，顯示學習從生命的第一天就開始；幼兒園之前與之後的學習同樣重要；如果我們不把力氣放在人生最初幾年，便永遠無法抵達理想的目的地。

很多人一直看不出這個事實，因為在生命最初幾年間，成人和兒童的互動，看起來不像是在「上學」。其實本來就不該像在上學。一、兩歲的小小孩不應該坐在課桌前寫學習單，絕對不應該如此。他們不管是肢體或認知上，都還沒準備好要上學。但是他們準備好要對話，接受教養、接受刺激的對話；他們準備好要和世界互動，也需要不斷有機會做這件事。

如果我們的目標真的是「讓所有孩子都能活出完全發揮潛能的人生」，那麼必定要讓最初幾年的大腦發展，成為新的北極星。那就是我們一直以來在尋找的那把鑰匙。

要是穩健的大腦發育是我們的目標，我們的觀點自然會改變。突然間，從出生到三歲的一切，就像是教育連續體系裡很自然的部分。

要是穩健的大腦發育是我們的目標，我們就會拆除照顧和教育之間分明的壁壘，並了解兩者在最初關鍵的幾年密不可分，因為那時期就是建構大腦的階段。

要是穩健的大腦發育是我們的目標，我們會視所有成年人（父母、家人、朋友、保母、保育員）為大腦的建築師，在兒童生命的最初三年打造其大腦。身為社會的一份子，我們將盡全力支援那些幼兒大腦的建築師。

北極星並不是天上最亮的，天狼星才是。北極星的亮度排行是第四十八名，但幾千年來都是它在引導旅人。有時候，你必須看最亮處以外的地方，才能找到正確的道路。

# 4

# 大腦建築師

家長能塑造孩子大腦

如果社會重視孩子，
必定會疼惜孩子的父母。

——約翰・鮑比

我已故丈夫永嘉的頭很大，以前我常說他需要那麼大的頭顱，才裝得下他的大腦袋（因為他非常聰明）。我們也常開玩笑，說兒子絕對會遺傳到他的大頭。所以，我懷兒子艾許時肚子很大，當婦產科醫師告訴我們可能得剖腹產時，永嘉和我相視並大笑出聲。就如我們所料！寶寶的頭太大，沒辦法通過產道！

好笑的是，其實問題根本不是艾許的頭太大，而是他胎位不正。艾許在我子宮裡就很頑固，頭上腳下，不願意移動。我終究進行了剖腹產，一切順利。

雖然艾許的頭沒有在我懷孕時造成問題，但是，頭的大小在人類嬰兒演化的過程卻是個重大因素。馬或斑馬的幼崽可以在出生後幾分鐘內站起來，兩小時就會走動。黑猩猩寶寶可以緊緊抱住媽媽，隨著她在樹枝間跳躍。還有，剛孵化的海龜在出生第一天，就知道怎麼從自己誕生的沙灘，找到通往大海的路。

但是人類嬰兒來到這個世界時，還沒完全成熟，就連小兒科醫師都說，嬰兒在出生三個月內都算是「妊娠第四期」。新生兒有幾個月都還無法抬頭，要花上整整一年，才有能力自主行走與進食。

關於人類明顯發展延遲的首要解釋，就是自然有其折衷做法。自從人類開始直立二足行走後，女性的骨盆就變窄了。大約四十週孕期所孕育的胎兒，其大小已達到可以通過女性產道的上限，但是四十週大的胎兒大腦仍有很多成長空間。

大腦成長多半發生在兩歲前。嬰兒一個月大時，大腦尺寸只有成年人大腦的三分之一；接著在一年內迅速增加到成人大腦的七二%；兩歲時就已有成人大腦的八三%。大部分其他動物出生時，大腦多半已接近成年尺寸，所以海龜、馬、黑猩猩才能一出生就比人類嬰兒厲害那麼多。

我們帶著相對發展不全的大腦來到這個世界，並且經歷一段費時的發展歷程，這其實是很棒的演化禮物，在大腦可塑性最強的階段，提供大量機會給予刺激。這段時間是人類無法比擬的智慧、創意、生產力的關鍵時期。

## 打造大腦的高（精力）成本

打造大腦需要相當大的精力。即使對成人來說，思考與大腦活動也需要花費大把精神。就連休息都會耗費精力！

如果你和我一樣，一天大概不會花很多時間休息。哪個家長有時間休息？但即使我們有幸找到時間歇息，靜靜坐一會兒，我們的大腦還是用了身體全部精力的二〇至二五%，等同於女性一天消耗三百五十大卡，男性耗費四百五十大卡。一旦我們開始投入（或思考）有挑戰性的事物，精力消耗就驟升。西洋棋大師並不是以體能出名，但他們光是在比賽時思考棋路，每天就能燃燒六千大卡。（親愛的，讓我們一起來下棋健身吧！）

但是，沒什麼事比得上建構兒童大腦所耗費的能量，即使是西洋棋大師耗費的精力也相形失色。這說來也合理，畢竟大腦要在僅僅二、三年就長大一倍。想像一下，環繞著嬰兒大腦的電流活動不斷發出訊號，每秒形成一百萬個連結……嘶，出現一個新連結，嘶嘶，又出現另一個……你應該可以感受到其中耗費的能量。四歲兒童的大腦使用了四〇％的身體能量。所以，人類和其他哺乳類動物不同，要花那麼多年才長到成年的樣子。而孩童時期多數能量都用於建構大腦，而非身體成長。

那麼，這些能量從何而來？小嬰兒喝奶，身體才得以發育；但餵養大腦，卻依靠語言及教養的輸入。換句話說，這個延長的大腦發展演化策略，要仰賴家長（和其他照顧者）來彌補隔閡，幫助嬰兒從無助變得出色。

有句話說：「高報酬高風險。」在大腦裡，透過教養輸入可以增強的連結，同時也很脆弱。人類的演化大賭注，本質上是知道總有人會在旁養育我們的下一代。因為嬰兒全然無助，所以他們大腦發展的潛力，絕對仰賴增強大腦的訊息輸入。若沒有外在刺激，神經元成長速度就會大大減緩；如果沒有進行連結，那些沒使用的神經元就會被修剪，因而永遠失去某些機會。大腦發展或是沒發展，都是無助嬰兒完全無法掌控的結果。

這種長期的無助是一份演化的大禮，讓我們成為最優秀的物種；而父母與慈愛的照顧者也同樣是一份大禮，讓他們可以擔任無助小生物的大腦建築師，給他們機會造就孩子的生命，達成我們所有期望的目標。但社會似乎糟蹋了這份相當出色的演化大禮。

## 艱難的決定

對孩子而言，失去父母是件痛徹心扉的事，這點我再清楚不過；我自己的孩子就因為失去父親，所以付出沉重的代價。然而，我們經常在孩子與父母最需要彼此的時候，硬生生把他們分開。雖然並不是生離死別，但也夠令人傷心了。

吉博莉．蒙塔茲（Kimberly Montez）和我一樣明白這點。她是小兒科醫師，以照顧孩童的健康為職志，尤其是先天不良的孩子，而她自己也是過來人。吉博莉出生時心室中膈缺損，簡單來說就是心臟有個孔洞，她在休士頓近郊的低收入美墨社區長大，童年時頻繁進出醫院和醫師診間。龐大的醫療費用讓她家生活十分艱辛。

她的母親在州政府擔任行政助理，父親工作不穩定，全家靠著聯邦醫療補助（Medicaid）、免費診所，甚至慈善機構的捐款，以此負擔修補心臟孔洞手術的費用。在吉博莉遇到的小兒科醫師與心臟科醫師中，有幾位極具愛心、視病如親，有一些則不然。她很早就立志將來要當個好醫師，關心病人，傾其力照顧弱勢族群。「這個目標給了我熱情與喜悅。」吉博莉說。後來吉博莉獲得耶魯、史丹佛、哈佛的學位，成為了小兒科醫師，曾在聖地牙哥、波士頓執業，最後落腳在北卡羅萊納州，專門照顧和自己成長環境相似的社群。

在醫界，吉博莉率先呼籲有薪育嬰假與病假的重要性。如前所述，以二〇二〇年來說，美國是全球極少數沒有法定有薪育嬰假的國家。雖然吉博莉的童年經驗激發她致力於照顧弱勢族群，但驅使她積極倡導社會政策的火種，乃是源於發現要為自己孩子奮戰的錯愕。吉博莉親身經歷到所有家長的惡夢後，她的行動力也就此點燃。

當吉博莉和先生傑米決定要有小孩時，她是在波士頓一家低收入社區診所工作。吉博莉和很多女醫師一樣（包括我），因為醫師訓練養成期長，等到她準備好踏入母職時，都已經三十好幾了，成了婦產科醫師所謂的「高齡產婦」，因此出現併發症的風險較高。

吉博莉經歷過懷孕的狂喜，但又因流產而心碎。當她再度懷孕時，儘管夫妻二人都很興奮，卻也相當小心與焦慮。懷孕十八週時，吉博莉就診做超音波，在照完幾小時後，他們的恐懼達到最高點。那天晚上吉博莉和先生外出晚餐，接到手機通知超音波的結果，知道自己懷的是女生。「我超開心。」她說：「都要繞著桌子起舞了。」

但她的喜悅很快就消逝了。檢驗結果顯示：有一些可能的異常。更多的恐懼，更多的疑問，更多的檢測。她只能繼續呼吸、等待、呼吸、等待。兩週後，也就是懷孕二十週時，她同時收到好消息和壞消息。醫生告訴她：「寶寶沒有異常，問題是出在你身上。」

吉博莉聽到這個診斷，心情跌到谷底，腸胃彷彿都糾結在一起。

她的子宮頸是打開的，這症狀叫「子宮頸閉鎖不全」，發生機率大約是一至二%，有可能導致早產甚至流產。她的孕期才剛過一半，就被告知隨時都有生產的可能。此時出生的胎兒幾乎不可能存活，因為他們的大腦、肺臟、心臟都還沒發育完全，無法在子宮外運作。胎兒要能脫離子宮靠自己生存，通常大約要到二十四週。小寶寶多留在媽媽肚子裡一天，存活的機率就提高一些。

身為專業的醫師，吉博莉明白這機率，也知道一切看起來不樂觀。她盡可能冷靜的向傑米解釋情況，並根據醫囑使用安胎藥物黃體素，以免出現宮縮。在醫生的指示下，吉博莉繼續過著幾週相對正常的生活：上班、看診（雖然不能像以往抱起小病人摟一摟）。

到了二十五週時，也就是懷孕六個月之際，吉博莉辦理住院，被安排臥床休息。那時胎兒小小肺臟上的血管還在發育，尚未強健到能自行輸送血液。兩週後，也就是懷孕二十七週（即吉博莉被診斷出子宮頸閉鎖不全後七週），寶寶決定要來到這世界。體重只有一千多公克的可愛小女娃潘妮洛普出生了，她哇哇大哭，吉博莉也跟著大哭。「她真是個漂亮的粉紅色小娃娃，有著最美麗的臉孔，我知道自己完全是老王賣瓜啦，但是她真的好可愛啊！」

## 心碎的母親

新生兒醫師很快從婦產科醫師手裡抱走潘妮洛普，把她放進了保溫箱。保溫箱是個塑膠製的半球形搖籃，能調節溫度、溼度、光線與聲音，成了這個巴掌大早產兒的第一個家。吉博莉只能短暫抱一下潘妮洛普，所以哭得不能自已，她的情緒起起伏伏，慶幸女兒能存活且還算健康；但又十分焦慮與恐懼。為了活下去，小寶寶生命最初的關鍵階段，都要在新生兒加護病房（Neonatal Intensive Care Unit，簡稱NICU）中度過。

潘妮洛普在新生兒加護病房待了一百零九天，在這三個半月裡，她的呼吸要仰賴CPAP呼吸器與氧氣供應，飲食要靠餵食管。吉博莉從一開始就知道，她和先生陪伴在孩子身旁相當重要。但她陪伴女兒的夢想很快就破碎了，因為育嬰假並不支薪。

潘妮洛普出生於二〇一七年，當時麻州還沒提供有薪育嬰假。聯邦政府的「家庭照顧假與病假法案」（Family and Medical Leave Act）規定，可以根據工作年資，最多請十二週的無薪假。吉博莉的年資雖然能請到十二週，但對她與許多家長來說，三個月完全沒收入是不可能的。過去她就學、受訓超過十個年頭，沒有存款，只有債務（多半是就學貸款），是她生活的重擔。

在成長過程中，吉博莉見識到經濟不穩定足以毀掉一個家庭。即使她有顯赫的學歷和醫師的地位，童年經濟不穩定的陰影仍揮之不去。過去深植內心的焦慮朝她襲來。「完全沒有安全感。」她說：「我嚇得半死。」另外，在吉博莉工作的診所裡，她是唯一會講西班牙語的人，所以自認對病患有很大的責任，不希望棄病患而去。

就這樣，產後兩週，吉博莉便回到工作崗位上了（美國有二五%的媽媽都是如此）。她知道潘妮洛普可能在醫院待很久；她打算把病假和任何其他的有薪假累積起來，等到寶寶回家，她就可以請有薪假期，毫無愧疚感的陪伴寶寶。

吉博莉的處境一點也不稀奇。缺乏有薪家庭照顧假，迫使許多家長陷入絕望、沒有贏面的計算。所有的嬰兒都需要父母，或許住在新生兒加護病房的寶寶更是如此。研究指出，父母若花較多時間在醫院陪伴早產兒，其大腦和語言發展比較好。早產兒被父母懷抱著，感受父母身體的溫暖，能夠彌補他們所欠缺的子宮內時光。二〇二一年，一個有趣研究的初步結果指出，有三個月有薪育嬰假的父母，跟無薪育嬰假的父母相比，其嬰兒大腦功能的腦電圖有明顯不同，「可能反映出較成熟的大腦活動模式。」

吉博莉在不得已的情況下，做出和許多其他家長一樣的決定：為了家計繼續工作，而不是專心照顧弱小的新生兒。雖然她身為小兒科醫師，比任何人都清楚潘妮洛普正需要自己的全心照顧，「她需要和我親密接觸，她需要我讀故事給她聽，她需要我唱歌給她聽，她需要我在醫院陪她，給她力量。」但是，當女兒最需要自己的時候，吉博莉必須去上班，去照顧其他人的孩子。她和傑米盡量待在新生兒加護病房，傑米的工作能請兩週家庭照顧假，他也請了；兩週後，他每天傍晚都到新生兒加護病房，把潘妮洛普摟在懷中，就這麼坐上一個半小時；吉博莉每晚下班後，也都會到新生兒加護病房報到。

對吉博莉來說，和自己的女兒待在新生兒加護病房裡，令她感觸良多，也有新的啟發。在潘妮洛普出生之前，吉博莉只有以醫生身分待過這個病房。「我過去都不知道身為NICU家長的傷痛。」但在新生兒加護病房的那幾個月，她覺得自己得了PTSD（創傷後壓力症候群）。這經歷讓吉博莉很震撼，使她重新思考一些既定想法。

醫事人員會認為家長參與嬰兒照顧是標準流程，對於那些未到或無法到NICU探視孩子的家長，我們很容易加以批判。吉博莉以前從沒想過，這方面有家庭能力差別的情形，如今她自己親身體驗到了。她很生氣，因為這問題（父母無法在NICU陪伴自己的寶寶）的解決辦法再清楚不過了：有薪假。

吉博莉知道從醫學角度來看，怎麼樣的做法有其必要；但實際上，她和其他家長又沒有這個選項。這當中的不一致令她倍感沮喪，覺得心中燃起一把火，為此事發聲的火苗已經點燃。那時潘妮洛普十個月大，她和傑米已經搬到北卡羅萊納州。吉博莉跟當地的支持者會面後，和其他人寫了一篇特稿，內容提及她的親身經歷，並號召大家對此採取行動。由於她既有小兒科醫師的地位，又經歷了家長的痛苦，因此其意見陳述極具威信又顯真誠。很快吉博莉就接到記者的電話，要她談談自身經驗與政策提案。

接著，她把這議題提到美國兒科學會（American Academy of Pediatrics，以下簡稱AAP）上，這是全國性的專業倡議組織，致力於提升兒科健康照顧標準。每年AAP會接受建議，會員則提出希望哪些決議被採納。吉博莉提出她的論點，認為AAP應該支持立法，提供所有家長有薪家庭照顧假與病假。這議題顯然和兒童的健康發展息息相關，而兒童的健康發展就是AAP的指導原則。

她說：「這想都不用想，我們為什麼不支持？這就是我們在做的事啊！我們照顧兒童與家庭。」會員提出一個議案後，學會領導人會投票選出前幾名的議案，然後董事會就要擬定策略計畫，處理前十個議題。吉博莉議案的投票結果是第八名。本書撰寫之際，她正在協助AAP擬定這議案的政策陳述，有助於讓立法者了解。同時，她也在北卡羅萊納州努力爭取。

幸好，潘妮洛普的狀況很好，在我和吉博莉對談時，她已經三歲了。潘妮洛普在九個月大時，就已不需要額外供應氧氣；等到兩歲大時，終於停用餵食管。除了有一點氣喘之外，整體來說相當健康。雖然她出生時令人心驚膽跳，但現在長得很好。她成長中的大腦（別忘了，現在已是出生時的兩倍大）支持她在做的所有事、她運用自如的技巧，以及還在發展的能力。「她真的是……她真的是個很有主見的孩子。」吉博莉笑著說。聽起來個性就跟媽媽如出一轍啊！

## 不可或缺的火苗

我沒實際見到潘妮洛普，但完全可以想像三歲的她，告訴媽媽自己在幼兒園交到哪些朋友，唱著ＡＢＣ之歌，或者是堅持要幫媽媽的忙，攪拌麵糰做餅乾。這些行為都會在神奇又至關重要的人生最初三年發展。是誰在支持她達到這些技能（沒錯，這些都是技能）所需的大腦發展？是吉博莉和傑米，以及許多有愛心的照顧者，他們一路上幫了很多忙。

孩童大腦迴路是根據他們所接收的訊息來發展。是誰給他們訊息？除了家長外，或許還有兄姊、保母、祖父母、家族友人、幼保員。他們是大腦的建築師。就如我之前所討論，對於在孩童大腦裡形成、數以兆計的神經連結，予以刺激的必要導火線，就是那一來一往的互動，照顧者和孩童之間來來回回的對話。

神經科學告訴我們，這些看似大人和小孩之間笑鬧的互動，提供了關鍵的神經養分給發展中的大腦。從小孩出生的第一天開始，這些必要的言語互動會滋養和刺激大腦。爸媽懷抱著寶寶輕聲逗弄，一路持續到幼兒園，這時期學習能力特別強，給予大腦發揮最大潛力的機會。

我受到這些基本觀念的啟發，並因此創辦機構，也就是後來的「三千萬字計畫早期學習＋公共衛生中心」。起初，我和團隊的想法是受到一個研究的啟發，該研究顯示，個別兒童聽到的字詞品質有極大的不同，之後在語言及學業表現也出現顯著差異。我們想要應用該研究，創造公平競爭的環境。

我們知道嬰兒的聰明並非與生俱來，而是後天養成，這點在科學上有憑有據，清楚可見。由於聰明才智是經驗和環境所決定，具有可塑性；而且是家長透過互動，以此形塑小孩的聰明才智，所以我們在「三千萬字計畫」中心所計劃的一切，都是以家長為中心、經過家長的檢驗、以家長為導向。我們想要處理的第一個重要問題，就是如何協助家長

「為孩子營造出最優質的豐富語言環境」。我們如何把一來一往的互動，變成家庭日常中自然且毫不費力的一部分？

我們的答案就是3T原則：全心全意、多說有益、雙向互動；這是我們的核心策略。「全心全意」鼓勵家長刻意去注意孩子專注在哪些事物上，然後和孩子聊那些事物。「多說有益」就是在孩子的大腦銀行裡多多存入字詞，因為這可是複利投資，存愈多字詞到大腦銀行裡，孩子建立的大腦連結就愈多，詞彙量也愈大。「雙向互動」就是一來一往的對話與主動參與，有點像是社交舞。最初，在孩子會說話前，每次父母給孩子機會參與，不管是輕聲低語、拍手或咧嘴而笑，都是拋出互動機會。那看起來或許不像對話，但科學顯示，每次互動都是重要的基石，都在擴充孩子的大腦銀行。

記得之前我們提到瑪莉亞陪兒子黎安玩嗎？那就是3T原則的實踐。瑪莉亞和很多父母一樣，本能上知道怎麼做，只是在和我們合作之後，她做得更好。當她開始唸小獅子繪本，而黎安從她手中搶過書想要主導，她就順著黎安，因為她全心全意在黎安身上。當她拿起另一本書《十隻手指頭和十隻腳趾頭》，就有機會多說。「有個小小孩，出生在山上。另一個小小孩，不斷發抖打噴嚏。」她讀道：「這兩個小小孩，大家都知道，有十隻手指頭和十隻腳趾頭。」當她抓著黎安的手指和腳趾，就能幫助他把字詞和自己的身體連結起來。瑪莉亞也一定會注意「對話」需要雙向，兩個人要有互動。最後，黎安翻完手中的書，瑪莉亞說：「好棒！」而黎安重複她的話：「棒！」就表示黎安有所回應。

3T原則好記易懂，切中要旨的告訴家長和照顧者，他們能做什麼來協助小小孩的大腦產生新連結。3T原則把語言環境與大腦發展的複雜科學，轉化成可理解、容易應用的課程，增加親子的日常互動。這些原則提供每個人（父母與照顧者、祖父母與保母，不管他們學歷高低、財富多寡、工作為何）必要的策略，為孩子打造最優質的大腦。最棒的是，只需透過和孩子說話、專注同理、雙向互動，定能讓孩子發揮與生俱來的潛力。

## 「全心全意」讓母嬰神經同步

不過，在我做這件事的十年間，科學並沒有停滯，而且一直在進步。現在我們知道，當一切都順利時，豐富的語言環境何以發揮神奇的效力。但更重要的是，我們愈來愈清楚了解，如果孩子的世界裡語言較貧乏、對話較少、互動較薄弱，他們的大腦會發生什麼事。最新的科學強化了3T原則有用的個中道理，也進一步證實父母角色的重要性。

以前神經科學家只能一次研究一個大腦。比方說，他們可以在一位母親注視著自己小寶寶的照片時，觀察她的大腦活動，看到大腦掌管情緒的區塊亮起來（這是一定的！）或者他們可以讓小寶寶戴上EEG電極帽，測量她在聽故事時腦波的反應有多快。但是科學家無法同時做到上述兩者——他們無法一邊擷取媽媽在讀《逃家小兔》（*The Runaway Bunny*）時大腦的活動，一邊擷取寶寶聽故事時的大腦活動，並同時進行比對。

但現在科學家做得到了，一種叫做「超高速腦波掃描」（hyperscanning）的尖端科技，可以在兩個（以上）大腦互動時，測量腦內活動。舉例來說，當一群人去聽滾石樂團的演唱會，搖擺身體，跟著唱〈無法滿足〉的時候，他們的腦波趨於一致，這現象叫做「神經同步」，也就是如果大家注意同一件事，大腦的電流活動模式會愈來愈相似。神經科學家要一個人說故事，另一個人聽，若兩人大腦出現「神經同步」，聽者理解的程度會高很多。

對研究嬰兒如何習得語言的科學家來說，這些發現特別有意思。他們可以見到成人和兒童互動時，正在進行的語言學習嗎？母嬰之間的神經同步看起來會是什麼樣子？代表什麼意義？

此處請容我說明，要研究嬰兒的大腦非常困難，因為他們會扭來扭去，拉扯頭上的監控帽，一疲累就坐立難安。但是普林斯頓嬰兒實驗室（Princeton Baby Lab）的神經科學家很會誘導嬰兒合作。在近年一個強調「全心全意」重要性的實驗中，科學家測量嬰兒和活潑逗弄嬰兒的成人，觀察他們之間神經同步的程度。有十八個年齡介於九到十五個月大的嬰兒來到實驗室。在每段實驗中，嬰兒和女性實驗者戴上嵌有監控儀的帽子，可以測量血液中的含氧量，以此間接評估大腦活動，因為新陳代謝活動需要更多氧氣。（這種技術叫「功能性近紅外光譜」，簡稱 fNIRS。）

實驗其中一組是設定為「親密」狀態，每個寶寶都坐在家長的大腿上和實驗人員玩；實驗人員拿出玩具、唱著童謠，朗讀繪本《月亮晚安》（*Goodnight Moon*），而且笑容滿面、親切有趣，說話聲音抑揚頓挫，都是刻意跟孩子說話的口吻，也就是所謂的「兒語」，這種說話方式很能吸引寶寶。另外一組則是「分離」狀態，寶寶坐在同樣的位置，但研究人員在房間裡用成人的口吻，講故事給實驗人員聽。寶寶能聽到她所說的話，但並不是對小寶寶說；嚴格說來，是寶寶碰巧聽到對話。

結果既可預測又饒富興味。寶寶若和實驗人員直接互動，比起實驗人員和其他人對話，他們的腦波會比較同步。此外，當成年人和寶寶彼此對視且小寶寶在微笑時，大腦掌管相互理解的區塊會顯示出較大的活動量。

「全心全意」使照顧者和寶寶合得來。「溝通時，大人和小孩似乎可以形成回饋迴路。」普林斯頓嬰兒實驗室的神經科學家伊莉茲・皮亞薩（Elise Piazza）這麼說，她是這研究的主持人，「也就是說，成人大腦似乎可以預測嬰兒何時會笑，而嬰兒大腦可以預測成人何時會用更多的『兒語』，成人和嬰兒的大腦都會追蹤彼此對玩具的眼神接觸與注意力。所以當嬰兒和大人一起玩的時候，他們的大腦會以多元的方式互相影響。」

有朝一日，神經同步可能會成為判斷「母子對話間協調性好不好」的指標。神經同步解釋了為什麼兒語對寶寶有益！其他研究也指出，神經同步能增進社會學習、解決問題的技巧，以及學習新詞彙的能力。想讓寶寶的大腦準備好學習新事物，大人的「全心全意」是至關重要的第一步。

還有另一個令人興奮的新證據，告訴我們為何「雙向互動」是早期語言與大腦發展的關鍵，這是來自於瑞秋・羅密歐（Rachel Romeo）的研究。約莫在「三千萬字計畫」發展3T原則的時候，瑞秋正在讀研究所，攻讀語言治療師與神經科學家的博士。我在一場學術會議初次見到瑞秋時，便覺得她聰慧過人、熱情洋溢，並且預料到她將來的成就必定相當不凡。

## 「雙向對話」打造更流暢大腦迴路

瑞秋和我一樣，想了解似乎和社經地位脫不了關係的孩童發展差異，更重要的是，她想對此採取行動。同樣，她也深受「嬰幼兒語言環境有重大影響」的早期研究啟發。但瑞秋不滿足於現有研究，想要更深入探索，了解語言環境對大腦實際的影響，為何有辦法改變孩子的未來發展。「我確定絕對不只有表面上所見。」她說。

在二〇一八年發表的首創研究中，瑞秋和哈佛與ＭＩＴ的研究同仁（目前她在馬里蘭大學），對三十六名四到六歲的孩童進行腦部掃描，觀察孩童在聽故事時的大腦結構與功能。然後她讓孩童帶錄音機回家，請孩童父母錄下孩子聽到的一切，包含從早晨醒來到夜晚就寢的所有聲音，整整兩天。

所有錄音都收集回來後，她進行運算，把語言資料和大腦掃描比對。孩童生活中若有較多互動對話，對於大腦的好處清楚可見；此外，除了單純聽到的字詞量外，雙向互動也同等重要。也就是說，語言的品質（跟孩子對話，而且是你來我往的熱絡互動）比聽到的字詞量更重要。

那些最常有雙向互動的孩童，在兩大方面有最為明顯的差異。他們在掃描儀下聽故事時，大腦關鍵語言區塊活化較多，也就是「亮起來」的部分較多；掌管語言感知與語言產出的語言區域之間，有較強的連結，也就是「聽到並理解」與「說出來的話」之間的連結。「這些有較多對話機會的孩子，在那些區塊有更強韌的連結。」瑞秋說：「他們的大腦似乎比較快成熟。」

換句話說，有較多機會和父母對話的孩子，大腦效能享有實質的優勢。增加連結的用意即在於此，你真的在打造更強勁、更流暢的大腦迴路。瑞秋進一步做了語言發展的統計分析，發現這群孩童在字彙與文法上的進展也比較快。

真正驚人的是，瑞秋研究中的孩童來自不同的社經階層。她發現，不管他們出身哪一類家庭，「和大人的對話互動量」比「家庭收入等級」更為重要。對話互動是決定大腦結構和功能變化的最主要因素，也促成了較強的語言發展。

「即使周遭環境不佳，只要家庭能提供關愛，就可以緩解許多對大腦的負面影響。」瑞秋說。理論上，每位家長都能夠掌控這一點。實際上，外在條件會妨礙發展，尤其當家長就是沒時間跟孩子有這類對話交流的時候。

瑞秋的研究意義重大，清楚陳述我們所知的事實：大人與小孩在生命最初幾年互動的力量與可能性。但為什麼對話互動有助於大腦的關鍵發展呢？瑞秋和研究夥伴還在找答案。她認為，大人和小孩之間產生的人際連結，應該有很大的關係。瑞秋說：「對話意味著這是雙向交流，你們彼此有了連結，你感受到語言，也在產出語言。我喜歡把對話想成是在創造回饋迴路。」（瑞秋用了伊莉茲．皮亞薩用過的詞彙——回饋迴路，這並不是巧合。這概念切中要點，意即親子之間必須有所互動。）

積極對話還有另一項好處，就是能讓父母評估孩子的語言程度，讓自己的用詞符合孩子的水準，以確定孩子能有效接收。「我們稱之為近側發展區（zone of proximal development），也就是要以孩子目前發展的程度，對他們說話，那樣的效果最好。」

最後，瑞秋設計為期九週、宗旨為「增加互動」的干預活動，以此來測試上述發現。參與孩童一樣是四到六歲，他們在語言、非語言、執行功能程度（例如遵照指示及表現出認知彈性）都出現正向的變化，支持語言和社會處理的結構性大腦變化也是如此。如同瑞秋在MIT的研究同仁約翰．加布耶里（John Gabrieli）所言：「父母說話好像能影響大腦生理的成長，實在很神奇。」

這點我們也曾見證。早期「三千萬字計畫」開發課程把3T原則帶進家庭，教導家長全心全意、多說有益、雙向互動的重要性，目標就是要協助家長在平常與孩子互動時，實踐3T原則。我們為了測試這課程是否有效，使用了一個對照組干預活動（營養衛教），結果發現，在幾週內學會3T原則的家長，他們小孩在語言發展上顯出進步。

但從長期來看，3T原則能發揮實質影響嗎？3T原則可以改變孩子的未來多少呢？為了找出答案，我們開始進行頗具野心的縱向研究。我們持續追蹤孩子及其父母（以英語、西班牙語為母語者皆有），他們參與我們的「家訪專案」多年，從小孩十五個月大左右，一直到上幼兒園。（西班牙語家庭則是從孩子學步階段開始追蹤。）我們追蹤小孩的進展，以及他們父母教養風格的變化。

一家接著一家，一戶走過一戶，我們愈來愈了解家長和他們的孩子，一路從嬰兒觀察到幼兒園。一次又一次，家長要給孩子更好人生的強烈決心，每每令我心生敬畏。不管我和團隊多麼努力，家長都比我們更努力。

家庭訪問固然是在教導家長，但我認為這也給我們上了一課。家訪計畫讓我們能夠看見這些家庭的生活。我們看得最清楚的，是家長每天從早到晚都努力運用3T原則，儘管現實生活中有很多無法克服的困難，但或許正因如此，家長才那麼賣力。我開始覺得，3T原則必須融入更大的計畫裡，必須是日常的一部分；在平常生活中，家長不只具備知識，還得有時間和空間（需要合理的就業政策及高品質幼托），才能讓演化賜予孩子的這個天賦，得到最充分的發揮。

## 被打斷的人生，被辜負的孩子

我們在「三千萬字計畫」遇到的家庭中，或許就屬麥可和奇雅納的遭遇最為不幸。他們在一起兩年後，奇雅納懷孕，兩人都很興奮。奇雅納有自信、活潑迷人，麥可暗戀很久才鼓起勇氣跟她告白，夢想著要跟奇雅納建立家庭。奇雅納知道麥可文靜、可靠、說話輕聲細語，這溫柔的大漢絕對會是很棒的父親。奇雅納在前一段婚姻有兩個兒子，凱許和迪亞蒙帝，麥可對他們都很關心照顧。他會帶凱許看色筆盒的每支蠟筆，學習辨識顏色，也教他ABC字母。麥可也天天送凱許去步行可及的幼兒園。

五月中，奇雅納懷孕兩個月，麥可一如往常帶凱許去上學。他幫凱許簽到，然後從他的儲藏櫃裡拿作業。他心想，今天晚上要帶著凱許做作業。他才剛離開學校，手上還拿著作業，突然間，這個小家庭的生活天翻地覆。一輛大型SUV車驟然停在麥可前面，擋住他的去路，車上是三名芝加哥警察。「過來。」他們下令。麥可嚇壞了，他不想讓事態變得更糟，因此表現得畢恭畢敬，但此時另外兩台SUV車也開過來，警察衝上前，至少有一人還拔了槍。他們把麥可押上車，然後載到警察局。麥可記得當時車裡廣播放著史密斯飛船的歌，其中一名警察還說：「好好聽歌吧，你以後沒機會聽到音樂了。」

與此同時，因為麥可尚未返家，原本在準備早餐的奇雅納開始擔心，於是打電話給親戚朋友詢問，但沒有人見到麥可。她跑到學校去，發現麥可已經幫凱許簽到了。最後，她開始打電話到警察局詢問。打到第三次時，奇雅納得知麥可因涉嫌謀殺而被羈押。

六年前，在麥可曾居住的社區發生一起便利商店搶案，一名員工當場遭到射殺。警方根據證人指認，鎖定麥可（他是黑人）為主要嫌犯，但其實證人說詞很可疑（其中一名證人描述，犯罪者大約一七五公分高，不過麥可身高超過一九〇公分。另一名證人後來宣布放棄對麥可的指認，也不在法庭上指認他）。警方還說已從犯罪現場採證DNA，比對與麥可符合。麥可嚇壞了，但他知道自己是無辜的，也相信這起認錯人的案件，很快就能真相大白。

真相確實大白；在麥可出庭那天，陪審團很快就宣判他無罪。但是出庭那一天並不是他被羈押後五小時、五天或甚至五個月，而是整整五年。儘管憲法第六修正案賦予麥可有迅速的審判權，但光是確定審判日期就花了四年，然後麥可的公設辯護人還把時間延後，一開始是因為幼兒托育的問題，然後是因為女兒過世。接著律師本人也過世，換另一名律師接手為麥可辯護。

麥可被拒絕保釋，五年來都關在監獄裡。（雖然美國司法系統是採無罪推定原則，過去二十年來審前羈押率卻大幅升高。）在這場苦難發生後六個月，麥可和奇雅納的兒子麥奇亞出生。接下來的四年半，奇雅納帶著麥奇亞去探監，但是麥可沒有一次能抱抱親生兒子，就連跟兒子說話的機會都很少。

我之所以會認識奇雅納，是因為她報名參加「三千萬字計畫」家訪早期語言計畫，成為我們縱向研究的一員。儘管她要撫養三個孩子，還因為要擔心麥可而倍感壓力，卻決心盡其所能，讓麥奇亞有最棒的人生起跑點。但她無法改變的是，在麥可終於能出庭受審、迅速被證明無罪前的那六十個月，麥奇亞與爸爸的互動機會完全被剝奪。我們以為互動是那麼理所當然的事，就像是呼吸的氧氣被奪走後，才知道那是多麼不可或缺。

麥可的遭遇怎麼看都是不公不義，而對麥奇亞來說也很不公不義。我們在考量刑事司法系統的惡果時，難以計算他所付出的代價。

也許麥可和奇雅納的例子有點極端，畢竟事情變化很戲劇性又驚悚，不太可能發生在多數家長身上。但是我們國家有把孩子和父母分開的先例，這種冷血做法不顧親子間的緊密關係，不在乎關心照顧帶來的持續力量，不在乎父母身為孩子大腦建築師的角色。他們的故事提醒我們，在所有父母面前會出現各種大大小小的障礙。

## 思想實驗

每當想到因工作接觸到的許多家庭時，我發現自己在想像一個思想實驗。問問當今父母：「要是……會怎樣？」這實驗是根據政治哲學家約翰．羅爾斯（John Rawls）所提倡的類似練習而來。他給學生的指示如下：設計一個他們會想要居住的未來社會；不過在設計時，學生不知道自己所處的社會地位。你可能很有錢，也可能很窮困，可能天資聰穎，也可能平庸駑鈍，諸如此類。你必須從羅爾斯所謂的「無知之幕」背後來設計，如此一切都大不相同。

我曾經讀過一篇感人文章，作者是蜜雪兒．亞歷山大（Michelle Alexander），她和羅爾斯一樣，在文中請我們設想：我們全都是輪迴轉世而來。亞歷山大解釋個中含意：「如果我們隨機投胎，不能幻想下輩子一定是過著舒服日子的少數人……如果知道自己會重回人世，但不知道會落腳何處、會是什麼身分，那我會希望這世界的政治、社會、經濟體系是什麼樣子呢？我會為怎樣的制度而奮鬥呢？」這練習讓人不得不正視人生運氣，以及任何人和所有其他人命運相連的程度。

我的思想實驗要你思考的問題，不是如果投胎轉世為截然不同的人怎麼辦；而是要你思考，若親生的孩子要由別人來撫養會怎樣？我倒不是要深究《使女的故事》（*The Handmaid's Tale*）裡令人心驚的厭女文化，也不是要你去相信轉世輪迴，只是要請大家都好好想想，把孩子養大的代價是什麼？因為我知道多數父母會盡一切可能保護孩子，即使只是思想實驗。

想像你置身河畔，有一排家長站在你這一側，而其中任何一人，可能是必須引導你孩子渡過湍急水域的人。在這設想的情境中，你不能掌控是誰來照顧你的孩子、誰來掌舵。另一方面，你可以規劃未來社會所提供的支援與安全網，換句話說，就是那艘船。你希望每位家長能擁有什麼，以確保不管最後是哪位家長，孩子都能受到適當的照顧與教育？如果你目前享有的特權及能給孩子的資源將不再，那會如何改變你的優先順序考量？你如何確保每個孩子擁有其所需，以促進最佳大腦發展，讓他們在起跑點就有充分準備，而每位家長也有協助他們完成任務所需的一切？另外也請想想，花二十年把孩子養大成人，使其成為有抱負與能力的公民，需要付出什麼代價？

這是個發人深省的想法。你會開始見到，從有薪育嬰假到更公正（且更快速）的刑事司法系統，何以更顯重要。夏綠蒂和哈辛會需要什麼？夏綠蒂需要語言治療，而且愈早愈好；哈辛需要住家附近就有好學校可讀。瑪莉亞會想要什麼？讓孩子就讀一家高品質的幼托機構，而她則能找到一家薪資合理、有專業發展與升遷機會的幼教機構。我的三個孩子失去父親時，他們需要什麼？有些悲劇無法挽回，但是永嘉過世之後，要是沒有來自親戚朋友的伸手援助，以及我請得起的照顧者（我們的保母蘿拉，就像是孩子的第二個媽），我恐怕無法養大他們。

你不需要相信轉世輪迴，就能想像那世界，那是你希望孩子生長的世界，不管在何處、不論由誰撫養。但是，你確實必須為那世界奮戰。你確實必須體認到，父母和充滿愛的照顧者重要非凡，因為他們在打造幼兒的大腦。而我知道，如果我們都同意健康的大腦發展是首要之務，也同意家長是促進大腦發展的關鍵人物，那麼我所想像的世界會更容易實現。

# 第二部

# 知行不合一

要讓孩子渡河，準備好接受挑戰，或是迎接遙遠彼岸的各種機會，家長需要穩固的船隻，也就是確實的支援。

# 5

# 一切都從信念開始

知識帶出信念，信念引發行動

光是談論和平還不夠，一定得相信才行。
光是相信和平還不夠，一定得實踐才行。

——愛蓮娜．羅斯福

我們不是生來就是醫師、老師、駕駛或工程師。要能勝任這些工作，得先上學讀書學習才行。我們也不是生來就會當父母，但是並沒有學校教我們怎麼當父母，只能自己在這個重要的領域摸索。

一九九九年我懷第一個孩子的時候，大概讀了幾十本親子教養書，在書頁留白處狂做筆記，簡直就像在準備醫師執照考試。已故的丈夫永嘉和我參加了新手爸媽課程，買了最貴、最好的汽車座椅，竭力為寶寶打造最棒、最安全的環境。我們都是外科醫師，工作上頻繁和孩童接觸。他是小兒外科醫師，天天和孩子相處；我是幼兒人工耳蝸外科醫師，動刀的部位離孩童大腦只有幾公釐。我們接受過訓練，要能考量所有的意外狀況。身為父母，我們什麼都設想好了，除了一件我們最需要知道的事：穩健的大腦發育；對此，我們一無所知。

當然，我們確實知道寶寶所處環境會有很大的影響，後天的養育和關愛很重要。但是不知怎的，我就是沒有把所讀到的內容，和自己可愛寶貝吉納維芙的大腦發展連起來。我想那是因為從來沒有人清楚說過，我和寶寶互動和說話，會造就她大腦所需要的連結。醫學院沒有教，我的婦產科醫師也沒有說，我們小兒科也沒有教。一直以來，家長都不知道他們擁有打造小孩大腦的能力。

一九九〇年代，神經科學知識大爆發，教養書籍確實談到打造孩童智商及語言的技巧，但是書裡很少把這些概念直接和基礎大腦發展連在一起。如同記者所言，這些書顧左右而言他，未曾指出親子之間的對話，對於連結孩子神經迴路有多大的影響。我們往往認為，要開發孩子的大腦，就要仰賴教育商品（例如小小莫札特ＤＶＤ）。結果到頭來，那把鑰匙握在我們這些父母手上。只要我全心全意陪伴吉納維芙，跟她說話，從她出生的第一天起不斷對話和互動，就有能力開發她的大腦。

我生下吉納維芙後二十年，什麼都變了，也什麼都沒變。我們社會對於大腦發展的了解突飛猛進。本書前面關於這門科學的敘述，已經把這點講得很清楚了。然而，我們的態度卻彷彿家長天生就知道這些資訊，仍沒有為他們闡明個中關聯，也沒有清楚說明大腦如何發展，或是可以用什麼工具來鼓勵與增強大腦。

我們任憑家長自己去摸索，結果讓全國遍布焦慮的家長，充斥著熱絡卻帶有錯誤的資訊，甚至相互矛盾的親子教養產業。然而，家長的知識與信念才是最重要的；他們必須相信自己可以打造孩子的大腦。因為，他們就是有這種能力！

坦白說，照顧與保護自己的孩子是人之常情，深植於我們的DNA與大腦迴路。為人父母很多方面就跟墜入情網沒有兩樣；在我們的神經元裡，看起來就是如此，因為我們談戀愛時神經的變化，就和當爸媽前幾個月時差不多。愛上自己的小孩是天性，如此才能確保無助的新生兒得到照顧，如同我之前所解釋，人類嬰兒出世時還「尚未成熟」。墜入情網鼓勵著我們，要好好利用「延長的大腦發展」這神奇的演化禮物。

「等到你當媽媽就知道了。」以前我抱怨媽媽管太多時，她都會這樣回應，好像一旦我有孩子，一切都會不一樣。現在我也對自己的孩子這麼說，因為這就是事實（而且小孩都會覺得自己爸媽有錯）。

女性生產時，大腦結構會改變，充滿神經元的灰質會更為濃縮，跟同理心、焦慮、社會互動有關的區塊則更加活化。這些變化是因懷孕期間與產後荷爾蒙激增所致，有助於建立母子之間的親情。許多研究指出，光是盯著寶寶看，就足以讓母親大腦內的酬償中樞放電。母親的大腦對自己寶寶微笑照片的反應，和對其他寶寶照片的反應不同。父親也會經歷荷爾蒙變化，這是目標改變的生物反應，從生殖變為育兒。

## 教養觀隨時代演變

但如果我們出於本能渴望關愛孩子，要保護他們渡河到彼岸，極欲好好將他們養大成人，為何還需要進一步的引導？

因為幾千年來，當個好父母的定義已有所改變。

過去幾千年，家長對成功（橫越激流並抵達河川對岸）的定義，就只是讓小孩活下來。當時是弱肉強食的世界，演化生物學者相信，出於保護幼小的需求，人類（特別是在女性之間）發展了「照顧扶助」的能力，因為在幾千年前，細心照顧孩子並得到外援，才能讓小孩不落入豺狼虎豹之口。

今日我們雖然不至於遇到猛獸，但也是危機四伏，有各種可怕的疾病。我們前面談到的清教徒家庭休厄爾家，十四個孩子就失去了七位，這驚人的夭折率在當時其實很常見，相當可怕。二十世紀初期，傳染病是世界頭號殺手，占死亡原因的三分之一，五歲以下孩童因此而死亡的機率超過三〇％；因此，父母應該著重的是衛生、營養和身體健康。

歷史學家茱莉亞・瑞格利（Julia Wrigley）寫道，在一九三〇年代，很少有小兒科醫師會說小嬰兒是「思考、學習、好奇的人類」。少數專家甚至建議家長，要完全避免刺激大腦發展，因為嬰兒成長中的大腦會因此而受害。美國心理學會（American Psychological Association）主席華生（John B. Watson），在其一九二八年出版的育兒暢銷書中，還特地寫了一章〈母愛過多的危險〉。

等到疫苗、抗生素出現，個人和公共衛生改善後，傳染病造成的死亡大幅下降。到了一九九七年，在美國的死亡人數中，因重大傳染病（當時是肺炎、流感與ＨＩＶ）而病逝者不到五％；而幼兒占所有死亡人數不到二％，其中包括因傳染病而死亡者。所以，家長可以把注意力放在長期結果，並且有不一樣的優先要務：他們可以視健康為理所當然，把心力放在促進小孩的智力成長上。

到了二十世紀下半葉，嬰兒認知發展的重要性已成了常識，雖然我們很多人（於心有愧！）無法完全明白。人們對於認知發展的興趣，在一九六〇年代開始起飛，愈來愈多人了解嬰兒需要後天教養，以及恰如其分的刺激，也了解到嬰兒會從每次碰觸、每個字、每個音、每種氣味中學習。此外，隨著二十世紀的進步，很多國家的父母本身教育程度顯著提升，讀完高中的人愈來愈普遍。父母的教育程度愈高，就愈有可能投入心力在孩子的認知、社會與情緒發展上。

改變不僅止於此，我們對優質教養的看法也改變了。幾十年來，中產階級父母所追求的策略，是社會學家安妮特・拉蘿（Annette Lareau）所謂的「規劃栽培」（concerted cultivation）。正如其名，這種教養風格是以孩子為中心，積極投入，又稱為「密集教養」（intensive parenting，這類家長受到嘲諷或批評時，又被喻為大小事都要管的「直升機父母」）。對比之下，過去藍領階級與教育程度較低的父母，似乎偏好較輕鬆的監管風格，稱之為「自然長大」。

但近年來的研究顯示，階級差異與育兒風格偏好的事實，比上述區分更為細緻，從兩大方面可看出來。其一，之前文獻記載的育兒階級差異中，有些大概反映出資源差異，更勝於什麼是優質教養的要素。密集教養必須有閒有錢（文化、人種與民族可能也發揮重要作用）。其二，雖然過去在育兒觀點上存在重大階級差異，但似乎大多數都已消弭。華盛頓大學社會學者派屈克．伊西祖卡（Patrick Ishizuka）指出，如今不同社經地位的家長，對於優質教養的觀點都相當類似。

我致電派屈克，想進一步了解他所進行的有趣研究。（他身為兩歲兒和五個月大雙胞胎的父親，竟然找得出時間跟我談！這令我相當驚訝。）他找來橫跨不同社經階級的三千六百位家長，請他們閱讀常見情境中的育兒描述，情境中有八到十歲的孩子。家長該怎麼處理嚷嚷著無聊的小孩？家長應該如何回應行為不當的孩子？老師給孩子打低分，家長該介入多少？在每個情境片段裡，家長的回應可以被歸類為「規劃栽培」或「自然長大」。

在所有派屈克設計的教養情境裡，不管家長或小孩的性別，有大約七五％的家長（包含有大學學歷與無大學學歷者）認為，「規劃栽培」非常好或很好；只有三分之一的家長如此看待「自然長大」的育兒方式。這並不表示家長認為自然長大的育兒方式不好或等於劣質教養，很多人仍認為「好」或「可」。但派屈克告訴我：「教育程度較高和較低的家長，都認為密集教養是理想的方式。」

世界各地的家長也是一樣。二〇一六年一項針對已開發國家的研究，研究者發現相較於一九六五年，家長花較多時間與孩子相處：母親多花一小時，父親多花四十五分鐘。在以輕鬆教養聞名的歐洲國家（如荷蘭）中，媒體注意到有明確的改變，出現更多給孩童的活動，家長間的焦慮也增加。

現實生活中，很少人的處境能完全達到派屈克所描述的「理想」。對一些人來說，就連想開始都幾乎不可能。儘管如此，密集教養還是成為多數父母渴望的常態，他們視其為最佳（甚至是唯一）的方式，藉此確保孩子學業優異，往後人生順遂。在收入不均、社會不平等的世界裡，密集教養是合乎邏輯的應對方式。

雖然我們自認美國是人人都可能成功的國家，但生在貧窮人家的孩子有可能無法翻身。現在，愈來愈難憑藉藍領工作過上舒適安逸的生活，所以教育被認為是脫貧的主要方式。教育投資的回報，幾乎肯定會主導家長對「養育孩子最佳方式」的想法，因為回報比過去要高太多了。

當然，中產階級與富裕的家長也受相同推論的驅使，這部分解釋了為何有錢家長不惜犯法，也要把孩子送進頂尖名校的驚世駭俗作為（如「大學藍調行動」〔Operation Varsity Blues〕一案）。這種行為只是讓現存的不公不義更為惡化。不管我們對孩子的期待為何，社會都讓我們的期待更難達成，也更使密集教養顯為唯一解方。

# 家長的知識與信念

當孩子還小時，我其實沒有懷疑過自己的教養方式；雖然我常開玩笑說，希望當年的我具備目前的知識。然而，在我踏出手術室開始其他旅程時，就已經納悶偉大的大腦建築師（父母）怎麼知道自己有能力打造大腦，畢竟小孩出生時也沒附說明書。隨著時間過去，透過我們在「三千萬字計畫」的工作，我漸漸明白，在有任何其他行動前，家長必須要相信啟發我們的核心概念：強健的大腦是後天打造，而非先天生成；家長和照顧者是打造大腦的建築師。他們是引導我們找到北極星的人。

家長和孩子人生裡其他有愛心的成年人，必須不只知道這點，還得相信。這兩者差別何在？「知道」是有此意識，能理解並認定事實。「相信」則代表我們確信此事為真；有信念代表我們對知識多了一份信任，並且接受它，不只是單純知道，還有更深的信念。我知道二加二等於四；我知道並相信家長談論數字與規律的方式，會形塑孩子的空間推理能力。「知道」和「相信」是大腦建築師的說明指南，也是定位健康大腦發展北極星的直角坐標。

知識和信念引導家長的行為。如果家長相信智商在出生時就底定，他們可能會做出如何「投資」時間的選擇，做法絕對和相信自己能影響孩子潛能的家長不同。舉例來說，如果一位父親不知道趴在地上、和小嬰兒面對面、模仿聲音、發出聲音、引誘孩子回應（亦即一來一往的互動），會大大影響孩子的智商發展，他就不會費心去做。如果一位母親認為，額外花十分鐘和六個月大的孩子玩積木沒什麼用，不如快快親孩子一下，接著去烘乾機把衣服拿出來，就不太可能將時間投資其上。但如果那位母親知道並相信那額外的十分鐘很重要，我敢肯定即使她不能完全放著衣服不管，也會想辦法在摺衣服時，盡量跟小寶寶說話和唱歌；而那位父親會趴在地上，發出好笑的聲音，陪孩子玩。（當家長知道嬰幼兒是從真人而非3C產品學習時，也是同樣的道理。）

我為什麼這麼肯定？「三千萬字計畫」研究發現，家長對於大腦發展的知識與信念，以及他們在小孩出生後和孩子互動程度的多寡，兩者有直接關聯。我們每天都見到，資訊和理解能改變親子互動，對於大腦發展產生極大的貢獻。

一開始，我沒有完全意識到信念有多重要。我以為隨著課程中所傳遞的訊息，信念就會跟著出現，或多或少是自然而然。但是我們愈是和家長談論，並且追蹤他們孩子的進展，就愈了解我需要停留在知識與信念的中間地帶。你不能只是跟家長分享如何和孩子說話的資訊，而必須投入時間與精力幫助家長明白，這麼做可以打造孩子的大腦。

我也發現很難評估家長知道什麼、相信什麼。提問其實並不容易，你必須確定問題的措辭能引出自己想要的資訊。也因此，研究者會用驗證有效及標準化的問題，也就是經過仔細設計與驗證的測量工具。但這類工具很少處理我感興趣的問題：家長了解孩子的大腦如何發展嗎？這不是先天或後天的問題，而是先天必須受到後天教養。家長一直都知道早期資訊能增進大腦能力，包括自我調節、同理心、數學推理、閱讀嗎？家長對於「三歲看大」了解多少？

為了找出答案，我和能幹的團隊設計了「家長／家庭支柱期望與知識量表」（Scale of Parent/Provider Expectations and Knowledge，以下簡稱SPEAK）。SPEAK涵蓋的問題是：家長可以對孩子大腦產生影響的所有不同層面，包括認知能力、讀寫能力、數學與空間學習、社會與情緒技巧、執行功能等。建立起SPEAK是個大工程，我們也還沒完成。撰寫本書之時，我們正在研發這調查更精細的電腦化適性版本，降低受試者要回答的題數，同時增加其準確性及精準度。

量表問題如下：

教育性質的電視節目對學習語言有益處嗎？

出生到六個月之間，有語言發展嗎？
使用雙語會讓孩子混淆嗎？
嬰兒的大腦是生來如此還是後天開發？

我們發現家長回答最後一個問題的方式特別有影響力。有些家長相信，孩子的聰明才智是出生就決定，幾乎不可能被家長或照顧者改變。有些家長相信，孩子的智商具有可塑性；亦即孩子的大腦是後天打造，家長和其他關愛他們的大人，在大腦最佳發展上扮演不可或缺的角色。這樣的差別決定了一切。

## 從相信到實踐

SPEAK讓我們掀開帷幕，看清大家真正知道什麼、相信什麼，讓我們能透過家長的雙眼，窺見教養的模式。比方我們進入一家大型的婦產科醫院，在數百名不同背景的母親（貧窮富有、黑人白人、說英語或西班牙語）生產隔天和她們會面。我們卻發現這許多睡眼惺忪的家長，都低估了孩子從多早開始受到重要經驗的影響。

實際上，孩子的第一年就這樣「浪費」了。很多家長不確定從孩子一出生就跟他講話的重要性，不確定與嬰兒共讀的價值，不確定自己跟寶寶互動有助於奠定其語言發展。超過半數的家長以為「嬰幼兒能從電視、平板及手機學習語言」（這是錯誤觀念）。我覺得不可思議的是，我們發現有經驗的家長並沒有因此比較懂，新手父母和老鳥爸媽具備的知識其實相差無幾，這點著實令人訝異。

其他研究者也問了相似的問題，並且得到相似的答案。二〇一五年，一個超過兩千名美國家長參與的大型研究中，半數家長誤以為只有在寶寶六個月大之後，育兒品質才會對寶寶有長期影響。絕大多數家長不相信寶寶在六個月大前會感覺悲傷或恐懼。幾乎半數家長表示，讀書給孩子聽對於長期語言發展的益處，在兩歲多才會出現，但實際上是六個月就會出現，家長的認知整整慢了一年半。此外，絕大多數的家長並不知道，和寶寶講話的好處從出生就已開始。

我們的研究也是一致：雖然幾乎所有家長都看重密集教養，但收入和教育程度還是有影響。收入高或教育程度高的家長更知道，他們投入的時間與精力會如何影響孩子發展。而教育程度愈高，影響程度就愈高。沒有高中學歷的家長知識最少，接著是只有高中學歷的家長，再來是受過部分大專教育的家長，最後是有大學學歷或以上的家長，他們所知最多。在此要強調這些只是平均值，每個收入與教育程度層級都有個別差異，意思是和同儕團體相較，有些未完成高中學業的低收入家長知道得比較多，而部分有大學學歷、較富裕的家長卻知道較少。

為了深究這些差異，我們和來自較低收入背景的家庭見面，並且再次見到巨大差異。但我們不只確認了知識程度迥異，也顯明家長的知識符合他們與孩子互動的模式。我們針對寶寶出生第一年的近兩百個家庭做持續追蹤，發現結果正如所料，家長在孩子出生後第一週所具備的知識，能夠預測他們在陪伴孩子成長過程中所做的事。我們也發現，知識較充分的家長更早和寶寶開始互動，頻率也較高。

具體來說，較低收入家長若更清楚嬰兒出生後第一週的認知與語言發展，比起其他同儕家長，他們更有可能細心回應寶寶、和寶寶一起玩，也因此促進孩子的認知與社會情緒成長。由此可見，如果我們可以充實家長對孩子語言及大腦發展的知識與信念，就能正面影響其育兒技巧，與家長本身的教育程度無關。

為了驗證這想法，我們著手進行兩個相關研究，旨在評估若增加家長的知識，能否改變他們的行為。在其中一個研究中，我們在四百多位家長到診所進行四次健兒門診時（分別是一個月、兩個月、四個月與六個月），和家長談話。每次我們都讓家長看十分鐘的影片，解釋和寶寶相處時，什麼叫全心全意、多說有益、雙向互動。影片中有很多實例，播放父母運用3T原則和寶寶相依偎、換尿布、讀故事書等。

其中一個例子是一名父親抱著新生兒說：「籃球是我們家的遺傳，我會示範我們的招牌跳投給你看。」

或者是一名母親在照顧寶寶時說：「你肚子餓啦，是不是呀？等一下我們洗個澡，換上乾淨的衣服……。」

在第二個更深入的實驗裡，九十一位家長（母語皆為西班牙語）同意讓我們到他們家裡，在他們孩子兩歲到三歲這一年，進行十二個小時的每月家訪。一半的受試家庭是對照組，他們接收的訊息是健康飲食與營養，而不是大腦發展。至於另一半受試家庭，每次家訪都有一位教師分享科學資訊，針對特定發展主題（例如給予鼓勵），或是談論如何把數學相關內容融入日常生活中，然後針對如何施行上述策略給予建議。教師引導家長與小孩進行活動，把他們剛才談到的科學付諸實踐。家長和孩子一起坐在地上，關注同一件事，多說話，雙向互動。我們的家訪人員也提供回饋，協助家長設定目標。

家長吸收有關孩子大腦發展的科學資訊。兩項研究都顯示，我們的介入對於家長的信念大有影響，並且增加他們與孩子的互動，增進寶貴的往來互動，那對寶寶大腦的發展十足重要。毫不意外，加強深入的家訪計畫，效果比新生兒影片來得更好，因為家訪是一對一，而且不只提供大腦發展的知識與策略，也示範如何將策略化為行動。在家訪計畫中，孩子的語彙、數學能力與社會情緒能力都有進步。最有力的連結是語言能力，這也在意料之內，畢竟我們很強調親子對話的重要。簡言之，愈是了解個中道理，愈能影響家長與孩子互動的方式，家長的行為一旦改變，就會改變孩子發展的結果。

## 相信能學好數學

你有多常聽到別人說「我就是數學不好」呢？我猜應該還滿常聽到的吧！我們談論數學的方式，以及我們對數學這科目的信念，近年來受到很多關注。女生尤其會覺得自己數學不好，而對於數學能力的想法則會反映在表現上。想法不啻為心理暗示，變成自我應驗的預言。

我們因為思考如何將數學概念融入日常討論，以及該如何改善SPEAK，才有機會認識塔莉亞．博可維茲（Talia Berkowitz）。塔莉亞過去攻讀心理學博士，之後在我朋友兼同事蘇珊．萊文的實驗室做博士後研究。蘇珊就是追蹤天生半腦女孩夏綠蒂的研究者。

我需要借重塔莉亞的長才，協助我們建立SPEAK內的數學領域。我很確定她能幫忙，因為她和蘇珊一起研發「床邊數學故事」（Bedtime Math）數位課程的評估，對於數學和空間錯綜複雜的發展有親身經歷。

「床邊數學故事」是個APP，特別設計供家長和孩子每天睡前一起使用。家長不見得知道，談論模式、分類、比較等概念，全都和數學與空間能力有關，有助於打造孩子的大腦。「床邊數學故事」裡數學概念豐富的故事很有幫助。舉例來說，有一則短篇故事是一隻章魚要用防水相機拍照，後面的問題和章魚的八隻腳有關，給幼童的題目是「你和章魚誰的腳比較多？」題目依照年齡愈來愈難。但是為了確定「床邊數學故事」的成效是否如預期，其開發者請蘇珊和塔莉亞進行調查：這個APP有助於孩子學習嗎？

她們設計了一個縝密的研究，讓近六百名小一生的家長使用這APP整整一學年。她們的研究發表在《科學》（*Science*）期刊上，那是極具聲望的學術期刊。當然，蘇珊、塔莉亞和研究團隊發現，規律和父母使用「床邊數學故事」的孩子，數學能力有顯著的進步，對照組則是使用無數學內容的閱讀APP。有趣的是，一開始對數學感到焦慮的家長，他們的孩子成長幅度最顯著。那些家長過去對數學有負面的回憶和感受。家長愈焦慮，孩子數學表現進步的幅度就愈大。

這研究明白指出，家長需要知道如何跟小小孩談論數學概念，也必須相信自己有能力可以做到此事（不管過往的數學表現如何），並相信孩子有潛力學好數學。塔莉亞說：「我們改變了他們對孩子的數學期望與價值觀。」家長沒有把自己對數學的焦慮投射到孩子身上，而是對孩子的能力有更實際的想法。提供孩子輕鬆的方式來談論數學，就像是給他們一張地圖，是引領他們到北極星的其中一個坐標。

## 宣稱的信念 vs. 真正的信念

在「三千萬字計畫」特別強調知識與信念下，我見到個別家長的知識和信念有多重要。但愈是了解參與我們計畫的家長，我就愈覺自己見到別的天地：我能把眼光放遠，看到整個社會的知識與信念也同等重要。

我們說，家長是孩子的啟蒙老師，卻沒告訴家長該怎麼教孩子。

我們說，孩子是我們的未來，但是比起其他已開發國家，我們對於幼兒早期教育的投資較少。

我們說，在這個國家，我們相信「美國夢」，這個夢信奉成長與進步，但我們建立的社會卻不公不義，嚴重到幾乎讓好多人難以實踐夢想的地步。

我們還說，以美式個人主義之名，家長的選擇神聖而不可侵犯，但只在有實際可行的選項前提下，選擇才有可能，而我們社會裡多數家長都無從選擇。

我們說一套，做一套；我們對外宣稱的信念和實際想法脫鉤，這一點對個別家長有直接的（有時甚至是可怕的）後果。父母對於自己角色與孩子潛力的認知與信念，和社會集體的信念交織在一起。

家長在養育小孩的過程中，會面臨成千上萬個選擇，從「早餐要準備什麼」這種相對平凡的選擇，到比較複雜的主題，例如「怎麼負擔大學學費」，甚至是「孩子是否有機會上大學」；而我們常常沒能正視，家長的日常生活會深受這些選擇影響。

比較常見的選擇，是母親（近年來也有父親）應該在家育兒或出去工作。這和孩子的嬰幼兒期關係特別大。有些人認為一定要在家育兒；有些人認為女性應該留在職場。在此我們不進行價值判斷，我一直不是全職媽媽，但我的某些好友和同事選擇在家帶小孩。

不管你的見解為何，不管理想情況為何，我從統計數據中看到多數母親（約七〇％）外出工作。根據皮尤研究中心（Pew Research Center）的調查，二〇一六年，只有二八％的母親（及七％的父親）在家照顧小孩。仔細深究這些數據，我很驚訝的發現，經濟壓力不分面向：有些家庭因為經濟壓力而無法專職照顧小孩，有些家庭卻因此而無法留在職場。只有少部分家長真的有選擇權。（疫情也讓很多過去一直在外工作的家長，了解到全職爸媽有多辛苦。）

## 沒有選擇的權利：塔莉亞的故事

讓我們來看兩位母親的例子。研究家長如何談論數學的博士後研究員塔莉亞，現在待在家裡照顧兩名稚子，因為托育的花費實在太高。另一位母親潔德在孩子小時候，有十二年都在星巴克當店員，因為她家需要這份收入和福利。一個是想工作卻無力負擔托育費用；另一個是想在家帶小孩卻不能不賺錢。無論你的信念為何，都沒有選擇的權利。

塔莉亞曾就讀巴納德學院（Barnard），後來在康乃狄克州維思大學（Wesleyan

University）的幼兒發展實驗室擔任研究助理。儘管芝加哥天氣不好，但她受到當地凝聚力強的猶太社群及在地精神吸引，選擇到芝加哥大學和蘇珊共事做研究。她未來的同事這麼告訴她：「這裡很冷，但人情很暖。」在對治學研究愈來愈有信心之際，塔莉亞墜入了愛河。她先生賈斯汀在他們結婚那年開始讀醫學院。她懷第一胎時還是研究生，賈斯汀也還在讀醫學院。

讀博士班時懷孕讓塔莉亞明白，工作場所並不是設立來支持新手媽媽的，從大大小小很多方面都看得出來。她有幸擁有自己的辦公室，所以有地方能擠母乳。但是她必須把擠出來的母乳存放於冰箱，而冰箱則位於她系所的大會議室裡。「我每次都要打擾開會的人。」她說。等到女兒開始上幼兒園，塔莉亞必須三點半離開去接女兒。她工作的地方很彈性，但她知道不是所有雇主都這麼好心。

塔莉亞拿到博士學位時，她先生讀醫學院最後一年。她決定繼續和蘇珊一起工作，做博士後研究，很多博士都會走上這條路，往研究學者邁進。不久後，塔莉亞和賈斯汀發現懷了第二胎。兩人很開心，但也得考慮兩個孩子都送幼托的費用。「我們兩人的薪水加起來還不夠付幼托、房租、伙食費及其他基本開銷。」塔莉亞說。支付幼托費用必須動用到存款，而他們本來也打算這麼做。

塔莉亞的兒子在二〇二〇年二月出生，她請了三個月的產假。回到職場時，疫情改變了一切。托嬰中心都歇業，女兒的幼兒園也停課，所以兩個孩子整天都待在家裡，她很快就忙得天昏地暗。賈斯汀在醫院內科當住院醫師，工作時間很長，塔莉亞則想辦法在餵奶、哄小孩睡覺和 Zoom 線上會議中找到平衡。賈斯汀的爸媽住在附近，卻使不上力，因為賈斯汀的工作讓自己（與周遭的每個人）成為感染新冠肺炎的高風險群。

「我得晚上才有辦法處理自己的工作，但當時我兒子只有三個月大，還不能睡過夜。」塔莉亞語帶疲憊回想著自己的經歷。如果她熬夜工作，就只有四個小時的睡眠。她對工作很有責任感，即使工作環境相當支持體諒她，但工作還是得完成。「蘇珊要我準備好下次開會的資料時，我總不能對她不耐煩吧？」她說：「我總不好對她說：『你要繼續付我薪水，但我不會做事哦！』」

塔莉亞和賈斯汀心想，或許等到女兒的幼兒園復課後，情況會變得比較好。但是他們仔細算了算收支，發現塔莉亞去上班根本不合理。「一算之下，我去上班，她去幼兒園，結果還比較花錢。」他們發現如果塔莉亞待在家裡，女兒就能夠上半天，而不必上整天，兒子也不用花托嬰費用，這樣支出會少很多。

所以，塔莉亞在拿到心理學學士、碩士、博士學位，達到其他人（包括我）望塵莫及的專業成就（在《科學》期刊發表論文）後，做出一個艱難的決定：待在家當全職媽媽。他們現在不會每個月都透支一千美元，反而多出七百美元可以花在食物和其他必需品上。「完全不用多想，我應該在家帶小孩。」塔莉亞說：「如果幼托要付的費用沒超過我的薪水，我就能去上班了。」（矛盾的是，就是因為她辭職，我才能聘請她一週來幾個小時擔任顧問，協助開發SPEAK。她也只能騰出那樣的時間，而我對她上班的時間能給予彈性。）

財務現實擺在眼前，塔莉亞知道她該怎麼做。但這決定在心理上並不容易。首先，實驗室已經人手不足，她不想棄蘇珊於不顧，蘇珊不僅是她的老闆，還是學術研究的導師。「她就像家人一樣，我認識蘇珊比認識我先生還久。」在更深刻的意義上，在家帶小孩不符合她對自己或家庭的期許。「這不是我原本的規畫。」她說：「我放棄這個生涯規畫，原本是希望給我所愛的家庭。突然間，我變成犧牲自己來成就丈夫職涯的女子。現在我所扮演的角色，感覺像失去自我，我不想要這樣委屈自己，也不想讓孩子以此為榜樣。」

但這都不重要了。「對我來說，工作已成了我們負擔不起的奢侈品。」

## 潔德的故事

潔德的問題則恰恰相反。她一直都想要當全職媽媽。她的母親之前是做兼職工作，後來完全離開職場。在其虔誠的基督教家族中，潔德的姑姑也在家帶小孩，上一代的祖母同樣如此。她說：「我的成長背景就是這樣，這是理所當然的事。」

潔德從媽媽那裡遺傳了有話直說、務實認真的態度。她有個最高指導原則是「當個好基督徒」，也就是「對世人表現神的愛」。（她承認，這願望偶爾會和自己實話實說的本性衝突。）潔德的信仰也讓她想要在家帶小孩，不是教義使然，而是因為社群文化。「教會裡很多女性都待在家，白天可以做很多額外的事情，以此幫助自己的小孩。」她說：「她們可以當志工媽媽，禮拜天也有空。」潔德表示如果在零售業工作，週日可能就要上班。

身為一名年輕媽媽，潔德想像自己如果待在家，可以為孩子做的各種大小事。絕大部分她只想要陪著孩子，確保他們的需求得到照料，不用工作家庭蠟燭兩頭燒。

在兒子兩歲前，潔德確實是全職媽媽。當時她和先生布萊恩與自己父母住在一起，布萊恩白天工作，晚上進修，要拿教育學分。但當布萊恩開始教學實習時，就必須放棄白天的工作及工作提供的健保，這也表示潔德需要一份薪資與保險都不錯的工作。她找到星巴克的工作，工時彈性，可以上最早班或深夜班，這樣就不會錯過太多和兒子奈森共處的寶貴時光，而且如果她一週工作至少二十個小時，全家就能享有健保。

有一段時間，他們的新生活如下：潔德上星巴克的最早班，從清晨五點半到下午一點半，這段時間布萊恩在家照顧奈森。潔德在下午三點左右到家接手，換布萊恩去上班。如果他們上班時段重疊，家人就會接手照顧小孩。如此安排確實可行，但是很勉強；潔德和布萊恩幾乎見不到對方。

潔德在製作 espresso 咖啡、在那堤裡壓入榛果糖漿時，不禁會擔心家裡的狀況：「不曉得寶寶現在怎麼樣。他還好嗎？會不會想我？如果他搗蛋，家人管教他的方式會和我一樣嗎？」潔德覺得媽媽以前處罰自己有些嚴厲，希望媽媽不要對奈森那麼嚴。潔德身心俱疲，有時忍不住淚流滿面。

幾年後，潔德有了希望。她們小家庭搬到佛羅里達，和親戚一起接新工作，而布萊恩在一所私校找到教職。一開始潔德的新工作很合適，她是辦公室唯一的員工，常把四歲的奈森帶去，因為他們付不起好一點的幼托，而她也可以下午在家把工作完成。

但健保仍是個問題。新工作不提供健保，她先生學校提供的方案超出家庭預算。所以每天晚上和週末，潔德又回星巴克上班，有時兩個工作加起來，一週工時超過五十小時，更別說還得照顧奈森。

然後潔德又懷孕了。她原本預計奈森開始上幼兒園，她可以把小寶寶帶去辦公室。「新生兒嘛，睡覺時間長。我本來認為在辦公室的四個小時裡，我大概可以做很多事。」但老闆不讓她帶寶寶去辦公室（推測他認為寶寶會太吵）。潔德心煩意亂。「他不太支持我是職業婦女的事實。」她說：「我覺得被輕視，因為我工作上並沒有怠慢。我都把全家搬過來了，而且當然，我會工作！我從來就沒有不工作。」她據理力爭，但沒有商量的餘地，於是潔德決定辭職。這個經驗太不愉快，即使到了十多年後跟我談及此事，她還是潸然淚下。

還好有星巴克。潔德增加工時，利用公司提供的諸多福利：十二週的有薪產假、優渥的健保、咖啡店裡可以擠奶的私人空間。「即使我只是咖啡店的員工，卻覺得公司有聽到我身為母親的心聲。」她希望自己不用繼續上班，但如果非上班不可，至少要在一個支持她的環境上班。後來他們全家搬回伊利諾州，但是潔德繼續在星巴克工作，前後加起來共有十二年。

潔德自認是很傳統的母親，但也看到社會目前提供的選擇多麼有限。在她理想的世界裡，雇主能認知到兼顧工作與家庭的難處，並在評估工作表現時考量到這點。她樂見較高的薪水，以及合理價格的健康照護。她堅決表示不想要「不勞而獲」，她不想要接受救濟，也不想被視為怠職。她鼓勵孩子禱告，請求上帝幫忙，但她不會祈求其他人施捨。儘管如此，她知道當你最需要幫忙時，卻只能完全倚靠自己的個中滋味。

## 培育大腦之道

成功育兒的方法有很多。

培育大腦只有一種方法。

喜劇演員蜜雪兒．布托（Michelle Buteau）有一篇好笑的文章（對我來說是如此）刊登在《紐約時報》。她發現自己跟出身於荷蘭的先生，對於「如何安全照顧兩歲雙胞胎」有天差地別的看法時，心裡感到相當錯愕。

布托在紐澤西州長大，父母來自牙買加和海地，他們對孩子過分保護。上館子時，媽媽會讓蜜雪兒坐在自己大腿上。（「青少年時期還這樣很怪。」）但在她先生成長的荷蘭文化背景中，家長會把寶寶留在嬰兒車上，停在餐廳外的人行道，然後逕自進餐廳用餐。

「對我先生而言，我不只是直升機媽媽，簡直是剷雪機上方無人機媽媽。」她寫道。她想對自己那一派輕鬆的先生說：「陪小孩的時間不是吉米・巴菲特（Jimmy Buffett）演唱會！」

布托在文章最後問道：「誰才是對的？」

答案是育兒之道沒有定論。在家帶小孩很好，把小孩託付給優質幼托，或是交給有愛心的家人來照顧也很好。但不論家長選擇哪種方式，也不管每天是誰照顧小孩，要培育孩子的大腦只有一種方法：一來一往的互動。我們也很清楚怎樣做對大腦沒有益處。不要不聞不問，不要安靜無聲，不要不理小孩（或許，他們安全的在小餐館外小睡時，可以不打擾他們）。

而家長需要什麼？他們要了解如何打造健全的大腦，要知道愛孩子的大人是大腦建築師，要相信幼兒時期的經驗，會為孩子將來的成功埋下種子。要建立一個「知道健全大腦發展重要性」的社會，要建立一個「明白家長和照顧者是孩子大腦建築師」的社會，並且給予支持；要建立一個「相信大腦發展是引導我們方向的北極星」的社會。

我們知道指出北極星的坐標。如果我們找到坐標，就能抵達目標。但是當然，知道與信念是一回事，行動則又是另一回事。行動勝於一切。

# *6*

# 奠定根基，打造堅固船隻

讓孩子「準備好」上學，
有賴穩定的家庭

生活一旦有匱乏，
我們就很難花心思在生活的其餘部分上。

——森迪爾・穆蘭納珊（Sendhil Mullainathan）與埃爾達・夏菲爾（Eldar Shafir）

我創立「三千萬字計畫」中心之時，要是被問到自己盼望的是什麼，我會說是蘭迪。蘭迪是報名我們縱向研究的一位父親。我們團隊跟蘭迪及其家人合作幾年後，愈來愈了解他。蘭迪專心和孩子互動的畫面，是我們能把象牙塔科學帶到真實世界的完美示範，告訴家長如何使用3T原則善用每日時光，累積孩子的語彙，建立他們的閱讀能力及數學與空間能力。

蘭迪也讓我們學到很多，比方說父母可以展現的創意。參與研究的家庭在兩次家訪中間，會使用一種叫做LENA的穿戴式錄音裝置，就是追蹤對話的Fitbit，只要放進孩子的上衣口袋裡，就會記錄其所聽所說。為了讓兒子朱利安合作，蘭迪說：「我讓他以為那是鋼鐵人的心臟。」朱利安當時才兩歲，對爸爸的話深信不疑；這小傢伙覺得把裝置放進口袋，自己就會變強、變厲害。我們把鋼鐵人的招數傳授給其他家長，結果很管用呢！

但蘭迪讓我們看見更重要的事情。在參與我們的研究後，蘭迪確實知道怎麼跟小孩互動，也明白此事的重要，他完全相信自己有能力擔任大腦建築師。問題在於：知道和相信是一回事，他和家人因為現實經濟壓力，能付諸行動的程度有限，這點著實可惜。蘭迪的狀況對我來說是一記警鐘，提醒我們整個社會有諸多束縛，讓我們無法只看「大腦開發」這顆北極星。

蘭迪是在搭公車行經芝加哥大道時，注意到我們的廣告。我很驚訝他會發現那張海報，因為當時他工作又忙又累。他的小貨卡停在店裡，所以才會搭公車。他在第一份工作忙了好幾個小時後，還要趕去做第二份工作，再上工幾個小時。蘭迪很有營建工程方面的天分：整建、粉刷、水電、拆除。不過一年裡大部分時間都是在維護停車場；他挖開老舊的柏油，鋪上新的，他補裂縫，並且劃線標出殘障車位。

蘭迪固定一週工作六天，早上七點出門，每天工作十二個小時以上。有時他會徹夜工作，這樣停車場隔天早上就會乾燥。工作讓他筋疲力竭。如果戶外溫度高達攝氏三十幾度（這在芝加哥並不罕見，儘管我們冬天那麼嚴寒），在酷熱的柏油路上工作幾個小時，簡直就像在烤箱一樣。

那天在公車上，雖然蘭迪很累，但他看到亮藍色的「三千萬字計畫」海報，上面寫著有給家長參與的課程，目前在尋找有十三個月大以上孩子的家庭，當時他精神都來了。廣告上說，學會3T原則，全心全意、多說有益、雙向互動。專為家長設計，尤其是想學實用新方法的家長，好讓家中幼兒有最佳的人生起跑點。蘭迪覺得有人聽到自己的心聲，他兒子朱利安的年紀正巧符合廣告條件，朱利安的姊姊婕菈尼大他一歲，蘭迪確實想給孩子最佳的人生起跑點。

蘭迪希望孩子能讀大學，他對孩子未來的想法還很模糊，唯一清楚的是希望「孩子成就比自己高」。蘭迪說：「我不希望他們做我這一行，我希望他們坐辦公桌，有冷氣吹，環境舒服。靠腦力工作，不要靠勞力。」

不過，蘭迪已經在擔心了。婕菈尼在幼兒園如魚得水，愛講話，有愛心，每天都學新詞彙回家，老師也一直說她持續進步。朱利安雖然很崇拜姊姊，也吸收她說的每句話，但大部分時間都處在截然不同的環境裡。蘭迪和太太麥拉上班的時候，朱利安被送到家庭幼托中心，一週五天，有時甚至六天。幼托中心的經營者人很好，蘭迪覺得他們大概也盡力了，但仍擔心朱利安沒有得到足夠的關注和活動……他不是十分確定，總之就是少了什麼。常常他去接兒子的時候，發現孩子都坐在吵雜的電視螢光幕前，而手忙腳亂的幼保員正安撫著哭鬧的寶寶。蘭迪知道此處並不理想，但他們也只負擔得起這樣的機構。

因此，當蘭迪在公車上看到「三千萬字計畫」的廣告時，他拿出了電話。至少，這是他可以做的。

## 就學準備影響未來發展

蘭迪看到孩子幼兒時期和未來之間的關聯，即使他當時還不懂背後的科學。要能準備好上大學，朱利安和婕菈尼必須先準備好上幼兒園；要準備好上幼兒園，這兩個孩子需要穩健的大腦基礎。而這些基礎是由大腦建築師所打造的，也就是蘭迪、麥拉，以及孩子其他的照顧者。打造穩健大腦的過程始於人生最初幾天，而不是等到上學才開始。

不過上學第一天很重要，那是個起點，是孩子進入新世界的開端。那一天可能令人興奮，也可能令人畏懼，可能讓人笑容滿面，也可能涕淚縱橫，或者又哭又笑。

我特別清楚記得女兒艾蜜莉第一天上幼兒園的情況。她才三歲，看著姊姊哥哥都去上學，她等不及要跟「大孩子」一起相處。我們選了一套新衣服，是印著海盜款 Hello Kitty 的薄荷綠上衣，粉紅色貼腿褲，亮晶晶的運動鞋。我陪她走幾條街去學校，途中我倆都很興奮與期待。教室明亮溫馨，阿貝拉老師親切的跟艾蜜莉打招呼。我們找到上面有她名字的置物櫃。同學中很多都是吉納維芙和艾許同學的弟弟妹妹，所以艾蜜莉已經有朋友了。她邊笑邊探索，拉著我到圖書區，然後到沙桌。

我的寶貝好像完全樂在其中。由於她是我第三個小孩，我以為自己經驗老到，所以對接下來的狀況毫無心理準備。等到我要離開時，艾蜜莉開始啜泣，緊抓著我不放。雖然我不忍心就放著她不管，但老師堅決要我離開（我走之後，艾蜜莉就適應環境了）。第二天情況也沒有好轉。整整一週，每天要分離時都這樣，不過每一天她都比較不傷心，直到第二週的某一天，她終於就這麼讓我離開，不再一把鼻涕一把眼淚。（老師也暗示說，艾蜜莉以後可以朝戲劇這條路發展。）

學校要求小小孩做很多沒做過的事：圍成一圈安靜坐好、排隊、集中注意力。小孩認識字母、數字、星期幾，學習新概念，接觸很多沒見過的人。有些孩子在情緒、行為和學業上都已經準備好要迎接新經驗；有些孩子卻還沒。「就學準備度」這概念，以最全面的角度來看（理當如此），包含孩子在學校順利學習所需要的整套能力與知識。這概念在全世界廣為流傳，被視為縮小機會鴻溝、開發所有孩童潛力的策略。

「就學準備度」通常用四個領域來衡量：一是學術，即早期語言、識字、數學能力，以及整體認知發展；第二和第三個領域是執行功能與社會／情緒發展，讓小孩有能力等待輪到自己、使用詞語來表達感受、遇到挫折不放棄；最後一個領域是身體健康。前三個領域和基本的大腦發展密切相關，要發展這些能力，就需要有強力的對話輸入。

「就學準備度」的概念讓大家開始思考，究竟應該是孩子準備好就學，還是學校該為孩子準備好？最理想的狀況為「兩者皆是」。針對就學準備度，美國兒科學會表明其原則：「學校有責任滿足所有孩童的需求，不管孩童的準備度為何。」但是就學準備度的差異，也反映出已經不動如山的幼兒懸殊發展。弱勢家庭的兒童和經濟較富裕家庭的兒童相比，較不可能準備好就學。舉例來說，在伊利諾州，只有四分之一的孩童在四個領域都真正準備好了，而有近乎四〇%的孩童全都尚未準備好。

那些孩童在還沒開始前，就得拚命追趕。事實上，如果已經在起跑點落後那麼多，要追上是很困難的。三年級（或是八歲）似乎是重要關卡。如果孩子升上三年級時一切順利，那麼他們在大部分學區都有希望成功；但是根據教育政策專家艾略特・瑞堅斯坦（Elliot Regenstein）所言，若是此時孩子落後一年，要讓他們在中學畢業前趕上同儕，幾乎是不可能的事。統計數字清楚顯示，如果我們希望提高所有學生成功的機會，必須在上學第一天之前就開始。

## 語言是早期學習關鍵

愈來愈多證據顯示，構成就學準備度的各種能力，可以預測未來的成功。舉例來說，在一項超過兩千個低收入家庭參與、涵蓋多元民族的大型研究裡，從孩子的早期學習環境（包括親子互動的品質），能預測他們五年級的學業能力。

其他研究顯示，準備好就學的五歲兒童，到了青少年時期比較不可能輟學，這個影響很大，而且會持續到成年。五歲時準備好就學的孩子，四十歲時有比較高的機會進入中產階級，也可能有較低的慢性病與藥物濫用比率，整體健康狀況較好。原因呢？能力建立在能力之上，不斷累積，愈來愈強，愈發堅韌。小孩成長的環境若能幫助他們打下好的大腦基礎，長大後學習就會比較有效率，學到更多詞彙、概念，以及更精深的數學觀念。

在我們能幫助小小孩早期發展的所有認知能力中，有一種特別能預測他們將來的發展：語言。語言就像河流的上游源頭，要是一開始水勢強勁，之後各種能力就如同瀑布傾瀉而下。也就是說，如果家長或照顧者提供豐富的語言環境，在孩子嬰幼兒期有一來一往的互動，比起沒有同等待遇的小孩，孩子可能建立更豐富的語彙，以及較強的溝通技巧。

而那些嬰幼兒時期的詞彙及運用語言的能力，往後能夠預見孩子在八歲的時候，所表現出諸多優異的成就、能力與特質：大腦處理速度、詞彙量、閱讀成績、文法發展、語音意識、工作記憶與IQ。換句話說，嬰幼兒時期建立強勁的大腦連結，就像是建立電腦的硬碟。有了優質的內建處理速度與記憶體容量，你就能夠無限增加軟體升級。

我上述的論點有一大票研究支持，其中一個特別值得一提。二〇一八年，一群在非營利組織LENA的研究者證明，孩子在嬰幼兒時期大量接觸語言會有長遠的影響，他們使用其開發的錄音裝置與處理軟體，追蹤數百名孩童及其家庭超過十年。這個研究獨特之處在於，當孩子還在嬰兒期時，家人錄音記錄孩子每天生活周遭的一切，每個月有一整天會這麼做，為期六個月。

所謂「一切」，真的就是所有聲音。早期的科學家會一天錄一小時的講話聲音，然後推斷整體語言環境，但這些研究人員不只如此，有了新科技（也就是LENA裝置），他們能夠把孩子聽到的所有聲音都錄下來。早期有研究指出，雖然孩子聽到的整體語言量（單純計算字數）很重要，但成人和孩童之間對話輪流的次數，對於幼兒語言發展更為重要。（此處要澄清一下，研究並沒有證明兩者互為因果，只是意味兩者相關，而此研究的發現與瑞秋．羅密歐等學者的研究完全相符，瑞秋．羅密歐就是對孩童進行腦部掃描研究的病理學家暨神經科學家。）

但我覺得值得注意的是後續研究。那些孩子完成中學學業時，研究發現他們嬰幼兒期的語言環境，預見了他們十年後的認知與語言能力。小時候和家長有比較多對話交流的孩子，在語言與IQ測驗的成績明顯較高。這證實了孩子嬰幼兒期有一段時期（六個月）特別重要，即是十八個月到二十四個月那段期間（語言爆發期，許多孩子每天都學到大量新詞彙），這和之後的語言與認知成就最密切相關，顯然是關鍵時機。

對蘭迪這樣的家長及朱利安這樣的小孩來說，這就是成敗關頭。也因此，個別家長在這段關鍵時期在家所做的事，會在孩子生命中產生廣泛的影響，進而對整體社會造成迴響。家長及照顧者和孩子說話互動，是建立扎實認知能力的關鍵。

我們在「三千萬字計畫」所做的一切，也都以此為出發點。當家長專注於同理、注意孩子的興趣與情緒，就是在培養孩子的認知能力與就學準備。當家長常常和孩子共讀、說故事、製造讓孩子回答與行動的機會，就是在培養孩子的認知能力與就學準備。孩子花愈多時間和父母一起做這些事，他們的認知成長就愈扎實。這些長期的研究進一步證實，不管大人的背景為何，只要盡力實踐全心全意、多說有益、雙向互動三大原則，他們在育兒時都可以增進孩子的大腦發展。

## 時間至關重要

蘭迪簡直天生就擅長3T原則。他和朱利安跟我們優秀的家訪員蜜雪兒・薩恩斯（Michelle Saenz）見面。蘭迪理了個大光頭，戴著他常戴的公牛隊黑色球帽，很樂意接納3T原則，常常趴在地上跟兒子玩。這對他家族裡的男性來說還真是新鮮事，而他們也不曾做我們所謂的專心陪伴。蘭迪的父母很傳統，以嚴格管教的方式養大四個兒子。蘭迪告訴我們：「我們不曾說過心裡的想法與感受。」本身的成長過程使蘭迪認定，學習僅是在學校所做的事，他從沒想過在孩子還小的時候，可以做些什麼來打造他們的大腦。

「我一直都抱持另一派看法，就是孩子的聰明是天生的。」但在知道自己可以幫忙打造朱利安的大腦後，他感到很興奮。

要說蘭迪變成信徒也不為過。他參與「三千萬字計畫」一段時間後，有一次家族聚會，蘭迪的哥哥看到他在跟朱利安玩，問他：「老弟，你趴在地上做什麼？」身為3T原則的傳道者，蘭迪發表演說，大談蹲下來與小孩同高，並且專心陪他們玩的好處。「玩什麼都好，專心陪伴最重要！」他說。

在蘭迪早期的「三千萬字計畫」課程中，他會坐在客廳柔軟的灰色地毯上，開心的用一隻手環抱朱利安，把朱利安放在自己大腿上，他順著兒子的黑髮，輕輕搔著他的小肚肚。蘭迪和朱利安講話時，會輕鬆在西班牙語和英語之間轉換，反映出他的墨西哥與愛爾蘭混血文化。朱利安拿起字母積木時，蘭迪會穩定而緩慢的幫他堆積木，一邊數著數字（「一、二、三、四、五……」），直到積木在朱利安面前堆成搖搖晃晃的高塔。

「推倒，推倒。」蘭迪輕推朱利安，鼓勵他把積木塔推倒。朱利安看著爸爸，眼神閃耀著歡喜，此時蘭迪又加了幾個積木上去。堆第十六個並數到十六時，積木塔倒下來了。

「碰！」

蘭迪特別熱中利用自己對芝加哥運動隊伍的熱愛，（美式足球是芝加哥熊；籃球是芝加哥公牛；棒球是芝加哥小熊，而絕對不是白襪隊！）透過談論數學概念來幫助兒子發展大腦。每當他們收看棒球賽時，蘭迪就會數有幾次三振、跑到幾壘，還會記錄比數，甚至指出每位球員衣服上的背號，朱利安也因此開始能辨識球員。如果小朱利安看到游擊手巴耶茲（Javier Báez），就會大叫：「九！」

蘭迪完整利用陪小孩的每分每秒。在這一點上，他確實是揮棒擊出了全壘打（我刻意用棒球的比喻）。他接受我們的引導並執行；知道自己必須專心陪伴、多跟小孩說話，也要營造互動機會。他漸漸相信自己有能力擔任大腦建築師。但即使蘭迪完美實踐課程內容，課程卻無法提供他更需要的東西：時間。

蘭迪對於孩子健全大腦發展的努力，遭逢經濟現實面的阻擋。蘭迪盡量趕在孩子上床前三十分鐘回家，如此至少可以陪伴他們半小時。但是為了養家，他得想辦法找額外兼差。除了他固定的承包工作及麥拉在牙醫診所的工作外，蘭迪下班後或休假時還要打零工，接更多停車場、私人車道、石膏板牆的施工案，以此貼補家用。

蘭迪工作一直很勤奮，這是他父母耳提面命的價值觀；他從十四歲開始就一直在工作，有時還兼好幾份差：在超市幫客人的商品裝袋；在餐廳收盤子打雜；在營建業幫忙拆房子。他高中一畢業就加入海軍，服役六年，多半時間擔任廚師。二〇〇三年美國攻打伊拉克期間，他的船艦是第二艘向伊拉克總統海珊發射飛彈的船艦。（他曾經給我看勳章以茲證明！）

儘管有強烈的工作道德，但蘭迪沒受過高等教育，並因此陷入就職困境，只能屈就沒有提供福利、工資勉強維持基本開銷、工時不固定的工作。他渴望能和父母一樣，整個職涯都有穩定、附帶福利的工作。

他父親是退伍軍人，三十多年來都在同一間五金行上班；他母親在芝加哥北部郊區一間鄉村俱樂部的更衣室工作，年資也差不多。但是當蘭迪和麥拉成家時，要找到有福利和滿足生活開銷的工作並不容易，他必須盡量兼差。即使他和麥拉有仔細規劃預算，但兩人賺錢能力有限，這意味著錢永遠都不夠用。

更重要的是，蘭迪的工作費時耗力，必須犧牲與家人相處的時間。每天跟小孩相處半小時實在太少了，有時甚至還會錯失這些時間，因為他覺得有工作就非接不可，即使是在深夜工作。週六蘭迪傾向在家看棒球賽，跟朱利安和婕菈尼說說話，增進他們的數學概念，並不想出外鋪熱柏油。蘭迪失去和孩子相處的時間，雪上加霜的是，他們能為朱利安負擔的托育機構品質不佳，沒辦法跟蘭迪和麥拉在家投入的育兒心血相得益彰。

經濟壓力和工作疲憊讓蘭迪很不安，他們的居住環境也讓他擔心。他在同樣的社區長大，房子是從一位叔伯輩繼承而來。屋外有很多空地閒置，地上都是被亂丟的速食包裝紙，槍響常常劃破夜晚寧靜。

蘭迪的兩位哥哥都在年輕時成了槍下亡魂。「我告訴小孩那是鞭炮，」蘭迪解釋：「但是他們很快就會知道真相。」他想要扭轉乾坤，於是自願加入ＹＭＣＡ所辦的青年安全與暴力防治計畫「城市戰士」（Urban Warriors）。但在夜晚，他常因心有愧疚而失眠，隨即又擔心自己太憂心，不知這樣的心境會不會影響到孩子？

## 穩固的船

像蘭迪這樣的父母不求別的，只盼能幫助孩子成功。但是蘭迪既沒有時間，也沒力氣和金錢，他就像是把兒女送上破洞漏水的小船，努力要載他們渡過童年之河。他努力搖著槳，用盡全力照顧他們，但是船卻不斷進水，光是要讓船浮在水面就已是一場硬仗。

在美國，養家活口所費不貲。要讓一個小孩讀完中學，一個家庭可能會花超過二十萬美元，等於一年要花接近一萬三千美元。要讓孩子渡河，準備好接受挑戰，或是迎接遙遠彼岸的各種機會，家長需要穩固的船隻。若讓我繼續延伸這個比喻，我會說自己不需要快艇，只需要可以出航的船隻，可以承受生活的風暴，讓船不致沉沒。那艘船應該供應可維持家庭生活的薪資、合理的工時、可負擔的高品質幼托。換句話說，需要可靠的支援，也就是確實的支援。

然而，過去五十年來，對蘭迪這樣的人而言，支持經濟的可能性愈來愈小。過去靠勞力便能賺到足夠的錢，讓一家大小生活安穩，如今已不可行。想要增加就業率和薪資，大多需從事要求較高程度社交、分析能力，以及更高教育程度或訓練的工作。製造業的就業率從一九九〇年代以來，已經減少大約三分之一，而知識密集與服務類的就業市場則大約翻倍（因此大家愈來愈意識到，只能靠「密集教養」來協助孩子達到需完成的目標）。

自一九七〇年代至今，薪資大多停滯不前，增加的薪資主要落在最高薪層級的員工身上。因此，收入不均已是令人擔憂的普遍現象。雖然收入不均在美國急遽上升，最為嚴重，但在大多數開發中國家及一些新興經濟體，例如中國、俄羅斯、南非、印度，這種收入不平等現象也有顯著增加（基於許多相同的原因）。

那些數據資料或許聽來耳熟。收入不均我們已聽了好多年，但是請讓我告訴你實質代表的意義。像塔莉亞這樣有所謂好工作（拿月薪、有福利、工時固定）的人，如果還停在薪額表的起薪階段，也很難有餘裕。二〇二〇年有個研究，把焦點放在一家匹茲堡大型醫院裡從事這類工作者（祕書、醫事技術員等），結果發現多數人必須仰賴極端手段，例如發薪日貸款，或是延後水電瓦斯帳單繳納時間，才能讓一家溫飽。他們依賴家庭成員來照顧小孩，也常缺乏某些必需品（比方說，在《平價醫療法案》〔Affordable Care Act〕實施前，成人健保常被視為負擔不起的奢侈品）。

然後零工經濟興起。因為科技日新月異，愈來愈多產業無法正常營運，一大部分的勞工投身短期工作或自由接案，收入全部或部分由此而來。我祖父是巨鷹（Giant Eagle）連鎖超市的卡車司機，他領取月薪，有自己的房子，也讓家庭穩穩立於中產階級。如今，這類工作常是零工經濟的一部分。計算零工經濟參與率不太容易，但根據最近的估計，像蘭迪那樣的美國勞工，有超過三分之一參與零工經濟，而這個現象是全球趨勢。

對很多人來說，零工經濟意味著兼差，能提供額外的現金。對一些在家育兒的父母來說，這當然是個福音；但是對某些人來說，這是他們主要的賺錢方式。好處是有彈性、（有時）入行門檻低；壞處是沒有福利、不穩定、無法掌控時間，對支撐家計者來說是致命傷。

和普遍觀念恰恰相反的是，零工經濟不只是由 Uber、Lyft 駕駛或 Airbnb 房東組成，還包含獨立承包商、隨叫隨到的勞工、季節性勞工（比如耶誕假期時為亞馬遜工作）等。一份報告指出，有四〇到六〇%的零工勞工（端看工作是主要收入還是額外收入）表示，如果突然要支付四百美元，對他們來說會有困難，這表示他們的生活瀕臨入不敷出的危險。

上述這些經濟變革和挑戰，使日常生活諸多方面變得困難，尤其對育兒有連帶或間接影響。今日就業市場的現實，與我們對父母該做什麼來開發孩子大腦的知識，看起來是兩相對立。有經濟壓力的家長，較不可能在育兒方面覺得受支持，較不可能對教養設限或感到滿意，也較不可能和孩子有良好溝通。事實是，經濟和其他壓力在家庭整體運作中扮演重要角色。但勞動力問題和嬰幼兒期發展之間的關聯，並沒有獲得廣泛關注。

## 尋覓高品質幼托

出外工作的父母相當明白，工作和家庭生活密不可分，他們也知道幼兒托育是讓生活順利運作的關鍵。（因為疫情，許多學校和幼托機構停課，父母只好接手，此時才看清幼托的重要。）若說父母是幼兒的大腦建築師，那麼小孩長時間待的幼托機構照顧者絕對也是。但是在美國，只有一〇%幼托機構被評比為「非常高品質」，也就是有根據加強幼兒發展的知識，規劃每天的節奏、活動、照顧。其他九〇%差異極大，很多根本只是顧小孩而已。大約有二〇%的孩子跟語言「絕緣」，每小時對話不到五次（每小時四十次才符合基準）。我知道很多幼托中心的員工已經盡力，他們就像瑪莉亞那樣，從事幼托但薪水無法維持生活，或是像殖民時代的婦媼，多數薪資過低、訓練不足、工作負荷太重。

在品質較低的托育場所中，最會被犧牲的就是「充分的語言互動」。錄製許多小孩嬰幼兒期語言環境的同一群研究人員，發現小孩在家中經歷的對話比在幼托機構多得多，高出七三%！那在十八個月到二十四個月的幼兒語言輸入關鍵期的呢？那正是幼托機構裡互動最低的時期。

值得注意的是，一項橫跨十三個國家、針對一千七百四十二名嬰幼兒所做的研究，初步結果顯示，在二〇二〇年三月到九月間，因為疫情而待在家的幼兒，其詞彙成長超過原本預期（也就是沒待在家裡的情況）；研究發現，那些孩子被動看3C的時間比較少，照顧者讀比較多書給他們聽，這是疫情期間為數不多的好消息。（當然，這是在疫情最初的六個月內，隨著疫情持續延燒，家長更是分身乏術，這個正面影響很可能逐漸消失。）

研究者總結道：「可能是照顧者更意識到孩子發展，也可能是在封城期間，照顧者和孩子間的密切互動，對語言發展有利。」

在家的對話比在幼托機構多，這其實不足為奇，畢竟最在意孩子、最願意為其付出的就是父母了。在家裡，沒有那麼多小孩同時爭奪大人的注意力，對話大概也比較不會被打斷。但是孩子認知發展關鍵期的差異程度與重要性，凸顯了高品質幼兒托育有多麼重要。

因為賭注這麼高，不管家長位居經濟階層哪個位置（絕大多數都必須外出工作），都得先想辦法找到好的幼托機構，以及支付費用，嘉比也不例外。嘉比是內布拉斯加州奧馬哈（Omaha）的聽力學專家暨聽覺研究科學家，她一發現自己懷孕，就開始找幼托中心。事實上，此前她就已經在計劃了，而且是不得不如此。她公司給的產假「糟糕透頂」。「你要麼就休十二週無薪假，要麼就使用累積的病假和休假。」嘉比解釋給我聽。

為了到時能請產假，嘉比工作前幾年都沒有休假。經過幾次昂貴的人工受孕，二〇一九年十一月五日，嘉比和太太卡麗雅迎接兒子的到來。嘉比告訴我：「他是我的試管嬰兒奇蹟。」她們把兒子命名為格雷森．甘迺迪（Greyson Kennedy），我很喜歡這名字的由來。「格雷森」出自於麻州波克夏山脈最高點的格雷洛克山（Mount Greylock），那是嘉比和卡麗雅兩人成長的地方，格雷洛克山也是卡麗雅向嘉比求婚之處。「甘迺迪」是向前美國最高法院大法官安東尼・甘迺迪（Anthony Kennedy）致敬；二〇一五年六月通過同性婚姻合法權，他就是那張決定性的游離票，也負責撰寫多數意見判決。這對伴侶甚至在婚禮上宣讀甘迺迪在《美國婚姻平權案》（Obergefell v. Hodges）主筆判辭的最後一段。

格雷森的名字很詩意，但他出生卻不順利，患有先天性唇裂。嘉比堅強面對挑戰。「我盼了他這麼久，很努力才把他帶到人世。」她說：「什麼才算辛苦很難說，大多時候我早上醒來都心懷感恩，慶幸可以成為他的媽媽……我瘋狂愛著他。」

嘉比和卡麗雅開始尋覓托育中心時，她們滿懷恐懼。有位朋友把寶寶送到鎮上的托兒所，結果有兩次去接小孩時，托兒所都抱錯小孩給他！她們打電話詢問的一家托兒所表示，不希望準爸媽來參觀。「我心想一定有鬼。」有些托兒所不乾淨到令人驚恐的程度，髒尿布都發臭了。「連小孩都弄得髒兮兮，我們也不是期望會有窗明几淨、嶄新發亮的環境，但是有些真的……就是……很髒。」有些托兒所超級吵雜，還擺了電視。「我不喜歡拿親子教養那一套來批評，但我真的不認為看電視有助於學習，至少不該給十八個月或兩歲以下的小孩看電視。」（她的觀點和學界相符，也與美國兒科學會的建議一致。）

她們一度覺得自己對幼托的期望太高，兩人理想中的托育中心，要能讓格雷森有很多「肚肚時間」（tummy time，在寶寶清醒時，讓他有時間俯臥、趴著玩、練習抬頭），她們不希望他整天坐在安撫搖椅上，也期望他能跟照顧者有緊密關係。（後面這條件需要教保員流動率低，研究估計，美國立案幼托機構人員每年的流動率，大概在二六到四十％之間，因此這點不容易做到；而且當然，新冠肺炎造成的負擔也讓問題更加惡化。）

## 與寶寶互動豐富的照顧者

嘉比和卡麗雅最大的期望是：托兒所的照顧者可以跟寶寶說話，和寶寶互動。她們知道說話和互動對認知發展很重要；她們希望托兒所有一套教育理念，能重視幼兒發展，並且追蹤孩子的發展進度。嘉比的工作會接觸到聽損的孩子，她知道孩子三歲前身處語言豐富環境的重要性（你應該看得出我們在類似領域工作）。她很注意照顧者的舉動：他們有跟小嬰兒說話嗎？和小孩是否有對話互動呢？

尋尋覓覓，終於，嘉比走進一家幼托中心的嬰兒室，看到教師抱著一名大約五個月大咿咿呀呀說話的小寶寶。「那個老師微笑著注視寶寶，表情豐富，跟寶寶四目相望，回應寶寶發出每個咿呀的咕噥聲：『哦，是哦？你再說說看呀。哦，真的啊？不會吧！太棒了吧。』」嘉比好喜歡。（如果我們有神經科學家的專業，可以探究此時此刻寶寶和照顧者的大腦，我敢肯定會看到他們的腦波運作同步。）更吸引人的是，這家托育中心的行政人員告訴嘉比和卡麗雅，所有幼教老師都會基本的寶寶手語，也會以此和小孩溝通。他們也寄資料到家裡，鼓勵家人一起練習。「從這點來看，他們真的了解各種對嬰幼兒語言學習的重要形式。」嘉比說。她繼續參觀時，見到教室裡的孩子圍坐聽故事、做勞作等。嬰兒室裡的小寶寶很少哭，即使哭也很快就得到照顧。

嘉比和卡麗雅相中了這家托育中心，但首先要讓格雷森可以入學。嘉比懷孕十二週時，她們就登記等候了，但是直到嘉比的產假快休完時，她們才接到核准有名額入學，離登記整整一年！「我一直不停打電話去，坦白說並沒料到可以排到，但是因為需求眾多的關係，他們後來把一間幼兒教室改成嬰兒室。」嘉比說：「所以我打電話去煩人家的那一天，他們剛好有個嬰兒名額，而在等候清單上的我剛好就排到了，於是順利入學。」

為了支付格雷森的幼托費用，嘉比除了全職工作外，還接了兩所大學的三份兼職線上授課。「其中一堂課的酬勞，要看有多少學生選課，所以我也滿緊張的。」嘉比說。如果有三分之二的學生選課，她就可以跳到薪級表的下一級，足夠支付又一個月的幼托費用。「我大腦就是那樣運作，老是在盤算下個月的幼托費用在哪裡？我們是雙薪家庭，工作也都不錯。但是幼托費用高得嚇人。」

靠著嘉比的兼職工作，她和卡麗雅能付得起那筆錢，但還必須更精打細算才行。她和卡麗雅希望有更多孩子。「真的，如果養小孩不是這麼昂貴，我還真想生十個。」嘉比打趣說：「我們談過想再有小孩，但經濟是個壓力。」

幼托費用過高，對她們來說更令人沮喪，因為她們知道幼教老師的薪水有多低。嘉比每逢過節都會送老師或大或小的禮物，表達自己的感激之情，其中一部分也是想補償老師。「說到底，養育我們孩子的就是老師。某種程度上我希望能有保母，因為那樣，我至少知道每分錢都是保母拿到。我知道這不是慈善事業，人家也有日常開支要付，也得付房租或房貸。我只是覺得，儘管那麼貴，仍希望能付三倍的錢，讓老師的待遇好一些，因為我認為那是他們應得的。」

嘉比在送禮這事或許有點過頭（卡麗雅有時會這樣想），但是她知道自己不只是在幫助老師，還有更深沉的動機。嘉比的父母在她七歲時離異，而父親不久後就過世。她母親一直在對抗精神疾病與成癮症狀，嘉比因而在寄養家庭長大。「我從來沒有媽媽會來班上分享自己的職業，或是幫我準備可愛的節慶小禮，帶到學校分送給朋友。」嘉比說：「現在我只是努力想要當個好媽媽，有時難免做得過頭。」

## 生命共同體

孩子與父母的人生緊緊相連，親子間的羈絆由愛而生，並隨著時間變得牢固且密不可分，這就像對話在孩子大腦中建立持久的連結。那些由父母傳遞給我們的童年經驗，會在多年後反映在我們的遭遇上。父母的不幸影響嘉比的人生；而嘉比和卡麗雅的選擇，將影響格雷森的人生；蘭迪父母的工作倫理，以及他以軍旅生涯為榮，影響了蘭迪的人生；而朱利安和婕菈尼的人生，也將因為蘭迪決定打電話給「三千萬字計畫」而改變。

但是眾人生活緊密相連的方式，遠遠超過親子關係。當我想到嘉比送禮給老師，或是格雷森名字的由來；當我想到蘭迪和青年合作加入「城市戰士」，或是他和哥哥談論「為何跟朱利安趴在地上玩」，就會想起我們大家是如何緊緊相連，而且往往是以我們意料不到的方式，而這些連結甚至進一步蔓延。

我們所居國度的政策，與我們的生活息息相關，其中有立即的影響，也有深遠的效應（想想看最高法院大法官和小格雷森．甘迺迪之間的關聯）。然而，我們不斷強調自己是個體，於是對彼此始終互相依賴視而不見；我們強調為自己負責，於是對自己多麼倚靠某些機構、社會支援的事實視若無睹。畢竟，美國開國元勳體認到，民主需要平民學校，才能培養出教育程度足夠的公民，成為有見識的選民。今日的我們必須體認到，親子命運是和社會、國家的命運連繫在一起。

根據麥可・法蘭克（Michael Frank）在史丹佛大學主持的「字庫計畫」（Wordbank Project），在家庭友善政策較多的國家裡，比方說有全面幼兒托育或支薪育嬰假的國家，其貧富兒童間的語言差距比美國來得小。因為強大的認知發展是源於強大的早期語言發展，那些較小的語言差距，將帶來教育水準較高的勞動力，以及其他正面的公共結果，使整體社會受益。

這意味著家長面臨的挑戰會影響我們全體。如果家長在孩子清醒的時間，都為著生活奔波，鮮少待在家裡，又如何能背負打造孩子大腦的重任？許多家長為了讓家庭安穩而賣力工作，常常在正職之外還要兼差，包括那些我們認為是「好工作」的正職，例如嘉比和塔莉亞的工作，但他們要麼缺乏能力支付幼兒托育，要麼根本負擔不起。

「我們創造了一個環境，讓育兒幾乎成為不可能的任務。」奧斯汀德州大學社會學者珍妮佛・葛拉斯（Jennifer Glass）如此對我說：「沒有人付得起養小孩的費用，除非你是百萬富翁，沒有會隨著時間雪上加霜的顯著財務犧牲。有兩、三個小孩真的會讓你破產。」珍妮佛研究家庭動力與親子教養。她一直都為我們有浪漫理想而感動。我們認為育兒是不容錯過的喜樂，認為有小孩是幸福的事。但如果你仔細觀察，就會發現多數父母並不如你想像中快樂。那不代表他們不愛小孩或不覺得喜樂，而是代表他們的船進水了，他們掙扎著要護送小孩到河對岸的光明未來。

珍妮佛和同仁羅蘋・賽門（Robin Simon）及馬修・安德森（Matthew Andersson）做了個很有啟發性的研究，探討這是美國獨有的現象，或者是全球皆然。他們調查家長幸福度，受試者來自二十個國家，以西方已開發國家為大宗（因為能找到可比對的資料），並且建立一個協助家長的政策資料庫（育嬰假、彈性工時、有薪病假與休假）。

然後他們針對擁有及沒有家庭友善政策的國家，比較其家長的幸福度。珍妮佛說：「我們真是無比驚訝。」無論在哪個國家，家長都比非家長不快樂。但是在家庭政策較慷慨的國家裡，尤其是提供有薪假與幼托補助的國家，家長和非家長之間的幸福程度差異較小。很重要的是，在施行家庭友善政策、提升家長幸福度的國家裡，那些政策並不會減少非家長的幸福程度（例如在職場上給非家長更多工作壓力）。

蘭迪絕對是那些不快樂的美國父母之一，他為了收支平衡而拉長工時，晚上因擔心小孩的未來而睡不著。還好，幾年後我們再次見面時，他的情況有所好轉。那時他覺得再也撐不過炎熱夏天在停車場的工作，於是上網求職，結果找到夢幻工作：在附近郊區的

YMCA做保養維修，薪水和福利都很不錯。為了去面試，蘭迪特地請假，告訴老闆自己要帶小孩去看牙醫，並因此被扣了一百美元——只要請假就是這樣。蘭迪很緊張，在面試時直冒汗。當他發現自己錄取時，簡直欣喜若狂。

蘭迪肩頭卸下重擔。如今他上班只要通勤十分鐘，不用大老遠走遍芝加哥的郊區，甚至前往印第安納州。他在有空調的大樓裡，不用整天在熱氣逼人的柏油路面工作。工作滿一年後，他就有不會扣薪的休假，也能享有退休儲蓄計畫。

最重要的是，新工作讓蘭迪有時間和家人相處。兩個小孩現在整天都在學校，但是他能準時回家吃晚餐，而且週六和週日都放假，所以他和麥拉能幫小孩安排週末活動。當麥拉星期六要上班時，他們無須再動用有限的資金請保母，因為蘭迪就在家。

蘭迪拿到新工作薪水最期待的事，就是帶婕菈尼和朱利安去看他們的第一場小熊隊比賽，「瑞格利球場的綠色草地會讓你永生難忘。」他說。

我想孩子們更有可能記住他們和父親相處的時光，還有親子之間的對話。從這艘比較堅固的新船望出去，遙遠彼岸的輪廓對蘭迪來說愈來愈清晰，而我見到的是那股爆發的認知能力，即將鞏固朱利安和婕菈尼的未來。

# 7

# 畫好地圖，驚濤駭浪不迷航

眾人攜手交織安全網，
接住每個家庭

有時候在我們的生命裡，
大家都有痛苦，大家都有悲傷……。

——比爾．威德斯（Bill Withers）

由於我的孩子們已經長大，所以我都靠朋友提供「可愛小朋友」的趣事。好友最近傳來她兒子傑西的影片，四歲的傑西有紅潤的雙頰，額頭上有一撮棕髮，他坐在白色餐桌前，桌上放了個棉花糖。傑西盯著棉花糖看，嘴巴唸唸有詞。

「我聽不清楚你說什麼。」他媽媽凱蒂說。

「棉花糖變小了。」傑西看著縮小的棉花糖，認真說道：「因為放在外面比較久了。」

當然，棉花糖沒有變，但是仔細觀察它的形狀，似乎有助於傑西不把它一口吞掉，而這就是目標。凱蒂為兒子重現了知名的棉花糖實驗。

一九七〇年代初期，史丹佛大學的研究人員在學齡前兒童眼前放了點心（棉花糖或是椒鹽脆餅，視孩子喜好而定），並且跟孩子說，他們可以馬上吃掉眼前這點心，也可以等十五分鐘後得到兩個點心，而這段期間大人不會在房間裡。然後研究人員離開房間，啟動錄影機。小孩們嘗試各種方法讓自己不屈服於誘惑，有些人唱起歌來，有些人用手遮住眼睛。有個孩子甚至對著天花板禱告。幾年之後，研究人員公布研究結果，那些能夠等待的孩子，比起沒有等待的孩子，在青少年時表現得更有能力，SAT分數也較高，身體也更健康。有延宕滿足的能力，看來是通往成功的祕訣。

## 父母能教孩子控制自己的行為嗎？

在我朋友的影片中，可以看到傑西很努力等待。他知道如果忍耐，就可以多得一個棉花糖。他盯著棉花糖好幾秒，直到凱蒂手機鈴聲響起，他做到了。傑西倒抽一口氣，臉上浮現笑容，從椅子上跳起來大叫：「耶！」然後他開始跳勝利之舞。媽媽則眉開眼笑，以他為傲。

凱蒂不是唯一會訓練小孩延宕滿足的家長。#patiencechallenge（「耐性挑戰」主題標籤）最近在抖音（TikTok）上爆紅。凱莉．珍娜（Kylie Jenner）和蓋柏莉．尤恩（Gabrielle Union-Wade）等名人，都拍攝自己的小小孩抗拒或抗拒不了誘惑的影片。凱莉放了一碗 M&Ms 巧克力糖在三歲女兒史托米（Stormi）面前，並且告訴女兒，如果能等媽媽上完廁所回來，就給她三個巧克力。

史托米盯著碗足足五十秒，有一度看來快忍不住了，她有點遲疑的慢慢朝碗伸手，但又開始唱起歌來，歌詞是：「忍耐……忍耐……忍耐……。」每重複一次「忍耐」，她似乎就能抵擋巧克力糖的誘惑力。蓋柏莉的女兒卡維（Kaavi）則忍不住，她馬上就把糖果大口吞下。不過平心而論，她年紀比較小，還在包尿布，大概也沒真的被期望要能等待。

不管有沒有忍耐，她們都好可愛啊！但無論是我朋友凱蒂或名人的影片，都不只是好玩而已。這表示「家長能幫助孩子學習控制自己行為」的概念，已經完全是主流了。那些家長真正在開發的，是孩子的「執行功能」，也就是我們控制自己衝動時所運用的能力。

最早的棉花糖實驗固然設計巧妙，但也有其瑕疵。就舉其中一個問題好了，該實驗並未考量到孩子之間的其他差異，而那些都有可能影響結果。但該研究之所以至今都引起大眾注意，乃是出於一個重要原因。我們一再發現，不管是在學校還是出社會，執行功能都非常重要。家長直覺知道，孩子抗拒甜滋滋棉花糖所運用的能力，和他們在超市排隊久候不會情緒失控，或是上課坐好不要動來動去，都需要一樣的能力，而想要培養這樣的能力著實不易。通常在「三千萬字計畫」家訪的第三或第四次課程時，家長會這麼說：「我所說的話能打造吉米的大腦，這一點我很認同，那麼我也可以用同樣的方式來約束他的行為嗎？」

簡單來說是可以的。在我踏出手術室展開另一段旅程時，還沒意識到這一點。當時我把焦點都放在語言刺激與相似的語言發展，而非執行功能。我和很多人一樣，以為執行功能是與生俱來的，跟大腦發展無關。直到我深入查找大腦在嬰幼兒期如何發展的科學文獻，才知道並非如此。

執行功能就像肌肉一樣，父母可以幫助孩子鍛鍊。負責打造孩子語言能力最典型的來往互動，也是嬰幼兒期發展孩子調節情緒與行為能力的關鍵。這意味著，「三千萬字計畫」注重三歲前的語言刺激，其實也是為強健執行功能打下基礎的關鍵。我們一發現這點，就開始把針對執行功能與行為的教案加入課程規畫中，並與父母及教師共享。

不過，執行功能需要長時間培養，而家長努力的結果，要在孩子三歲生日後才會開始顯現，這個能力則會在兒童與青少年階段持續發展。我孩子已經上大學了，就連他們也都還在努力中！許多家長低估了發展所需的時間，「三千萬字計畫」針對孩子零到三歲間具備什麼能力，調查了家長的看法，有超過七〇%的家長認為，兩歲以下的小孩能夠等候輪流及分享；半數以上的家長則認為，孩子能控制自己的情緒與衝動。但是這兩種能力在三、四歲之前都不會顯現。

認識一群「三千萬字計畫」家庭，讓我知道時間不是唯一的考量。培養執行功能需要穩定、慈愛與支持的環境，或是接近那樣的環境。焦慮、惡言與暴力相向，都會減損發展強化執行功能之大腦迴路的重要過程，因為大腦迴路易受毒性壓力影響。我們在人生特定時刻的遭遇，尤其是重要的幼兒時期，會啟發我們身體的壓力反應，並且帶來一輩子的影響。這是累積的發展過程，但是幼年時期的不安，會造成長期的後果。

人生長流為我們帶來挑戰，但某些人遇到的水勢更為洶湧。有太多家庭身陷我夢中所見的急流。急流（種族歧視、貧窮、暴力）有可能將我們淹沒，也可能挾帶（或造成）內心的挑戰（憂鬱症、藥物濫用、疾病），如同驚濤駭浪將我們吞沒，使我們滅頂。

要是社會結構健全，其安全網就能保護我們安然渡過風浪。但是社會並沒有提供每個人一樣有效的安全網。最禁不起社會弊病禍害的人，也最不可能擁有穩固船隻。若育兒意味著渡過澎湃洶湧的激流，那麼要躲過危險的水流實屬困難。

## 為恆毅力做準備

把這點示範得活靈活現的家長是薩賓娜。我們是在家訪計畫認識，她和兩歲兒子納凱簡直是一個模子印出來的，連方框眼鏡都像，而她對兒子充滿驚奇，表露無遺。「我喜歡看他容光煥發的樣子。」她告訴我們：「他很有趣，真的。」薩賓娜和很多家長一樣，努力要教兒子守規矩。納凱很調皮，喜歡把薩賓娜的DVD從盒子裡拿出來重新排放。（好處是，當媽媽遞出購物袋時，他就知道該幫忙整理了。）另一個他喜歡的遊戲則是「在床上後空翻」。

「他很大膽！」薩賓娜說：「天不怕地不怕似的。」

納凱準備要跳時，薩賓娜會跟他說：「寶貝，我們不能在床上後空翻，不行。」然後解釋那動作有可能會撞到頭，腫個大包，甚至產生更嚴重的後果。

薩賓娜興奮的發現，她的教養直覺（在這些情況下跟納凱講道理）不只能防止兒子撞到頭，對他的大腦健全發展也有幫助。3T原則也能增進執行功能，就和提升傳統學業能力差不多。薩賓娜解釋為何訂出那樣的規則，納凱就能理解「什麼行為會導致什麼後果」。獎勵好行為是另一個好方法，只要她「抓到」納凱做了好事，就會和納凱擊掌，而大手拍小手這舉動，往往讓兩歲兒笑開懷。不管他做了什麼好事，薩賓娜必定以此為題談論一番，這也是「多說有益」的具體實踐。

薩賓娜也刻意為了納凱和他哥哥，制定一些積極的例行活動，包括每天十點去遊戲場、飯前一定要洗手、按時洗澡，雖然都是小事，但都很重要。薩賓娜和「三千萬字計畫」合作的一個目標，就是給小孩的生活增加更多例行活動。「這會讓他們更有安全感、更自在。」她的觀點完全正確。

科學文獻強烈支持「穩定」及「可預期」常規的重要性，那是孩子發展自我調整，以及社會情緒技巧的關鍵因素，而3T原則旨在增進這樣的可預期性。陪伴過程的積極口吻、專心回應尤其重要。家長若在日常活動中融入3T原則，例如睡前時光、遊戲時刻、午餐時間等，這些活動的可預期性，將是幫助孩子發展自我調整與執行功能的關鍵。例行活動的可預期性還有個更深遠的影響，就是能建立孩子的心理彈性。

我們在「三千萬字計畫」所用的比喻，是把大腦行為控制區塊想成紅綠燈。綠燈表示可以走、勇往直前、隨心所欲；紅燈表示停下來思考、控制衝動。我們成年人一直都在使用這種號誌做出聰明選擇（或者盡量如此……）。我們的大腦經年累月發展出控制力，而幼兒的大腦還在發展初期而已。孩子的大腦一旦成熟茁壯，就會發展出啟動紅燈的能力，有辦法控制自己的情緒和行為。在孩子可以自己做到這件事之前，他們需要生活周遭大人的協助。

執行功能不只能讓孩子抑制衝動，還可以協助他們規劃該做的事，包括上學所需要的能力，例如工作記憶可以讓他們有能力更新目前掌握的資訊（老師說要按照顏色把積木分類）；執行功能讓孩子能轉換任務，是認知彈性的展現（現在他要我們用形狀來分類積木），並且讓孩子在接到要求時，可以把積木收好，不會無法集中精神（現在我應該停止玩積木，把積木放回箱子裡）。

如果沒有良好的執行功能，孩子就很難適應學校、很難專心，也很難吸收老師教導的內容。他們做事亂無章法，無法規劃短期計畫與長期可能性。更糟的是，研究顯示早年的情緒和行為問題，隨著孩子成長多半持續存在，甚至還會增加；而有較佳執行功能的學齡前兒童，社會理解較佳，之後學業能力也較好，行為問題較少。

過去二十年來，由於證據愈來愈多，執行功能（又稱為「恆毅力」或「非認知能力」）儼然成為學業和終身成功必備的最重要能力，甚至超越識字和算數等認知能力。談論恆毅力與心理韌性為致勝關鍵的書籍，每本都極為暢銷。

幼兒園教師一面倒認定，在入學準備度中，執行功能這類非認知能力最為重要。因為孩童在教室裡的行為影響一切：小組能夠完成多少、學生可以共享多少樂趣、最終學生可以學到多少。當然，入學準備度的研究說得很清楚，認知和非認知能力都很重要。更有甚者認為兩者是互補的；各自愈強，搭配得就愈好，有助孩子學習。現在我們知道（誠如#patiencechallenge 影片顯示的），家長對這兩種能力的培養都至關重要。

## 執行功能的挑戰

「恆毅力」一詞提醒我們，執行功能有時被視為品格能力。我總會發現「品格」一詞出現在這脈絡中，因為那意味著某人的核心身分，暗指天生的特性。用那角度來看衝動控制大有問題，就如同認為幼童能自力更生一樣。還記得金柏莉・諾柏提醒過我們，小寶寶不可能自力更生，也不是生來就具備衝動控制能力。執行功能是先天和後天共舞的成果。父母傳下去的基因提供了入門套件，但是這種能力最終如何建立，端看孩子後天的經驗。執行功能就像閱讀或加減乘除，是可以後天培養的能力，會在大腦特定區域慢慢發展，主要在前額葉皮質，也就是最後才完全成熟的大腦區域。

執行功能面臨特殊挑戰，在心智成熟的過程中，當前額葉皮質強烈受到長期壓力與焦慮的影響，也會對其有所回應。這意味著什麼呢？在家庭、社區、學校所發生的事，對孩子自我調節的發展影響甚鉅，這些問題很多都是系統性的。太多孩子的家中有像含鉛油漆那樣的毒物；像蘭迪所住的社區，頻頻傳出暴力事件；像哈辛・哈德曼的社區學校，人太多且資源不足。有些家庭還必須應付幫派及藥物成癮等禍患。（毒品是美國農村的大問題，類鴉片藥物危機重創該區。）

撰有《下一個家在何方？》（*Evicted*）的社會學者馬修・戴斯蒙（Matthew Desmond）在其研究中指出，孩子的存在是遭驅離最大的一個危險因子，此事讓我震驚不已。三餐不繼是窮人常見的遭遇，年輕人因持有大麻等行為而遭逮捕，紀錄將難以抹滅，並且可能限制居住與就業選擇，程度端看肇事者的社經階級而定。「三千萬字計畫」參與者麥可和奇雅納，他們的生活曾被搞得天翻地覆，麥可因警察執法時種族歧視，再加上冷冰冰的司法體系，白白坐冤獄好幾年。上述種種都是研究人員所謂的毒性壓力。

當然，你不用住在暴力頻傳的社區、不用經歷種族歧視、更無須一貧如洗，就有可能面臨極其嚴重的後果。在永嘉過世後，我不僅非常擔心孩子的身體，也擔心他們的情緒。死亡對當時才七歲的艾蜜莉造成陰影，深怕我也會離開。父親過世後的第一年，她一定要我陪伴躺在床上，用小手碰觸我的手臂或背部，確認我還在，她才能入睡。

在「童年創傷」（adverse childhood experiences，簡稱ACEs）的清單上，失去父母是排名最高的負面影響。還好這不常發生，但是只有少數人非常幸運，可以不受影響的平安度過。終究，狂風席捲掃蕩，水面波濤洶湧，暴風雨來勢洶洶。事實上，美國孩童有可能在年幼時經歷某類負面事件，包括經濟困難、父母離婚、受虐、無人理會，或是與患有精神疾病、藥物濫用、酒精成癮的大人同住。

根據疾病管制署（Centers for Disease Control）估計，大約有六〇%的美國成人，幼時都曾遭遇至少一種ACE，六個成人中就有一個經歷過四種以上ACE。到目前為止，大部分針對ACE的研究是以美國為主，但是二〇二一年針對二十八個歐洲國家的研究發現，ACE和歐洲主要的健康與經濟成本有關。舉例來說，在英國每多一個ACE，收入就會更少，貧窮與福利依賴的風險更高。在中低收入國家，對孩童暴力相向很常見（八〇%是體罰），這和ACE調查相關。

這些不只是需要克服的短期挑戰，更可能具有長期毒性影響。童年面臨的不幸會鑽入大腦，如果沒有處理，可能會破壞已建立迴路的穩定性，進而破壞孩子未來的穩定度。

這些負面經驗的累積特別有殺傷力，小兒科醫師娜汀・柏克・哈里斯（Nadine Burke

Harris）在其著作中一再強調，一個人小時候若有四個以上負面經驗，就會在未來幾年處於負面身心健康的高風險狀態，例如罹患心臟病和憂鬱症，而且這些負面影響會代代相傳。如果母親懷孕時壓力很大，可能會影響孩子出生後，在某些基因表現出來，換句話說，壓力會改變基因的程式設計。父母的壓力愈大，小孩愈有可能產生心理健康問題（如焦慮和憂鬱）。上述所說的一切都不是孩子能掌控，也常常不是家庭可控制。

## 身陷急流：焦慮的薩賓娜

雖然失去父親打擊很大，但我的小孩在很多方面受到了保護。身為醫師，我仍有一份好工作，我們居有定所。我們社區提供許多支援，照顧我們飲食好幾個月，在我們覺得撐不住時從旁扶持。薩賓娜一家生活急轉直下時，他們就沒那麼幸運了，原本應該接住他們的安全網破了。還記得我們和她在「三千萬字計畫」課程，談到她告訴兒子「不要從床上跳下去」的事嗎？他們住在遊民收容所，薩賓娜從沒想過自己會稱那地方為「家」。

兩年前，她還慶祝自己在「日照中心」（Community Care）升職了，那是一所老人居家照護機構。她從居家照護員做起，很快就獲得升遷，成為公司芝加哥辦公室的行政人員。（她也熱中寫作，希望作品有朝一日能出版。）薩賓娜的先生韋恩在洗衣店工作，當時他們只有一個十一歲的兒子傑森。當薩賓娜從拿時薪變為領月薪時，代表他們一家三口終於可以晉升中產階級。

但他們安穩的日子很快就崩盤，韋恩被診斷出有糖尿病，住院整整一週。過去薩賓娜一直忍受長時間通勤，早上五點起床，摸黑出門，回到家都晚上八點了；韋恩上夜班，早上叫傑森起床上學，幫他準備餐點並打掃家裡。但是在確診後的那幾週，韋恩由於身體調節血糖出狀況而變得虛弱，難以在薩賓娜上班時照顧自己和兒子。壓力朝薩賓娜襲來，她覺得如果自己更長時間在家，便可以讓韋恩的狀況穩定下來。她先向公司申請調整工時，然後又請家庭照顧假，但老闆都不允許。

把家庭放第一位的薩賓娜決定離職。幾週之後，她發現自己懷了納凱，並為此感到驚訝不已，因為她老早放棄生第二個小孩的夢想。由於多了一個孩子，開銷變大，韋恩一個人的收入不夠。他們很快用光存款，再也繳不出房租。有幾個月他們住在薩賓娜的母親家，納凱也在這段期間出生。但是大家一起住經常有摩擦，所以他們不得不搬走。

二〇一九年，芝加哥遊民收容所的平均居住時間低於四個月，這與薩賓娜原本的預期差不多，但是他們全家被困在那裡兩年半。納凱在收容所滿一歲，然後兩歲；哥哥傑森則在收容所過十二、十三歲生日。

薩賓娜和韋恩一進收容所，就把他們的小房間刷洗乾淨，而在這安穩有序的小空間之外，到處又髒又亂。薩賓娜表示，住在收容所是她人生最糟糕、最痛苦的經驗。過沒多久，他們就聽說收容所有性犯罪者出沒，被警告一定要看緊小孩。因此，兩人一直把小納凱帶在身邊，在他滿兩歲以前，薩賓娜都不讓他的腳接觸到地面，也不讓傑森和納凱自己去走廊盡頭的（公共）廁所。雖然她知道電視對幼兒不好，但有時她還是得把電視開得很大聲，蓋過隔壁鄰居高分貝的吵架聲。

儘管壓力與不安纏身，也或許正因如此，薩賓娜報名加入「三千萬字計畫」。她想盡力給納凱最好的機會，讓他將來能夠成功。即使在最佳的環境中，成功育兒也不見得容易；但在有害的環境裡，就幾乎不可能。

在「三千萬字計畫」家訪期間，我們談論很多要點，其中一項是詞彙的品質或數量並不是唯一重要的事，用何種方式說出這些詞彙才重要。語氣與情緒是關鍵，因為非認知技巧特別受育兒風格影響。疾言厲色與頤指氣使或許能在短時間內解決問題，全部加起來的詞彙量也很大，但是這樣的言語卻無助於培養執行功能，反而會造成損害，就長期來看，甚至是自我調節與執行功能不佳的溫床。要發揮最好效果，就要支持孩子的自主性，採取有效管教加溫暖親情的風格。

## 恐懼有害大腦發展

但是薩賓娜很擔心兒子，她立志要保護他們不受環境傷害，所以如果傑森和納凱在收容所距離稍微遠一點，薩賓娜就會對他們大喊。她的口氣透露出恐懼，像條繩子一樣把孩子猛然拉回來。在知道執行功能的作用與培養方式後，薩賓娜想知道自己該怎麼做？

坦白說，我們團隊並沒有好答案。教養書沒討論過在遊民收容所育兒的最佳策略，親子教養課程多半也不會提到。如果大腦所需和危急情況的需求不一樣，那該怎麼平衡？我們的策略對於日常小挫折有用，比如薩賓娜的兒子想要從床上跳下來；對一些偶然情況也有用，比如家長見到小孩為了追球跑過街，這時有車子迎面而來，千鈞一髮。他們該怎麼辦？當然是大叫啊！

但如果是薩賓娜的處境呢？危急是家常便飯，好像每天都在上演八點檔一般，我想她一定面臨天人交戰：應該大叫來保護小孩安全無虞？或者對他輕聲細語講道理，希望他聽進去？多數父母還是會選擇大叫要小孩服從吧！

出身貧困的孩子，有時住在充滿壓力的混亂環境，較有可能面臨自我調節的挑戰，這點並不令人意外。親子教養互動能保護孩子不受外在逆境影響，一般來說，雖然家長盡全力護衛孩子，但龐大的壓力可能滲入孩子發展中的大腦。長期持續的壓力會增加嬰幼兒的皮質醇（cortisol，又稱壓力荷爾蒙），從而產生問題。皮質醇除了會引發一堆小病外，還會改變大腦的細胞，可能影響前額葉皮質的生長與發展，最終改變孩子的行為反應。換句話說，雖然孩童的認知與執行功能不是天生的，但如果生在逆境，將對這些能力產生負面的影響。

我們看待育兒教養的角度，必須從大家生活的世界、共有的經驗、面臨的競爭來看。永嘉過世有沒有影響我當媽媽的所作所為？當然有。我因此過度保護小孩。直到今日，每次我望著密西根湖，不管水流是像永嘉過世那天般湍急，還是平和寧靜如明鏡，在我看來都是對孩子的威脅，也挑戰我護送他們到成年彼岸的能力。更有甚者，住在遊民收容所和高犯罪率社區的家長，每天費盡心思應付那些實質的恐懼，擔心孩子在走廊或上學途中是否安全。

他們和過去的家長一樣，都要思考基本的生存，即使他們也有志於進行派屈克・伊西祖卡所研究的密集教養，也就是以認知為基礎的育兒方式，幫助孩子在當今世界不只生存，更能蓬勃發展（通常意味著上大學，並且有份專業的工作）。許多低收入家長對這兩種截然不同的育兒世界持觀望態度。

薩賓娜真正需要的是一個好居所，但是他們家一再被拒絕。通常理由是因為韋恩十年前還是青少年時（在其執行功能發展完全之前），曾因非暴力犯罪行為而遭逮捕（持有大麻）。他們聽說薩賓娜若以單親媽媽身分申請房屋，機會比較大，但這代表必須要拆散家庭或撒謊。想想看，一對已婚夫妻共同撫養兩個孩子，丈夫有工作，多年來不惹事，但是社會體系無從協助他們，反倒鼓勵他們分手。「我才不幹。」薩賓娜堅持道。

但她也有意志崩解的時候。在打點大小事、照料家庭、餵飽一家後，薩賓娜累到爬著上床。她承認自己變得很健忘，常想不起約定的時間，給兒子的指令也顛三倒四。傑森會糾正她說：「媽咪，不對，你剛剛不是這樣說的。」

她的關節疼痛，但一直拖著沒去看醫生。其實，薩賓娜得了憂鬱症，這對曾被驅逐的母親來說很常見。至少她有病識感，知道要尋求協助。她對我說：「我不能再逃避現實了，如果我狀況不好，又怎麼能照顧納凱？」

## 暗流漩渦：憂鬱的凱薩琳

往西幾百英里，凱薩琳也對照顧兒子憂心忡忡。表面上看來，薩賓娜和凱薩琳很不一樣。一位是黑人，一位是白人；一位住在芝加哥市中心，一位住在南達科塔州鄉間；一位讓小孩就讀芝加哥公立學校，一位計劃要在家自學。但是宛如水下逆流的心理健康失衡，對兩位媽媽影響都很大，可能的後果也同樣可怕。有時我們必須越過的急流，可能不是像流離失所那麼明顯的外在困境，而是波濤洶湧的內心。但不管壓力是從內或從外而來，都對執行功能和健康大腦的發展有重大影響。

凱薩琳生完老大的那幾晚都睡不著，不是因為照顧新生兒，即使寶寶已安然入睡，她還是輾轉反側。她腦中有個揮之不去的怪念頭：一輛車全速朝她家開過來，迎面撞上臥室窗戶，導致全家喪命。凱薩琳早上起床時，覺得自己幾乎不可能走出家門，她很擔心，不願讓寶寶離開視線；就連洗澡時都要把寶寶放進汽車安全座椅，放在她看得到的浴室地板上。她母親來幫忙，保證會在凱薩琳出門買東西時看著小孩，但凱薩琳坐上車後便不斷哭泣，無法把車開出家門口。

對於帶小孩去公共場所，凱薩琳變得偏執。她先生是牧師，很多會眾都想要（其實是期盼）見到小寶寶。光想到圍成一圈的信徒輪流抱寶寶，就讓凱薩琳心生恐懼。她找藉口說很累，他們會微笑點頭說：「哦，家有新生兒都是這樣。」凱薩琳同意，但她也知道，那些擾人思緒襲擊自己的每一天。

她不只是焦慮，還充滿愧疚感。她心想，我為何這麼不安？我對其他人的小孩很有一套啊！我不應該有這樣的感受，我到底是怎麼了？

凱薩琳有產後憂鬱，但她並沒意識到。生產後幾天，許多母親會經歷一陣憂鬱情緒，包括情緒不穩定、不時哭泣、焦慮和睡眠障礙，這些都很常見，可能會持續兩週之久。這是因生產引發的荷爾蒙急速變化所致，再加上疲倦、強烈情緒，以及孩子出生後日常生活急遽變化等諸多因素。產後憂鬱看似只是生小孩引發的情緒，但通常更強烈，也可能持續數個月，甚至超過一年。症狀相當多，從哭泣、疲勞、嚴重焦慮，到凱薩琳所經歷的恐慌發作，這些都可能會發生。

凱薩琳生產時，她和先生丹尼爾住在南達科塔州的蘇瀑（Sioux Falls）附近，但他們才剛剛搬去。幾年前他們在交友網站上認識，當時丹尼爾還在讀神學院，凱薩琳住在「松樹嶺印第安保留區」（Pine Ridge Indian Reservation），參與「為美國而教」（Teach for America）計畫，擔任四、五年級的老師；她還抽空經營有機農場，免費分送蔬果給當地家庭。

當凱薩琳發現自己懷孕時，希望能夠在家生產，但那地區助產士極少，只能選擇到醫院生產。她陣痛長達十二小時，沒有打無痛分娩，也沒有醫療介入，產下一名漂亮的男嬰。六週之後，她做了一次（也只有這一次）產後檢查，過程很馬虎。

「感覺怎樣？」

「還好。」

「餵母奶狀況呢？」

「很好。」

「要不要檢查一下？」

「不用。」凱薩琳當時不覺得有需要。

然後她就回家了。

誠然，醫師確實問了她好不好，但凱薩琳只是隨口回答，醫生沒有深究，也就不可能找出真相。「只有在產後六週做一次檢查，根本不足以看出端倪。」凱薩琳說。

丹尼爾和凱薩琳一樣，也是新手父母，所以他同樣搞不清楚狀況，沒有注意到凱薩琳的心理狀態多麼脆弱。他們都聽過產後憂鬱，但凱薩琳並沒有整天哭泣，她以為那樣才算是產後憂鬱。產後憂鬱還有個常見且危險的後果，母親會疏於照顧寶寶，或是有衝動想傷害自己或寶寶，但凱薩琳也沒有這樣。她反而出現那些煩惱的念頭，陷入嚴重的焦慮。她對每個人都變得脾氣暴躁，和原本的性情大相逕庭，但她自己並沒有病識感，丹尼爾也沒有發現。

心理疾病的最大問題，就是有時候看不出來，彷彿潛藏在水面下的激流。而且有太多人想讓心理疾病隱而不顯，因為擔心會承受不公平的惡名，或是被他人視為個人缺陷。雖然美國每五位成年人就有一位心理健康出狀況（疫情期間更多），每二十五人就有一人罹患嚴重心理疾病（如重鬱症、躁鬱症、精神分裂），但有心理疾患的成人，半數未接受心理健康照顧治療。這些人不願意面對問題，或者如同凱薩琳的案例，不了解自己的症狀其實可以治療。

此外，就醫費用也是不求助的主因。《平價醫療法案》要求保險公司將行為與心理健康照護納入範圍，但很多人仍沒資源支付該負擔比例。心理健康專業人員不足，無法滿足需求，超過三分之一美國人所住的地區，都缺乏足夠的心理健康照顧專業人員，像凱薩琳所住的鄉間地區，常常連一個都沒有，而市區的候診名單很長。

想要獲得治療，還得越過種族歧視的障礙，黑人與拉丁裔較不容易就醫，也較難找到能理解他們文化經歷的同種族醫師。這樣的局限在別處也很常見，在中低收入國家，心理健康有狀況的人當中，大約七五％完全沒接受治療。根據世界衛生組織（World Health Organization）統計，非洲每十萬人才有一位心理健康專業人員。

就拿凱薩琳來說，她生產後過了六個月，才認知到自己經歷的情況並不正常。有一次她發現自己對此束手無策：「我該求助時從來沒有求助，因為我不知道向誰求助。」她最後進行自我診斷與治療，改變飲食並開始運動，好像有點幫助。一年下來，她只有些微焦慮，而且都可以控制。（雖然這對凱薩琳行得通，但針對懷疑自己或親友有產後憂鬱的人，還是建議要尋求專業協助。）

產後憂鬱症只是暗流漩渦的其中一例。無論問題為何，家長若放著心理疾患不管，對孩子恐怕會有實質的影響。孩子和有精神疾病的家長一起生活，不但是有害經驗，而且日後產生心理疾病的風險相對高。穩健的執行功能可以幫助孩子因應這情形，但如果同住的母親本身就憂鬱（或是父親酗酒、面臨其他心理健康挑戰），孩子生活不安定，執行功能就比較難培養。

如果凱薩琳當年明白自己的狀況，情況會有多麼不同？她告訴我：「如果我們知道產後憂鬱症的徵兆，也許就能早點掌握情況。」若當初她知道更多，就更容易求援。「產後支援能彌補許多女性的巨大空虛感。」在凱薩琳的理想世界裡，她期盼建立善意育兒社群，在那個空間裡，能把養父母、年輕父母、熟齡父母，以及其他所有人都凝聚在一起。

## 救生衣

我欣賞凱薩琳的遠見，那堪稱由眾人攜手交織的安全網，但我們也需要更強大的社會安全網。這些內在與外在壓力造成的深遠負面影響，迫使我們必須採取不同的視角，看出引發壓力的社會問題。我們常常看不出「居無定所」和「健康大腦發展」之間的關聯；或是「家長與精神疾病奮戰」和「孩子大腦發展」之間的關聯，事實上這些議題彼此密切相關。要打下扎實的語言與執行功能基礎，就必須給孩子平靜安穩的成長環境，以及身心無虞、平靜安穩的家長。

此處又是「知道是一回事，做是另一回事」的斷層。我們知道產後憂鬱和其他心理疾患對親子都很危險，但無論在國內或國外，我們都未能足以注意到心理健康問題，更別說是去解決問題了。

我們知道遊民收容所不是養育幼兒的好地方，但一家人可能要花好幾年才能找到真正的家。孩子幼年時期經歷這般不幸，之後我們見到不平等如此顯著，這有什麼好驚訝呢？社會學者珍妮佛・葛拉斯（研究家長幸福程度的那位）發現，家庭支援政策較不健全的國家，較有可能在孩子的健康上顯現出差距，而那些幼時的差距逐漸累積，到了成年時的不平等差異更大。大家都知道，家庭政策較健全的國家已縮小幼兒時期的健康差距，這也代表成人時期的差距會縮小。

我們知道怎樣能夠保護孩子：至少和一位成人有正向可靠的關係，還有接觸豐富的語言刺激，以及安全穩定的環境。和照顧者關係緊密的兒童，較能調節對壓力環境的情緒反應，也就是發揮執行功能。孩子需要有安全氣囊保護，我們必須提供救生衣，讓他們能夠漂浮起來。如果想要做到那樣，就要先為孩子生命中的大人提供救生衣。唯有如此，好事才會發生。

當凱薩琳懷老二時，她和丹尼爾已經搬到密西根州的一座小鎮，離家族比較近。這一次，凱薩琳已知道產後憂鬱是什麼了，但她也要確認有所需的支援。她與一位助產士結為朋友，整個孕程兩人每個月見面一小時，也做了所有常見的產前檢查：聽胎心音、檢查胎位、量產婦的體重和血壓，此外也會聊凱薩琳的感受。凱薩琳覺得自己能掌控，有時間餘裕，不像之前在醫院那樣粗略檢查。「我很滿意。知道所做的一切都是出於自己的選擇。而且，她都有仔細解釋，不是光做檢查而已。」

第二胎產程很快也很順利，總共只花了四個小時，而且同樣是個男孩子，體重約四五○○克，如她所願在家生產。之後，她的助產士清理一切，還用燉鍋幫新的四口之家準備餐點。她隔天再過來看他們，接下來是三天後、一週後、兩週後，然後是一個月後。之前凱薩琳在南達科塔州的婦產科只有一次，這會兒全部加起來，她和助產士有八次產後檢查，「我覺得有受到支持。」

確實，二兒子出生後，凱薩琳臥床三週，這叫做「躺臥期」（lying-in period），此做法一度很常見，旨在給予新手媽媽時間休養，並且和寶寶建立感情。這一次丹尼爾有六週的陪產假，對情況也大有助益。「我只要躺在床上和寶寶一起就好，其他就茶來伸手飯來張口。」凱薩琳說。她生第二胎沒有產後憂鬱了。「我想，那是因為我從產前、生產到產後，都受到完善的對待。」

薩賓娜的生活也有改善。她回到學校完成學業，拿到創意寫作與英語文學位。在住進遊民收容所兩年多後，薩賓娜和家人終於搬離那裡。他們覓屋多次遭拒，終於透過大兒子中學的附屬非營利機構，成功找到了房子。原本他們是清單上第一○四號家庭，只有一百戶家庭可以獲得協助，但並非每個人都符合資格。有一天，他們全家在圖書館時，薩賓娜的手機響了。他們遞補上了！找到合適的房子花了好幾個月，但現在，薩賓娜、韋恩、傑森、納凱住在一間漂亮的房子裡，社區暴力事件少了很多。新房子並不大，但薩賓娜發揮家管能力，打造舒適的家。兩個兒子走路就可以到學校，有了空間可以探索，再加上安全感，納凱現在很不一樣。

「在收容所的時候，他充滿戒心。」薩賓娜說：「他不敢放心去冒險。除了我們以外，他不會跟任何人說話，而且也從來不與人互動。一到人多的地方，他就會變得很緊張。」但現在納凱會探出新房子的窗外，等著新朋友經過。「他跟遇到的每個人說話，容光煥發，很有自信。」

坦白說，訓練小孩抵抗棉花糖，並不是我們可以做到的最大改變，我們可以給小孩更有意義的影響，確保他們的家庭能夠安居，每個人身心需求得到滿足。唯有如此，所有孩子才能有爭取兩顆棉花糖的公平機會。

# 第三部

# 展望未來

社會必須支援孩子從出生以來的穩健大腦發展所需。如此一來，我們才能給予孩子發揮天生潛能的機會。

# 8

# 大聲疾呼

完善幼托體系和家庭政策，
支持父母育兒

人之所以會失去影響力，
往往是因為自以為沒分量。
——愛麗絲・華克（Alice Walker）

一九六八年四月六日星期六，當天曾發生了一件事，在我家族故事中占有重要地位。當時，我父母住在巴爾的摩（Baltimore），我父親是約翰霍普金斯醫院的小兒科住院醫師，我母親是全職社工，主持一個社區外展服務計畫，那是詹森總統「向貧窮宣戰」政策的一部分。在那個命運的星期六，全國坐立難安，巴爾的摩也不例外。兩天前，馬丁・路德・金恩博士在曼菲斯（Memphis）遭到暗殺，市長召開緊急會議，社區領袖和我母親這樣的社區組織人員與會。長期的種族歧視與經濟壓迫，讓黑人居民醞釀已久的憤怒與沮喪開始爆發。約莫下午五點半，第一扇（帽子店的）平板玻璃窗被砸個粉碎。

母親還在市中心時曾被叫去聽電話。電話那頭是我父親，他在市中心另一邊的約翰霍普金斯醫院大樓。兩人都不記得父親是怎麼找到母親的，那時還沒有手機，但由於父親很少在母親工作時來電，因此她一聽到聲音，就知道一定有要事發生。

「你得趕快回家。」父親說。

城裡的情況急遽惡化，父親看著新聞報導。母親最關心的是同事和服務對象的安危，但也明白自己的處境很危險。母親知道我父親深深信任她及其工作，若非情況危急，絕不會輕易叫她回家。

她當時懷孕九個月，懷著我。

母親坐上汽車準備開回家，行駛在街道上，她從後照鏡看到背後的世界籠罩在火焰中，巴爾的摩正熊熊燃燒。她回家的路上，火勢依舊持續著。

母親嚇壞了，同時也很傷心難過。她意識到尖銳的事實真相：她還能開車安然返家，但住在她服務社區的那些人及同事卻無法，他們的住處被大火燒毀。

她回到家，憂心忡忡的和我父親吃了晚餐，上床睡覺……然後開始陣痛。隔天我出生了，那是一九六八年四月七日。

大火和暴亂持續了好幾天，那是憤怒、悲傷和沮喪的表現，撼動了整座城市。

兩週之後，我母親回到工作崗位，決心要幫忙善後。她把我帶在身邊，這做法就連今日都很不尋常，在一九六八年更是驚世駭俗。她清出一間辦公室附近的小房間，改成嬰兒房，然後聘了一位年輕人坐在房外顧著，只要我一哭就提醒她。母親會進來餵我、安撫我，等到我睡著了，她再回去工作。

## 弗萊迪事件

幾乎相同時空背景的另一位母親，並沒有帶孩子去上班的選擇，也因此造成了悲劇。一九六五年，弗萊迪・喬伊諾（Freddy Joyner）的母親（名字不可考）和孩子住在華盛頓特區。她是單親黑人媽媽，窮得付不起幼托或保母費用。就讀哈里森小學一年級的弗萊迪，會拿著學校發的免費午餐，偷溜回家看兩名弟妹，帶點東西給他們吃。沒有人發現弗萊迪離開學校，午餐食堂的老師以為他在教室，教室的老師以為他在食堂。弗萊迪要確保他的弟妹安全且有東西吃，也忠實執行任務，直到有一天，他在趕回家的路上，於十四街與U街交叉口被卡車後輪輾斃，得年六歲。

我從來沒見過弗萊迪，他在我出生前就過世了。但是看著我自己的後照鏡，我見到聯繫著我和我母親，以及弗萊迪和他母親的千絲萬縷：孩子的需要、母親的需要、工作家庭兩頭燒的壓力，還有人權運動與爭取性別平權的背景。我也見到是什麼把我們分開，簡言之，就是決定誰可以開車離開、誰會被車輾過的條件與情勢。錯誤百出的體系影響每個人，尤其是那些處在窮困中的人。

我也發現，我們四人交織在更宏大的重要時刻脈絡中。「我們脣齒相依，同繫一命。」一九六三年，金恩博士在〈伯明罕獄中書信〉（Letter from a Birmingham Jail）中寫道：「對其中一人的直接影響，就是對所有人的直接影響。」一九六〇年代，大家對此有強烈感受。我出生的那年（即一九六八年）被稱為「撼動世界的一年」。當年經歷了天翻地覆的改變：震驚世界的反戰抗議活動、拉丁美洲和東歐劇烈的反極權起義、金恩博士和甘迺迪總統相繼遭到暗殺，令人震驚。但那個年代也帶來女權與公民權的持續進步。

在美國，當時堪稱是國族覺醒。為了表示對金恩博士的尊敬，詹森總統推動國會迅速通過一九六八年民權法案（Civil Rights Act of 1968），這是那十年間通過的第三個，也是最後一個重大民權立法。該法案在金恩博士葬禮隔天頒布。一九六八年，性別平權運動的火花也被點燃，火苗是當年九月美國小姐選美抗議活動。短短幾年內，國會通過「男女平權修正案」（Equal Rights Amendment），得到民主與共和兩黨的支持，看似很快就會達到法定批准州數。

我們認為女性及有色人種的真正改變即將到來。

我們認為給孩子的改變也是如此。

孩子、母親與家庭的需求不可或缺，但沒有被認定是女權運動與人權運動的一部分，與普遍關注的工作、正義、機會密切相關。在微光閃爍的時刻，那些需求吸引了全國的注意力，而弗萊迪．喬伊諾之死，讓這些需求被看見。

## 胎死腹中的法案

「這種事怎麼會發生在美國？」

當時美國參議員華特．孟岱爾（Walter Mondale）在思考弗萊迪的死亡悲劇時，提出前面這個問題。為什麼幼兒托育對這位母親來說那麼遙不可及？為什麼沒有人發現弗萊迪午餐時間不在學校？為什麼一個家庭會被迫依賴六歲小孩當安全網？

弗萊迪原本可能會被淡忘，落得另一個無人聞問的貧窮悲劇。不過，他的故事成了立法的催化劑，原本可以改變美國歷史——重點是「原本可以」。

年輕的參議員孟岱爾在弗萊迪過世前一年，從明尼蘇達州來到華盛頓。他很快就厭倦光說不練，並想要有所作為。到了一九六〇年代末，孟岱爾認為時機成熟，於是和幾位政客、家長和兒童發展專家聯手，開始推動一個宏大的法案，能帶來有意義的變革，有助於預防另一起像是弗萊迪這樣的悲劇，也就是一九七一年的《全面兒童發展法案》（Comprehensive Child Development Act of 1971，簡稱CCDA），導言就敘明其宗旨是「提供每個孩子公平且完整的機會，能夠發揮其全部潛力」。

該法案所展望的是，全面且（總有一天）人人可取得的嬰幼兒時期發展課程，就如同今日大半歐洲所有的幼教體系，為所有想要參與的家庭提供服務，無論家長是否有出外工作。其目標不只是提供幼兒托育，還有根據發展心理學者、教育者和其他專家的最新推薦，以此打下教育基礎。雖然法案是因出身貧窮的男童而生，但提供幫助給社會經濟各階層的群體，認定高品質的幼托與家長支援應讓人人受惠。

最了不起的是，CCDA獲得的兩黨支持數量驚人，也吸引到社會上下不尋常的廣泛支持，包括勞工團體、宗教團體、女權解放團體及公共利益團體。一九七一年，CCDA法案在國會參眾兩院都過關，在參議院以六三比一七的票數通過。這個法案很完美嗎？並沒有。每一個人都支持嗎？也沒有。但這是政治共識非凡的時刻，在今日國會分歧的現狀下著實難以想像。

然後，事情出現令人震驚的一百八十度轉變，儘管尼克森總統先前表示支持，後來竟否決了這個法案。

為什麼？

因為政治。儘管兩黨都支持該法案，尼克森最初也欣然接受，但他的一小群幕僚認為必須阻止立法。他們認為，聯邦政府支持的幼兒托育系統，看起來恐怕很像蘇聯的做法。總統很掙扎，但是最後，他認為簽署該法案，再加上他出訪蘇聯與中國，會冒著疏遠那些反共、看重「家庭價值」選民的風險。（別忘了，一九五七年，蘇聯發射史普尼克號衛星時，美國採取恰恰相反的策略，力拚我們的科學與數學教育。我們當時可沒有完全中止相關作為。）

否決本身就是一場災難，而尼克森宣布決定的那場演講，則讓傷害更為惡化。他的用字遣詞相當強烈，套句一位評論員的用詞，他「完全毀了」CCDA裡的概念，將其徹底粉碎。那些碎片突變成為美國今日幼托功能失調、東拼西湊的混亂局面。儘管那麼多人想要CCDA，也可能因此受惠，尼克森卻成功採取有力的說法，言之鑿鑿宣稱，政府對家庭的支援，等於直接攻擊美國的個人主義、家庭的神聖，以及家長的權利。

當然，家長的選擇應受重視與保護，但事實上，否決CCDA就是拒原本可能有的寬廣選擇於千里之外。簽署才會給家長真正的選擇。事實上，CCDA法案包含的條款，不只給出外上班的父母，也給想待在家裡照顧孩子的母親。（如果有這樣的「選擇」，弗萊迪的媽媽絕對不會讓六歲的兒子，在她上班時從學校跑回家照顧弟妹。）尼克森版本的家長選擇只是象徵性，並沒有實質內容，還阻礙了接下來五十年的進步。

## 原地踏步五十年

在短命的CCDA驟然死亡後，至今已經過了五十載。這段時間，為美國家庭所做的變革遠遠不夠。尼克森的想法像是冷颼颼的寒霧，籠罩著往後數十年，難有實質進展，並掩蓋無作為的實際代價。當其他已開發國家實施有薪育嬰假、全面托育、新手父母家訪等政策時，美國卻一枝獨秀，沒有採取上述政策或計畫，花在嬰幼兒的預算，幾乎比任何其他已開發國家少。

但是CCDA遭否決一事，有更隱而不顯的傷害，暗中破壞公民權利與性別平等運動的承諾與希望。孩童及家長的命運是牽繫「命運共同體」的其中一線。當那些線被拆開，社會這塊布料就會脫線。

所有種族、民族與性別的孩子，要能成長茁壯、平等參與國家的經濟和公民生活，社會必須支援孩子從出生以來的穩健大腦發展所需。如此一來，我們才能給予孩子發揮天生潛能的機會；我們才能給照顧者努力的機會，尤其是母親。穩健的大腦發展是平等的基本條件，是基本人權，是開創真正且持久變革不可或缺的前提。

知名的「學前啟蒙計畫」（Abecedarian preschool project）研究告訴我們，若提供支援給家庭和幼兒，可能會有怎樣的改變。CCDA遭到廢止後一年，「學前啟蒙計畫」開始。這是個嚴謹的研究，受試者是一九七二年至一九七七年間，在北卡羅萊納州出生的一百一十一名幼童。全數孩童及其家庭從嬰兒期到幼兒園都接受健保、社會服務與營養補給費。此外，大約半數孩童一整年每週五天有高品質的幼兒托育，著重語言（研究規劃者表示「每個遊戲都是語言遊戲」）。

「學前啟蒙計畫」研究的目的，在於探討「有品質的幼兒教育能否提升低收入家庭寶寶日後的入學準備度」，結果顯示確實如此。「學前啟蒙計畫」研究中，有參與幼兒托育的寶寶（多數是黑人），在閱讀與數學的表現較好，勝過家庭只接受健康與社會服務的孩童。但還不僅如此。獲得幼兒托育的受試者，在二十一歲時更可能進入四年制大學就讀，機率是二倍以上，並且比較不可能在青少年時就當上父母。成年之後，他們肥胖與高血壓的機率較低，從事犯罪行為的可能性更低，所賺的錢也比較多。

至於孩子有參與學前計畫的母親，不只間接因為孩子未來可能的提升而受益；那些孩子的母親若是在青少年期懷孕生子，比起對照組的母親，更可能完成高中學業，也有可能更富足，就和她們的孩子一樣。二〇〇七年的一個成本效益分析保守估計，若和孩子未參與計畫者相比，她們大概每年多賺三千美元。

在CCDA遭否決、「學前啟蒙計畫」研究開始後半個世紀，很難不看出我出生那年的戲劇化事件，與今日此刻的相似之處。美國公民仍感受到種族歧視與不平等，感受到不公義的痛楚，暴動和社會騷動層出不窮。新冠肺炎重創全球，但是對每個人的影響程度不一。受害最深的是誰？基於什麼原因？對此的解釋提供更進一步且戲劇性的證據，表明公民權、性別平等、家庭需求等議題，是如何交織在一起。

對幼兒家長（尤其是母親）來說，疫情帶來無法維持日常生活的挑戰：學校停課、遠距工作變成常態、原本不堪一擊的幼兒托育系統完全瓦解。母親在疫情下更可能肩負更多的幼兒照顧責任，也較可能失業，或是必須辭職來照顧家庭成員，心理健康也可能變差。「新冠肺炎把鐵撬插進性別落差裡，用力撬開。」密西根大學的經濟學者貝西．史蒂文森（Betsey Stevenson）如此說。

疫情提醒我們，有時絕望的家長不得不把幼兒單獨留在家裡，就跟弗萊迪．喬伊諾的母親一樣。我聽說奧克拉荷馬州有位年輕父親，他是大樓清潔管理人員，必須天天帶著兩個孩子（六歲和四歲）去上班。因為新冠肺炎的限制規定，孩子不能進入大樓，他只好把孩子鎖在卡車裡，車就停在停車場一整天，而他每小時去查看他們一次。

## 孤軍奮鬥的家長

當然，早在疫情之前，家長就已面臨不可能的選擇了。我有個熟人參加教會經營的家長支援團體，其中有位剛離婚、帶著三個未滿十歲孩子的媽媽（以下稱之為塔堤安娜），分享自己的故事。某個週末，原本輪到她的前夫帶小孩，因此在旅館當清潔人員的塔堤安娜，決定自願連續值兩個班，好多賺一點錢。但是前夫在週五接走小孩後才幾個小時，就把小孩送了回去。四歲女兒肚子痛，前夫說：「我沒辦法處理，這是你的工作！」因為臨時沒有親友可幫忙，於是塔堤安娜打電話給老闆，說她沒辦法上班，但老闆表示如果她不到班，工作就會不保。

一夜難眠之後，塔堤安娜別無選擇，只能把小孩留在家裡。她嚴正的告訴孩子，不可以離開家，然後在上班時每三十分鐘就打電話回家一次。「請不要公審我。」她聲淚俱下，對支援團體這麼說。這群家長並沒有批評她，很多人還馬上把電話號碼給她，畢竟大家都是過來人，各有苦處與挑戰。

疫情讓所有家長受苦，但黑色、棕色人種，以及美洲原住民家長所受的打擊最大，他們全力處理托育與教育危機，根深柢固的種族不平等，更是增加他們生病與死亡風險的元凶。不管他們住在哪裡、年紀多大，有色人種受到新冠肺炎的影響都特別大。

根據疾管局的統計，黑人、拉丁裔和原住民都比其白人鄰居更容易受到影響，更可能死亡。不過在這當中，原住民實際的感染與死亡率，應該比黑人與拉丁裔要高出許多，這高風險背後的許多原因（第一線工作、倚賴公共運輸、居住環境擁擠、較不易取得健康照護、身體狀況不佳）都起源於美國種族歧視的歷史。

二〇二〇年五月，當時正值疫情嚴峻期間，那段醜陋的歷史再度現身，全世界目睹喬治．弗洛伊德在明尼阿波利斯市（Minneapolis）遭到殺害，因而引起公憤。弗洛伊德之死，迫使全國正視一個事實：黑人仍在我們社會遭到許多不公平的對待，特別是警方常執法過當。弗洛伊德死後，有長達數週的抗議活動，估計有一千五百萬至兩千六百萬美國人參與，讓「黑人的命也是命」（Black Lives Matter）成為美國史上規模最大的抗議運動（沒有之一）。此事也在美國境外產生迴響：七大洲六十國都有抗議活動（是的，就連南極洲麥克默多站〔McMurdo Station〕研究中心的工作人員都團結聲援）。

馬丁．路德．金恩博士遭暗殺後的暴動，原本應該是一生難得一次的事件，但是一九六八年四月我母親留在巴爾的摩的情景，很可能就是二〇二〇年五月與六月的景象。

當然，造成一九六八年巴爾的摩騷動不安的經濟不景氣，狀況並沒有改善。種族隔離、貧窮、殺人案的比例，從一九六〇年代至今並無多大變化。二〇〇八年至二〇一二年間，在西巴爾的摩的一個社區，有五一．八%的居民無業，家戶收入中位數為每年兩萬四千零六美元，只比貧窮線多出七百二十三美元。在整個巴爾的摩，五八%的學生來自低收入戶，學校體系表示，這個統計數字低於實際數字。在約翰霍普金斯大學研究人員的調查中，巴爾的摩青少年認為自己的情況，比印度新德里和奈及利亞伊巴丹的青少年還要差。巴爾的摩並非反常。我想到蘭迪所住芝加哥社區響起的槍聲，或是薩賓娜與家人不得不棲居的遊民收容所，根本不能保護他們。我想像哈辛·哈德曼的母親坐公車到遙遠的學區，情願冒著被關的風險提供假住址，也要讓兒子就讀安全且教學優良的好學校。這些都不是家長可以輕易克服的困難。

他們有什麼辦法呢？家長面臨那些不那麼戲劇性但仍痛苦的選擇時，常常只能以淚洗面。因為無法和寶寶一起待在新生兒加護病房時，吉博莉·蒙塔茲哭了；必須拋下兒子去上班時，潔德哭了。幾年後她告訴我這件事時，一樣淚流滿面。

## 尋找新的道路

除此之外，難道我們別無他法？

我們不一定知道有哪些可能，或是該要求什麼。有時我們因眼界而受限，接著在突然間，我們放眼望去直視地平線，這才發現還有別條路。我和芝加哥大學同事兼朋友艾倫·

克拉克（Ellen Clarke）聊天時，更明白這個道理。當時我告訴艾倫，我在了解某些「三千萬字計畫」家庭的境遇，以及這些家長在孩子嬰幼兒時期面臨的困境後，思考有了改變。結果我才發現，艾倫一直在思考我們育兒的情況，只是原因不同。她一直在觀察自己小小的社會實驗。

艾倫三十多歲時，正值本身及許多朋友生小孩的階段，追蹤那群朋友的不同經驗，讓她大開眼界。她有好幾位朋友都生長在威斯康辛州小鎮，上同一所大學，但後來的人生道路大相逕庭。留在中西部的兩位朋友（科學家克莉絲汀和護理醫師艾胥黎）都沒有支薪產假，她們的先生也沒有幾天陪產假可請，即使寶寶在新生兒加護病房住了六週也一樣（與吉博莉的痛苦經驗相同）。

另一方面，艾倫的朋友黛安娜和瑞貝卡，因為工作緣故分別搬到挪威和荷蘭，並在當地生小孩。在這兩個國家，嬰幼兒的父母都有滿長的育嬰假可請，可以任意規劃。此外，她們也被鼓勵盡量請滿天數。一旦回去上班，也有很強的荷蘭與挪威幼托體系可以支援。

艾倫跟我聊到這些時頻頻搖頭。她和嘉比一樣，費了一番功夫尋覓幼托機構，想要找到地點方便、費用可負擔，還有名額的機構實屬不易。她開玩笑說，幼托的預算等同於「二胎房貸」，她和先生常覺得他們要東拼西湊，才能讓財務和情緒保持穩定。

然而艾倫知道，以美國的標準來看，她算是「幸運」的了。她能夠請十四週有薪產假，她先生享有工作時間彈性，而他們也負擔得起還不錯的幼托機構。不過，「幸運」感覺不該是正確的字眼。「我不該覺得幸運，這應該是家庭能做到的最低限度。」艾倫說。當然，她在歐洲的友人享有更多制度上的照顧，壓力明顯較小。家庭支持政策較穩健的國家，健康差距較小、家長（與非家長）更開心，這應該不令人意外吧？

對美國家長不切實際的期待會壓垮人。「我們被要求應該一肩挑起所有重擔。」艾倫對我說：「你必須承認，其實一切不該如此。每個人都在家裡、在水下、孤孤單單、無法舉起手。」

不得不承認，在聽到她吐出「在水下」幾個字時，我倒抽了一口氣，馬上想到永嘉在密西根湖溺水身亡，然後想到我做的夢，見到自己孤單站在湖岸。而這一次還見到和我相遇的家長也站在那兒。每個人都和過去的我一樣孤單，肩上扛著諸多挑戰，準備好要登上自己的船。大家完全沒意識到自己身旁站著其他人。

## 不容自滿

過去我們曾成功為美國婦幼推行全面且重大的公共衛生計畫，激發這方案的不是一名幼兒之死，而是許多幼兒之死。在一九〇〇年代初的美國，生產充滿風險，嬰兒死亡率很高。絕大多數的母親在孕期或分娩時，並未獲得建議或專業照顧，這問題在窮鄉僻壤特別嚴重（我們從凱薩琳的案例得知，偏鄉婦女仍然很難獲得醫療照顧）。

但接下來好幾個有前景的發展匯集在一起。一九一二年，美國創立兒童局（Children's Bureau），也就是第一個完全注重「兒童與母親幸福」的聯邦政府辦公室；這也是第一個由女性領導的政府辦事處，出任局長的是茱莉亞・拉斯羅普（Julia Lathrop）。

一九一六年，出身蒙大拿州（請注意，她來自鄉下州）的共和黨員珍妮特・蘭金（Jeannette Rankin）成為第一位當選國會議員的女性。一九二〇年，美國女性終於獲得投票選舉的權利。蘭金與拉斯羅普聯合起來，為婦女及其嬰兒提供援助。一九二一年，由拉斯羅普撰寫的法案版本（最初由蘭金起草）通過簽署立法。

這個法案叫做《雪帕—透納法案》（Sheppard-Towner Act，因為蘭金在法案通過時已離開國會，所以法案名源於其倡議者——德州參議員莫瑞斯・雪帕（Morris Sheppard），以及愛荷華州眾議員何瑞思・透納（Horace Towner）），我們建立起數千家產前診所，巡迴護士提供數百萬次家訪服務，大幅提升母嬰健康的基本教育。法案確實拯救了人命：完整參加計畫的各州，嬰兒死亡率大幅下降，舉例來說，在法案執行期間，與消化道疾病（教育計畫的重點之一）有關的死亡下降達四七%。

法案能通過的關鍵，在於女性找到新的政治力量。政客很害怕女性選民團結力量，也害怕投票反對《雪帕—透納》這類法案。「多年來，婦女政權論者信誓旦旦的說，一旦有選舉權，就要排除不良份子。」一位歷史學者寫道，政客對此深信不疑。

但是五年後，最初的補助款到期，顯然女性並沒有集體投票。男性從政者再也不怕反對該法案延續，而美國醫學會（American Medical Association，以下簡稱AMA）這類反對勢力，在第二輪時也更有系統和規畫，因其成員不樂見利用非醫療提供者來給予醫療服務，認為該法案會將國家朝公費醫療方向推進。（值得一提的是，AMA內的兒科支持這法案，當AMA遊說反對法案時，兒科醫師脫離AMA，創立美國兒科學會來因應。）最終達成以下妥協：國會延長撥款補助，但只再多兩年。

這種改變政治風向的做法，應該讓我們停下來想一想。政治結盟不堪一擊，大眾焦點轉瞬即逝。但家庭的痛苦和掙扎不僅真實，而且始終存在。黑人母親的嬰兒死亡率仍偏高，家庭的苦難仍多，只是形式不同，很難不想到奧克拉荷馬州被反鎖在貨卡上的孩子，他們不應該在停車場度過一天。

## 向長輩學習

沒有人應該住在雞舍裡。

但有位年長女性卻曾經如此。發現她住在雞舍的窘境，最終讓我們國家變得更好。這故事讓我們學到，家長應該如何促進真正必要的改革，讓我們下一代能成長茁壯。

一九四〇年代中期，埃塞爾・珀西・安德魯斯（Ethel Percy Andrus）是加州關懷退休教師福利委員會的成員。安德魯斯博士那時方才入會，過去四十年她是知名教師，也是加州第一位女性都會高中校長，並且是優秀的芝加哥大學畢業生。安德魯斯致力於教師福利的新聞發表後，她接到一通電話，請她去看某位退休教師。安德魯斯開車到對方提供的地址，但是無人應門。

正當她準備離開時，隔壁鄰居建議她「到後面」去找找那位女性。房子後面有間無窗小屋，過去用來當雞舍，安德魯斯敲了敲門，一位穿著破舊外套的婦人走出來。安德魯斯嚇了一跳，因為她聽過這位婦人的名字，知道對方是「小有名氣的西班牙語教師」。婦人之前為了退休規劃投資土地，但一切希望卻被經濟大蕭條與大水災摧毀。她如今棲身在雞舍中，因為微薄的教師退休金只負擔得起這種地方。

安德魯斯對眼前所見相當難過，此後餘生都致力實行一個使命：確保沒有退休人員屈居如此環境。

她面臨艱鉅的任務。二十世紀中期，六十五歲以上族群是美國人口中最窮、最不受照顧的族群。美國長者退休儲蓄不多，還面臨讓人破產的健康照護與居住成本。根據漢靈頓（Michael Harrington）一九六二年探討貧窮的重要著作《美國的另一面》（*The Other America*），「五〇％老年人口活在舒適生活最低標準之下。」

安德魯斯的第一步就是成立組織，進行退休教師的年金改革、免稅額度、住房改善和健康保險。當時美國老年人基本上沒有健保，安德魯斯找了四十二家保險公司商量，而四十二家全讓她吃閉門羹。「他們以為我是瘋子。」她說。

但最後，她找到一家願意冒險為老年人投保的公司。最初的機構只為退休教師服務，不過安德魯斯的目標更大。一九五八年，她聯合其他人擴展組織規模，成立了「美國退休人員協會」（American Association of Retired Persons，以下簡稱AARP），致力於幫助所有的美國老年人口。

他們的成功傳頌一時。因為AARP過去五十年的努力（以及那個年齡層數千萬選票的影響力），沒有哪批選民比老年人口更受美國社會與政府照顧了，美國六十五歲以上人口的貧窮率下降幾乎七〇%。

一九六〇年代，國會通過立法，提高退休福利，提供健保給老年人和窮人；此外還通過法案，防止職場年齡歧視，從而促進老年人的經濟寬裕與安全。

今日，AARP持續在健康照護、處方用藥支援，以及長期照顧等議題上有所進展。該組織著重於嘉惠人人的權益，因而成功把各個社經、政治、種族、民族的群體團結起來，是少數能直接與大企業利益集團正面競爭的消費權益倡議團體，並因有龐大的預算及多達三千八百萬位會員，得以施展巨大的政治影響力。

沒有AARP在檯面上的領導，關於五十歲以上公民的實質政策對話就不可能發生。原本旨在保護、支援老師的組織，搖身一變成了倡議團體，大幅改善所有美國老年人的生活。當一群人團結一致共同發聲時，便可以達到相當驚人的成就。

安德魯斯的努力還讓我學到另一課。從一開始，她傳達的訊息便只是老年人的需求，還有老年人過去對社會的貢獻，以及可能的付出。退休的西班牙語老師需要幫助，但她也花了大半人生在協助他人，教了數百甚至數千名小孩，而且仍能繼續提供幫助。安德魯斯不只是為老年人爭取福利，也動員數百萬名老年人擔任志工。如此一來，她改變了社會對於老年人的看法。她奉行的格言是：「主動提供服務，而非被動接受服務。」

## 未來的搖籃

家長不只對社會有所貢獻，因為社會根本就是由他們創造。他們正在養育下一代，亦即下一波的學生與老師、員工與雇主、選民與家長。他們身為孩子的守護者，也絕對守護著我們未來的幸福。

但悲慘的是，今日一些家長和幼兒的痛苦，並不亞於AARP出現前老年人的痛苦。事實上，就如我們前面所述，今日美國最窮困的族群已不再是老年人，而是五歲以下的幼兒。容我再說一次：零到五歲的幼兒是我國人民中最窮困的族群。當然實際的意思是：這些小孩與窮困的家長和照顧者同住。就如同老年人以前的情況，家長在很多方面都是隱形、被邊緣化的存在，只能奮力求生。既然我們可以大幅改善老年人的生活，那麼也能對幼童做同樣的事，而這得先從幼兒的父母下手。

家長已經開始為自己發聲了。在美國與全世界有許多團體，都堅持不懈處理親子面臨的諸多議題。

他們都當過家長，也因為這個共通點，大家團結起來。是的，每個家庭都肩負各自的挑戰、經驗與力量；但是幾乎所有的父母，都有無眠的夜晚和滿腔的愛。我們都想要趕快回家陪伴新生兒，也有要找到可信賴保母的壓力。我們都會擔心孩子的發展有沒有達標，對於他們新的成就充滿驚奇。最重要的是，我們都想要給孩子每一個機會，希望能護送他們渡過滔滔江水。

最在乎孩子的就是家長。因為我們的孩子沒有投票權，也無法參與選戰，需要我們為他們發聲、奮鬥。爭取對他們健康發展有益的政策，就是我們的責任。

過去我們曾這麼處理過某些特殊議題（例如小兒麻痺和酒駕），今日我們也投身於此。我見到各地的家長都努力想要影響變革。在墨西哥和阿根廷，每年母親節媽媽們會走上街頭，呼籲全球正視奪走孩子性命的暴力事件。在越南，單親媽媽得不到政府的補助，而爸爸不需要支付孩子的贍養費，於是一群媽媽聯合起來互助，拿現金資助其中最有需要的人。在馬拉威，若沒有當地媽媽的努力，聯合國贊助的女童上學專案絕不會成功。

在美國，有些家長成功改變體制。舉例來說，在奧勒岡州的姆爾特諾默縣（Multnomah County，波特蘭市所在地），由家長領軍的草根運動有助於讓全面學前教育成為現實。二〇一六年，「家長責任議會」（Parent Accountability Council）開始召集會議和組織，正式推動全面學前教育的理想。四年之後，也就是二〇二〇年十一月，在該議會的推波助瀾下，這理想在當地立法通過。

一九六八年社會有了覺醒，如今似乎又有另一個覺醒。家長一直覺得養育嬰幼兒像是走高空鋼索，宛如不可能的任務，並自覺孤軍奮戰。現在他們環顧四周，發現自己並不孤單，彼此點頭示意。各地家長都有相同的辛酸故事，顯然問題並非出於個人，而是整個系統，系統問題需要系統解決方案。

我見到愈來愈多人認為，社會必須發揮支持家長的重要作用，這既不是抨擊家長的選擇，也不是侵害家庭；反之，社會的支援提供父母真正的選擇自由，那是每位家長應得的。看著許多家庭團結在一起，找到共同的定位，拉高他們對社會可做及該做什麼的期望，實在令人興奮。

家長也了解自己的定位就是「孩子大腦發展最初的建築師」。為了替孩子打造最佳早期學習環境，家長必須感受到自己的生活有所支援，這不是自私，也不是無能。身體健康、社會融合、職涯助力、財務安全感，以及可取得的社區資源，都對一個人的身心健康有深遠影響，從而也影響其教養小孩和下一代的能力。家人、朋友等私人網絡可以幫助我們度過逆境，但不足以克服所有眼前的挑戰，也不足以讓我們跨過制度未填滿的大洞，僅靠這些，並不足以替兒孫打造更好的明天。

能處理所有家庭需求的通用解方並不存在，但如果社會重視家長的角色，那麼前方的道路就需要制度介入，並給予親子更好的支援。若社會無法支持家長，孩子就會被虧待。如果要投資孩子的未來，以及我們國家的未來，現在就應該投資在孩子身上，而且是從孩子出生的那一刻開始。

埃塞爾．珀西．安德魯斯曾說：「如果我們不滿意現狀，就應該關心事情可能的變化。」我們現在必須關心孩子將來會成為怎樣的人，關心我們社會未來的樣貌。我們必須實踐承諾，必須建立一個父母國。

# 9

# 醫生的囑咐

整合醫療體系，成為父母後援

一分預防勝過十分治療。

——班傑明・富蘭克林（Benjamin Franklin）

一九八〇年代，彼得・弗萊明（Peter Fleming）是英格蘭布里斯托兒童醫院的急診室小兒科醫師。這份工作常叫人心碎，幾乎每週都有小嬰兒到院死亡或奄奄一息，而媽媽們的描述如出一轍，她們聲淚俱下對弗萊明說，在發現小孩時，「就一動也不動了，我將他翻過身來，知道他已經斷氣了。」

正式的診斷會說那是嬰兒猝死症（Sudden infant death syndrome，以下簡稱SIDS），但就只是個歸類。到底造成SIDS的真正原因為何？沒有人知道，所以也不知道怎麼拯救這些嬰兒。「很多人仍然認為，寶寶夭折一定是父母的責任，必定有哪裡出錯。」弗萊明說：「於是父母都因此深感自責。」

弗萊明不只是小兒科醫師，還是一位研究人員，在見過那麼多這樣的家長之後，他決心採取行動；而那幾個家庭也是如此。他們創立一個基金會，由一位失去孫子的阿嬤為首，試圖解釋謎一般的SIDS。這組織目前名為「搖籃曲信託基金會」（Lullaby Trust），弗萊明與其聯手共同尋求解釋。問題的答案其實就如那些母親所說，只是他花了點時間才看出來。

弗萊明開始有系統的從每個家庭收集資料。他甚至走訪嬰兒死亡的地點，在當時這是很大膽的做法。他坐在各家的客廳沙發上，聽著悲傷的父母講述遭遇。好長一段時間，他純粹只是傾聽和同理。接著在一九八七年，弗萊明開始進行正式研究，把每位死亡嬰兒的環境狀況，和另外兩位同齡同區存活的嬰兒做比較。

弗萊明與研究同仁懷疑的可能原因有：環境過熱、包裹衣物過重、呼吸問題或感染，並歸納和每個原因相關的所有問題。大約同一時間，一位澳洲小兒科醫師提出一個想法：「問題出在讓嬰兒趴睡。」不過多數已開發國家（包含英、美兩國）的標準建議都是讓嬰兒趴睡。兒科權威斯波克醫師（Dr. Spock）建議趴睡，其他兒科醫師也是如此。弗萊明承認，自己在研究中把睡姿納入問題，只是想排除其可能性。

## 弗萊明研究的啟示

兩年後，弗萊明的研究結果出爐。他驚訝發現造成ＳＩＤＳ的單一要素，就是嬰兒的睡姿：趴睡的嬰兒比起躺睡的嬰兒，死亡可能性幾乎是十倍。

醫學界對此感覺相當懷疑，弗萊明完全可以理解，「我不敢相信原因那麼簡單。」弗萊明的同事要求更多證據，他自己也希望如此。因此，弗萊明規劃一個規模更大、更縝密的研究，特別針對睡姿進行比較。但是弗萊明的團隊在尋找嬰兒參與研究時，發現其稍早的研究結果已傳遍布里斯托，採取趴睡的嬰兒人數不足，因此無法進行研究。

接下來，請看！因為家長投入這個自然實驗，當地的ＳＩＤＳ率大幅下降。從弗萊明最初的研究算起，三年之內，嬰兒猝死率下降超過一半。但不管是國內或國外，醫界都不相信或沒注意到弗萊明的研究。

然後命運前來敲門，將他研究的訊息傳遞出去。一九九一年某日，安妮．戴蒙（Anne Diamond）發現四個月大的兒子賽巴斯汀在嬰兒床上死亡。在那個晴朗的七月早晨，戴蒙完全按照育兒建議，讓小寶寶趴睡，之前兩個兒子詹姆士和奧利弗也都比照辦理。結果賽巴斯汀和當年其他兩千個英國寶寶一樣，死於ＳＩＤＳ。

事發之時，戴蒙是英國重要新聞媒體BBC的知名記者和節目主持人。身為優秀調查記者，她開始收集、探究與SIDS相關的所有消息，進而得知弗萊明的研究，以及另一個紐西蘭的研究（同樣證實弗萊明的研究結果）。當時，她和許多同樣因此喪子的哀傷母親，開始提醒人們注意此事。但和其他人不同的是，戴蒙的提醒傳到大家耳裡，因為她是家喻戶曉的人物，所以能利用自身地位發起運動，讓英國衛生當局及小兒科醫師正式修改「嬰兒應該趴睡」的建言。

塞巴斯汀猝死後六個月，政府發起「回到躺睡」（Back to Sleep）運動，這是認可弗萊明研究的公衛創舉，消息傳遍小兒科學界及其他健康照護提供者。結果相當驚人，在英國，死於SIDS的嬰兒人數大幅減少了近乎九〇%；在美國及其他國家的類似活動，也有同樣驚人的成效。目前SIDS仍有案例，我們也還是不完全知道原因（現在認為主要的潛在風險因子是母親吸菸），但是弗萊明的研究，加上隨後世界各地的公衛教育活動，拯救了數以萬計嬰兒的性命。

約莫二十年後，弗萊明反思此事給醫師的教訓：「虛心受教很重要……和整個健康照護團隊密切合作很重要。最重要的是，要傾聽病患對我們說的話。」

我認為SIDS故事帶來的啟示不只如此，從中可以看出教育家長的重要性，尤其當一般常識需要更新時，此舉可大幅改善孩子的未來。每位家長起初都是新手，嬰兒出世時也沒有附說明手冊。在我認識的所有父母中（包括我自己），我想不到有誰一開始就能說：「包在我身上。」我們反而是望著坐在客廳、廚房或臥室嬰兒椅上（我們才剛弄懂怎麼使用）的新生兒，那個可愛寶貴的新生命，心裡想著：「下一步呢？我到底該怎麼辦才好？」

新手爸媽一開始便是如此。不管你讀了多少書，追蹤了多少親子網紅，或是像瑪莉亞那樣照顧過多少別人的寶寶，知識和經驗之間注定會有落差。我們社會大聲疾呼「家長是孩子最初、最好的老師」，但我們心態不對、基本功不足，無法提供家長好好執行任務所需的知識、技巧和支援。我們光會說家長該如何如何，實際上提供他們的協助少之又少。

要建立父母國，就要重新想像一個致力提供嬰幼兒強力支援的社會，要把健康大腦發展的北極星視為組織方針。打下健康發展的根基，意味著聯繫大腦的各個區塊；同理，為父母國打下根基，意味著聯繫社會的各個部分，把少有交集的部分串聯起來。

醫療保健就是其中一部分，其影響範圍很大且潛力無窮。十多年前我踏出醫界，思考著自己該做什麼，才能給我的所有病人機會，實現他們的希望和前途；沒想到如今我又回到原點，因為我這才發現，在我所尋覓的解決方法中，醫療保健就是很關鍵的一環。

我們體制對於嬰幼兒時期的教養和照顧各自為政。在學前教育領域，有個片面且格局不大的世界。在小孩入幼兒園之前，並沒有什麼連續性的教育與照顧體系，可以接觸到多數家庭的生活。然後在另一個醫療保健領域，懷孕期間是由產科醫師負責，小孩出生後則是由小兒科醫師負責。看診的時候，醫師跟家長很少討論大腦發展。親職教育必須做為父母的前導課程，才能強化孩子的早期教育，但我們的體制卻無法提供所有家長這基本議題的教育。此外，就醫看診時也通常沒有和其他支援及服務進行連結。

## 從上游開始

每當想到這一路上遇過的家庭（本書中提到的家庭和我的親戚朋友），我十分清楚，若是體制更整合、醫師問診更廣更深，對家長的幫助將會有多大的提升。我們都知道幼兒想贏在起跑點上需要什麼，這樣的改變能提供實質機會，讓我們較能知行合一，以實際行動來促進幼兒成長。

要打造出「支持家長成為孩子最初、最重要的老師」這體系，從醫療保健下手最好，因為幾乎所有家庭都和醫療體系連結。大約九〇%美國幼童會去看小兒科，大部分母親懷孕生產時也會使用健保系統。學校體系之後會與所有孩童連結，同理，醫療保健體系也幾乎能全面接觸到嬰幼兒的家長，我在工作上逐漸理解這點的重要性。「三千萬字計畫」一開始是到府和家長一對一合作，但後來我們發現，如果把課程放到家長必定會出現的場所，例如婦產科、產科病房、小兒科，那就能接觸到更多人。

但若想讓醫療保健體系成為父母國真正有效、不可或缺的一部分，我們必須從上游開始，而這概念逐漸普及。請容我改述一個別人說過的概念，如果見到孩子乘獨木舟往瀑布漂流，我們會怎麼做？會在瀑布下方等待，等他們衝到底下再接應他們嗎？不會。我們會涉水、拋繩索或想方設法阻止他們掉下去，甚至會沿著河岸往回走，走到船出發的地點，協助他們準備這趟旅程。

實際上的做法呢？就是從第一次產檢開始，有機會便把大腦發展的相關課程納入。多數家長只要對大腦科學有點概念，之後就會去了解。舉例來說，蘭迪和瑪莉亞會知道大腦發展概念，是因為他們碰巧在孩子蹣跚學步時，登記參加了「三千萬字計畫」課程。但假如蘭迪當初沒有在搭公車時看到「三千萬字計畫」的廣告呢？多數家長不能仰賴這種機緣，不過，大部分家長都會帶小孩去看小兒科，而小兒科醫師、護理醫師及其他醫護人員都能教育家長，讓他們有信心能勝任孩子的大腦建築師。

從上游開始也意味著不單看症狀，而是直視健康與否的根本原因，包括影響孩童發展的社會、經濟、環境因素。以薩賓娜的案例來說，這樣的照顧，代表她的小兒科或產科醫師能問幾個相關問題，做為例行的審查。（像是過去十二個月以來，是否有過無法準時付房租的情況？過去十二個月住過幾個地方？寶寶出生後是否住過收容所或流浪街頭？）如此便能及早注意到其居住是否安穩（也許能早到足以產生影響）。

研究指出，若有家庭對上述任何問題回答「是」，小孩的身體與發展成果都會較差，特別是兩歲以下的小孩。如果醫師發現寶寶居無定所，我們應該讓醫師知道如何轉介適當支援給這些家庭。

我們也必須採取全面多重的策略，提供親職教育與更廣泛的服務。我們應該把網撒出去，涵蓋面積愈廣愈好，然後讓個別家庭了解進一步的資訊，並連結所需的社會服務。我們的SPEAK研究指出，個別家長對於健全兒童發展的了解差異頗大。當然，家長需要各式各樣的支援，範疇相當廣泛，有時是像凱薩琳產後憂鬱症那樣立即的問題，有時則是持續更久的挑戰，例如有特殊需求的孩子。

一般性與個人化的醫療保健，都會避免妄加臆測的風險。這行的每個人（包括我）都明白，如果只看外表，並不會知道某人何時需要或不需要幫助。有些青少年單親小媽媽其實有家人做為堅強後盾，男友也是盡責的父親。另一方面，有同事告訴我，一位小兒科醫師指導住院醫師，對三名女童的媽媽做例行審查，三個小女孩都穿著同款粉紅色洋裝，上頭繡著姓名字母縮寫。

對年輕醫師來說，這家人簡直是在向天下昭告自己很有錢。當他從診間出來時，小兒科醫師檢查他所做的審查，便詢問住院醫師，那位媽媽如何回答糧食不安全的問題。住院醫師承認自己沒問，因此小兒科醫師又叫他回去做更完整的審查。結果，當住院醫師一問到食物問題，那位媽媽就崩潰大哭。就在當天早上，她才去申請聯邦營養補助計畫，因為她先生不僅拋棄家人，還把戶頭裡的錢一領而空。

這個重新想像的醫療保健體系，其核心就是團體戰策略。沒有人會要求醫生單打獨鬥，而是支持一路上和所有家庭互動的專業團隊。我理想中的醫療保健體系，就是我在四號開刀房精英團隊的放大版，每位成員各有專業，角色任務明確，但同時也可以支援彼此，補足缺漏。

完善的醫療保健對家長來說，將會是一切的樞紐。先是產前檢查，然後是小兒科，都能成為孩子健康與教育的連結之處。這些地方可以預測親子的需求，能協助家長了解身為大腦建築師的角色，並且提供援助，讓他們克服一切阻擋在前面的障礙。

我不是唯一思考這可能性的人，絕對不是，這股思潮在全國迅速高漲，認為醫療體系能補足教育連續體系所欠缺的一環，並且能搭起「生命第一天」和「正式就學第一天」之間的橋梁。

## 重新思考醫療保健

想要達到目標，我們的心態必須有重大調整，必須改變對醫療保健體系應有樣貌的想法。美國的醫療保健在傳統上是照顧「病人」，醫療這行通常就是「治病」而非「促進健康」；是對危機與疾患做出反應，而非試著預防。此外，愈來愈多醫師是專科醫師（我自己也是）。儘管在一個人需要植入人工耳蝸，或是想進行最有效的癌症治療時，的確會需要專科醫師這樣的專家，但我們主要針對病患情況的單一部分，而非其整體的身心健康。

其實，小兒科醫師也是專科醫師，但他們比其他許多醫師更全面，長久以來為病患家庭而努力。（補充一下：不只我已故的先生是小兒科（外科）醫師，我父親、弟弟、堂弟也都是小兒科醫師。）美國兒科學會（AAP）一直都主張以公共衛生方法來照顧孩童的健康；畢竟，AAP當初之所以會創立，就是為了抗議AMA反對支持產婦健康的《雪帕—透納法案》。AAP建議要有一系列的健兒門診：寶寶一歲前七次，滿三歲前還有五次。這十二次健兒門診是在孩子大腦發展最關鍵的階段，提供評估小孩成長的重要機會、疫苗接種，以及回答父母理論上的問題。「這是難得的機會。」我朋友心理學家拉希爾．布瑞格斯（Rahil Briggs）說。她是非營利組織「零到三歲」（ZERO TO THREE）所管理的全國專案「健康起步走」（HealthySteps）的主任，「零到三歲」和小兒科合作，增加可以顧及家庭需求所有層面的發展專家，「嬰幼兒時期的變化非常大。」

不過，在健兒門診平均十五分鐘的看診時間中，只有三分鐘（三分鐘！）是花在所謂的「預先諮詢」，也就是討論幼兒在下次門診前會出現的變化，不論是身體、情緒或發展方面。三分鐘要包含上述所有事情，其實真的不夠，因為要談的內容很多，例如動作技能、睡眠習慣、吃固體食物的要點、正確使用安全汽座等。寶寶出生時沒有自帶說明書，要在三分鐘內講到所有注意事項，真的並不足夠。

家長在離開兒科診間（孩子健康的可靠權威）時，常常根本沒聽到關於大腦或整體發展的訊息。我們進行SPEAK研究，在醫院及小兒科候診室和新手父母對談，都會直接問他們：「你的醫師有和你談過嬰兒大腦與早期語言的重要性嗎？」答案幾乎都是「沒有」。只有二五％父母表示聽過關於大腦成長的訊息，至於聽過嬰兒如何學習（只有十三％），或是嬰兒如何學說話（九％）的父母就更少了。這是因為家長通常在意其他事情，再者，小兒科醫師要盡可能為很多家庭看診，而且其時間和服務目前也受保險公司報銷方式的限制。

但是問題來了：美國五歲以下的孩童，每五人就有兩人發生語言遲緩的現象，幾乎是孩童肥胖比例的兩倍，孩童肥胖普遍被認定屬於公衛流行病，而醫學界也終於認定語言差異也攸關公共衛生。二〇一四年，AAP發布指標性的政策聲明，把推動讀寫力（還有因此而來的語言互動及所促進的大腦發展）納入兒科照顧的要點，並建議公共基金資助上述醫療作為，目標在於讓健兒門診整合穩健大腦發展的訊息。但截至目前為止，美國多數地區都還未見實際作為。

我們目前的做法，不只限制家長在每次門診的收穫，事實上就宏觀視角來看，更限制美國人從醫療體系受益。我們都知道醫療保健的矛盾，比起幾乎所有其他已開發國家，美國在醫療保健的支出較高，但是受益較少。有評論家以挖苦的方式評論把這情況，比喻道：「橄欖球員塊頭不見得大，但行動是真的慢。」美國花在健康醫療服務、手術、藥物、醫師與保險的金額，在我國國民支出的占比例（以國內生產毛額的比重來看），遠遠高於OECD任何一國。但是那投資為我們整體健康帶來的收穫，卻是低得可憐。

比起同級其他國家，我們的健康成果相當差，不但預期壽命較低，嬰兒死亡率也較高；就嬰兒死亡率的統計數字來說，我們在已開發國家中幾乎敬陪末座！世界唯二產婦死亡率上升的國家，我們就是其一（另一國是多明尼加共和國），而主要發生在黑人母親身上。比起同級其他國家，美國嬰兒出生時體重過低的情況較多。比起其他工業化國家的人民，美國人受傷、殺人、青少年懷孕、性病、愛滋病、肺部慢性病與殘疾的情況較多。在每個面向，都有種族上的健康差距，這令人憂心，新冠肺炎疫情下更凸顯了此一事實。

## 讓醫療接住每個家庭

這也不是說美國花錢在醫療保健上卻一無所得，我們醫療服務的速度與數量都是首屈一指。在美國，你有可能獲得全世界最棒的醫療照顧，而且保險還有給付，尤其是需要昂貴代價且動用高科技才能處理的問題。舉例來說，小孩人工耳蝸手術要獲得保險給付絕對沒問題，但要保險給付其他種類的照護就困難得多；比方說人工耳蝸手術後一定要接受語言治療，才能將手術效益發揮到最大，但保險就不給付語言治療費用。

過去十年來，大家都在談論一個令人耳目一新的觀念：直接花在醫療保健上的金額多寡，無法斷定人民的健康程度；影響健康的因素多半在診間之外。大約四〇%至九〇%的健康狀況可歸因於營養不足、三餐不繼、環境不佳、毒物接觸、社會融合程度低與疏離。如果將那些因素都同等看待，那麼所有OECD國家的相對支出很不一致。

美國花在醫療照顧上的錢，遠超過大部分已開發國家，但是那些國家每花一元在醫療照顧上，就會花兩元在社會服務上，處理社會與環境因素，同時提倡健康生活。反之，我們花一元在醫療照顧上的同時，卻只花〇．九元在社會服務上。這個差距令人咋舌，有助於解釋為何我們花那麼多錢在醫療照顧上，國人的健康狀況卻相對較差。

這些極其重要的非醫療因素，就是所謂「健康社會決定因素」（social determinants of health）。世界衛生組織將此廣義界定為「人出生、成長、生活、工作、老化所處的狀態」。換句話說，這些加起來就成為帶我們度過人生的外在洪流，和影響小孩毒性壓力程度的情況相同，其中大自街坊鄰里可步行性[3]，小到最近的醫院至住家的距離。當然也包

3 編注 可步行性（walkability），又稱步行友好性，是一個地區對步行友好程度的度量，因素包含有無步道、人行道或其他行人通行權，以及交通和道路狀況、土地利用模式、建築物可達性和安全性等。

含接觸到鉛和空氣汙染，這和氣喘極有關聯，還有處於暴力與藥物濫用的環境。

這些社會決定因素多半和社經地位密切相關，因為收入、財富、教育和我們生長的環境密不可分。這些因素在許多層面上也影響我們的生理，甚至包括我們的基因如何表現。更直接的是，這些因素首先會影響誰會生病或受傷。無以溫飽、處在槍枝暴力之下，或是在遊民收容所成長，這些都對孩子的健康有負面影響。其他沒那麼極端的因素也會造成影響，像蘭迪這樣時薪不高的工人，請假就醫就要被扣一百美元，因此較有可能抱病上工，或許也因此病得較久，甚至病況惡化，並且更可能傳染給別人。

蘭迪的小孩也較可能因蘭迪久病而受到牽連，因為蘭迪會無法照顧關心他們，而他並不樂見此事。如此一來，影響健康社會決定因素的那些事，就會引發連鎖效應，威脅到孩子的發展。家長要是疾病纏身、生活無以為繼，顯然也會減少和孩子的雙向互動，於是孩子語言刺激變少，進而導致大腦進行的連結減少。

我們必須承認，發展就如內科醫師安德魯．迦納（Andrew Garner）所言，是「先天和後天之間持續不斷、活力十足、一直累積、相互激盪」的產物。以這種角度來思考，會促使我們改變對醫療保健的看法。正如迦納所述：「身體狀況是疾病和健康之間的連續體，早期經驗扮演十分重要的角色，因為不管是疾病或健康，其基礎都是經過長時間而建立起來。」

這樣看來，孩童和家庭需要什麼就很清楚了。從出生第一天起，就要專注於建立大腦健康；也要注意「健康社會決定因素」如何影響孩子的健康和教育成果。能為幼兒及其家庭做到上述兩點的醫療保健體系，將是一張真正的安全網，能為所有人打一劑強心針（知道自己有後援，任何人都將更有信心），並且接住那些墜落的人。

幸運的是，我已經找到一些強而有力的範例，告訴我們如何行得通。

## 打從一開始

當瑞秋初次成為媽媽時，其實對生產已不陌生。她之前是助產士，擁有母嬰健康的碩士學位，而且還是有執照的哺乳諮商師。然而，有自己的小孩完全是兩回事，瑞秋很焦慮的說：「即使我有知識跟經驗，但是真要為人母，我仍有沒準備好的地方。」

瑞秋也知道，當她把艾蓮諾從醫院帶回家時，大部分時間只能靠自己。先生詹姆斯沒有陪產假，他們又住在北卡羅萊納州的杜倫（Durham），離夫家及娘家都遠，瑞秋擔心孤立無援。

為人父母者，一開始都是新手，即使是像瑞秋這樣的家長，如果能有專家來查看，絕對獲益良多。

在許多其他國家，新手父母在寶寶誕生時，不但有許多支援，還有專家相助。芬蘭的新手父母回家時，會帶著寶寶禮盒，裡頭裝了大約五十件必備物品，比如尿布和包屁衣（必要的話，禮盒還能兼做嬰兒籃）。

馬來西亞大部分的媽媽，則會將現代醫療與傳統坐月子習俗結合，那段時間被稱為pantang，她們會享受產婆的心理與社會支援，並且遵循一連串的進補規矩，好加速身體的復原。

荷蘭的孩子出生後八天內，kraamzorg（產後照顧服務）提供每位媽媽高達四十九個小時的到府育兒照顧，護士可以協助在家生產、餵母乳或配方奶（視產婦的偏好而定），她們會照顧母嬰的健康，甚至還會幫忙做些簡單的家事！

在美國，我們多數人就沒這麼幸運了，不過情況也開始有所改變。有好幾個州已採用芬蘭寶寶禮盒的做法，現在也有一些優質且全面的家訪計畫，例如「家庭連接」（Family Connects），目前在十三個州駐點運作，並且打算要再擴展出去。該計畫派遣經驗老到的護士到新手父母家裡，從懷孕末期一直到寶寶出生後十二週，並在隨機的臨床試驗發現了諸多好處。舉例來說，在一個研究中，母親產後焦慮的可能性降低了三〇％，新手媽媽和寶寶之間的感情較為堅定，新手父母的育兒技巧也有所提升；在孩子長到五歲時的一項後續研究中，參與家庭接受兒童虐待調查的轉介數量少了三九％，兒童緊急醫療的總使用量少了三三％。

當瑞秋和詹姆斯聽說有「家庭連接」時，他們迫切想參與，護士在艾蓮諾出生後大約三週首次登門訪視。在最初幾週無眠日子的迷茫下，瑞秋有點不知所措，有護士來家裡讓她感到安心，也不需要在天寒地凍的冬天裡，把艾蓮諾包得緊緊的，大費周章帶孩子外出，冒險行走於溼滑的結冰路面。

瑞秋甚至不用整裝，護士第一次到家裡時，她還穿著睡衣呢！艾蓮諾出生時體型偏小，能有護士來確認她的體重和身體狀況，並協助瑞秋克服哺乳的挑戰，實在令人鬆了一口氣。護士會傾聽瑞秋的感受，回應她的需求，認可母職所帶來的巨大挑戰，瑞秋很喜歡這一點，她說：「當寶寶出生時，其實誕生的並非寶寶一人而已，新手媽媽與新家庭也隨之而生。」

## 診所結合閱讀計畫

身為父母，我們需要知道的不只是換尿布和餵奶。這個嬰幼兒健康照護新方法的下一步，就是要讓兒科診間成為肯定與鼓勵的一貫來源，提供有關育兒教養各方面的訊息，尤其是關於親子間必要互動的訊息。要將「加強育兒技巧以建立最優質的大腦」這觀念傳給家長，可以將其納入每次的健兒門診中，從親子踏入診間的那一刻開始。

「展臂閱讀」（Reach Out and Read）這計畫就做得很好，他們以童書為工具，提倡嬰幼兒語言發展並鞏固親子關係。「展臂閱讀」把親子共讀時間融入健兒門診，該組織創立於一九八九年，如今在全國有六千多個合作據點（主要是服務低收入家庭的診所），每年服務超過四百五十萬個孩童。「展臂閱讀」的研究指出，參與這計畫的孩童和未參與者相比，其語言接受和表達的分數都明顯較高。

一份二〇二一年針對十萬多位父母的研究發現，參與「展臂閱讀」的家長比起未參與的家長，其親子共讀的可能性多了二七％（這結果與之前的研究相符）；更重要的是，參與者更可能使用溫暖有互動、能促進親子關係的閱讀策略，例如討論繪本的內容，問小孩覺得故事情節會怎麼發展等。

「我們給予家長工具與引導，讓孩子喜歡聽到父母的聲音，喜歡和父母相處。」我朋友佩莉．柯來斯（Perri Klass）如此說，她是這計畫的全國醫療主任，在兒科界講話很有分量。「打從一開始，小小孩就在書香中成長，熱愛閱讀，因為他們是透過親愛的父母聲音進入文字殿堂。」

家長帶小孩到健兒門診時，櫃台人員會和小孩打招呼，說：「今天你會拿到一本書哦！」（疫情之前，候診區有公共圖書，也有舒適的閱讀角落。）牆壁上貼著吸引人的繪本海報。小兒科醫師踏入診間時，就會遞給寶寶一本符合他發展、語言程度和文化的書，看診完可以直接帶回家。

看著寶寶翻著硬頁書，醫師便可評估孩子的發展；當醫師檢查寶寶的耳朵、敲敲他的小肚子時，書也能讓寶寶分心。文字的奇妙及對大腦的作用，與看診的每一分鐘交織在一起。例如醫師在量寶寶的頭圍時，可能會開玩笑說：「跟寶寶說話和共讀的重要性就在於此；那就像給予寶寶大腦所需的食物，幫助大腦成長。」

「展臂閱讀」充分示範了兒科醫師如何將自己的角色延伸到診間外，還和當地圖書館合作。（我最欣賞的「展臂閱讀」兒科醫師納夫沙瑞〔Dipesh Navsaria〕甚至擁有兒童圖書館學的碩士學位！）既然有圖書館可供孩子探索，我們就沒必要滿足於一本書。

## 診所連結社會服務

做為樞紐的兒科診所，可以扮演更重要的角色，連結至關重要的服務，去處理健康社會決定因素。「高品質團隊照顧，可以借助超棒的兒科平台，降低健康的不平等。」「健康起步走」的拉希爾・布瑞格斯對我說。「健康起步走」提供多重的全面幫助，可以彌補差距，例如確保盡早頻繁討論穩健的大腦發展。該計畫目前服務了全國三十五萬多名孩童，研究也指出該計畫對親子和兒科醫師都有正面影響。

這些正面的結果取決於家庭和「健康起步走」專家所建立的緊密關係，拉希爾介紹其中一位專家給我認識。戴阿妮拉・赫南德茲（Deyanira Hernandez）是「健康起步走」社區健康專員，其工作地點是在紐約市布朗克斯的蒙帝菲奧里醫院（Montefiore Hospital），那裡是變動中的兒科界最前線。

戴阿妮拉青少年時住在多明尼加共和國，颶風摧毀她家附近的許多房屋，她花了好幾週在學校幫助有需要的家庭。這經驗激勵她日後以助人為職志，而現在她天天都投身於此。「我們從嬰兒出生的第一天，就對家庭提供支援。」她說：「孩子發展的每個階段我們都在。」目標在於建立關係，戴阿妮拉就是這樣陪伴一位名為安娜的女子。

安娜和四歲雙胞胎兒子露宿公園長椅的那一晚，是她人生最悽慘的一夜。之前六個月，她和兒子住在布朗克斯的親戚家，母子三人睡在客廳沙發，又擠又不舒服，但至少有遮風避雨的地方。其中一個兒子有時會比較不聽話，特別是在公寓很吵雜的時候，而吵鬧又是常有的事。親戚對其行為失去耐性，於是把母子三人趕出去。安娜無人可依靠，也沒地方可去，於是在附近的公園落腳，他們就睡在那裡。

隔天，安娜帶兒子去蒙帝菲奧里醫院看健兒門診。幸好蒙帝菲奧里的醫師知道要問這些問題：「還有發生什麼事嗎？有需要幫忙的地方嗎？」他們固定會審查有沒有童年創傷及健康社會決定因素。

安娜聲淚俱下，向小兒科醫師坦承前一晚露宿公園，並且尋求幫助。小兒科醫師馬上打電話給戴阿妮拉。

當戴阿妮拉抵達安娜等候的診間時，很明顯看出這位年輕媽媽鬆了一口氣。

「我們需要你。」他說。

「公園是我唯一知道安全的地方。」安娜告訴戴阿妮拉。

「她的處境很艱難。」戴阿妮拉說：「令人相當心痛。」

小兒科醫師看過孩子之後，接著由戴阿妮拉接手，她帶安娜母子三人搭計程車（車資由醫院支付），前往附近的急難收容所過夜。戴阿妮拉當晚回到家都接近九點了，隔天早上又和安娜見面。接下來幾個月，她和收容所合作，幫助安娜母子找到穩定的居所。六個月之後，安娜一家被分配到一間小公寓。我想如果薩賓娜也有像戴阿妮拉這樣的人來幫忙，可能就不會困在收容所兩年多了。

但是戴阿妮拉的付出不僅如此。蒙帝菲奧里的小兒科醫師發現，安娜那個行為不當的小孩其實有自閉症，只是沒診斷出來，這也是為何他在吵雜公寓裡會有失序行為。所以戴阿妮拉讓小男孩接受治療，也教安娜該怎麼引導孩子。過了幾年，戴阿妮拉仍會定期關心安娜，即使八歲的小男孩早已超過她負責照顧的年紀了。

戴阿妮拉告訴我：「兩個孩子都很穩定，有自閉症的男孩做了應用行為分析治療、職能治療、語言治療。他之前都不說話，現在可以說完整的句子。」上一次對談時，安娜告訴戴阿妮拉：「若不是因為你和醫院，我還不知道自己該何去何從！」

拉希爾說，「健康起步走」的任務就是建立信任，並表示如果我們的方向正確，家長就會開始認為：「去看小兒科不只是讓我能填表格，確定小孩打了預防針而已，還會問我關於健康社會決定因素，關心我的憂鬱或焦慮問題。」「健康起步走」把病人轉介到教育專案計畫和早期干預計畫，就像他們為安娜做的那樣。「健康起步走」也會處理孩童三餐不斷的問題，提供食物及公益食物站名單；此外，還能為移民及其他有需要的人申請法律扶助。

除了「健康起步走」之外，還有另一個類似的成功計畫，叫做「給每個人的發展認識與法律合作」（Developmental Understanding and Legal Collaboration for Everyone，以下簡稱 DULCE），到目前為止，該計畫在三個州的十三家兒科診所提供服務。DULCE和「健康起步走」一樣，在每個團隊裡都安排了家醫科專科醫師，負責連結嬰幼兒期、健康與公共利益，同時在診所服務所有家庭，而不只是低收入或有重大問題的家庭。在一個隨機對照試驗中，研究人員發現，轉介至 DULCE 的家庭取得援助的速度，幾乎是其他家庭的兩倍，這些家庭更有可能完成所有健兒門診與疫苗注射，也比較不會用到急診照護。

## 全面、連結、凝聚

我在想，要是奇雅納和麥可能夠取得 DULCE 所提供的法律服務，事情會有怎樣的轉折？如果DULCE的專科醫師採取行動，為奇雅納和麥可需要尋求的法律扶助牽線，幫她尋找治療兒子凱許鐮型血球貧血症的醫療資源（及心理支援），提供她兒子麥奇亞（他出生時麥可被關在監獄裡）促進大腦發展的相關訊息，那麼事情發展會不會有所不同？那樣的專科醫師想必能看出麥可被逮捕、凱許的身體狀況、新生兒的理想發展互有關聯；在奇雅納的人生中，任何一部分的改善或挫折，都會對其他部分產生影響。

奇雅納的遭遇告訴我們，這個重新詮釋的醫療保健領域幅員廣大，也因如此，醫療機構和其他組織的合作相當重要。這不只是讓醫療機構加重負擔，而是將現有的專案計畫緊密交織，避免有所疏漏。

我們需要一個整合系統，正視這一點，就是把所有資源整合、實踐真正全人醫療的最後一步。在奧克拉荷馬州的土爾沙（Tulsa）和北卡羅萊納州的吉爾福德郡（Guilford County），當地社區正在建立這樣的體系。

在土爾沙，「土爾沙零到八歲對策」（Birth through Eight Strategy for Tulsa，以下簡稱BEST）這組織協助各個家庭，讓他們容易取得從孕前到嬰幼兒階段的各種服務。衛生、教育、社福、刑事司法部門的非營利與公共機構聯手，推動共同目標，也就是為所有兒童增加機會。

他們到親子出沒的場所與其接觸，例如醫療院所、教會、住家、學校，並在所到之處傳遞有關穩健大腦發展的訊息。多虧有BEST，每個出生在土爾沙郡立醫院的孩子，都會有專業護士到府訪視，告訴家長嬰幼兒期大腦發展的重要，教導家長如何和嬰兒建立安全且有教養的互動。在高貧困新生兒比例最高的醫院，每個家庭都能享有「家庭連接」家訪。接受家訪的母親中，超過六成完成該計畫。

吉爾福德郡居民的想法也很宏大。幾年來，政府和私人機構各自投資，未有協調，參與某些計畫的兒童確實受益，但整體來說，整個郡的孩童表現成果並未提升，只有約半數孩子進幼兒園時已準備好要學習。家長團體、醫師、嬰幼兒照顧機構、企業界人士、民意代表攜手合作，創立了一個新的中央非營利組織，名為「就學起步走，人生向前行」（Ready for School, Ready for Life）。

這組織在當地的暱稱是「Ready, Ready」，地位等同於「支柱」，包含四項現有計畫，每個都證實有成功紀錄，並且和醫療保健體系有長期聯繫；其中三項之前已描述過——家庭連接、健康起步走、展臂閱讀，再加上「護理與家庭夥伴關係」（Nurse-Family Partnership），該計畫在寶寶出生第一年，會派遣護士到有高需求的新手父母家裡。（在下個任務階段，Ready, Ready 要和學校體系合作，服務年紀較大的孩子，把這個努力延伸下去。)

在吉爾福德郡,他們確信祕方就是深入合作與全面計劃,根據家庭風險與需求,以多重方式服務郡內每一個家庭。

「健康起步走」的北卡羅萊納州協調員娜塔莉・塔吉特(Natalie Tackitt)表示:「每個人都需要全心全意投入,去改變整個體系,從獨立行善的個別計畫到整個社區合作,擴大影響力。」(當我們對談時,她難掩興奮之情補充道:「此時來到吉爾福德郡真是太棒了!」)Ready, Ready 提供「導航員」團隊,在家庭育兒的道路上引導他們,在恰當的時間把他們連結到恰當的資源,避免重複,並且建立起連貫的體系。

這種全方位策略已讓所有參與者明白,大家有多麼需要支援。當「家庭連接」的服務對象從聯邦醫療補助的家庭,擴大到吉爾福德郡所有居民時,有資格的家庭參與度幾乎翻倍,根據娜塔莉所述,「家庭連接」服務超過八〇%的家庭。

而某些小兒科醫師,原本認為自己病人不需要「健康起步走」提供的任何資源,現在發現自己錯得多離譜。「健康起步走」專科醫師提出的問題不同,措辭也不同;他們把重點擺在家長身上,而不是寶寶。娜塔莉說:「媽媽們常常卸下心防後就大哭起來。」當專科醫師回報情況時,小兒科醫師往往感到困惑。

「但是她沒怎樣啊！」他們說。

「不對。」專科醫師說：「那只是她的客套說詞。」

娜塔莉表示，他們工作的核心就是關心親子間的關係。「我們照顧家長，這樣家長才能照顧他們的寶寶。」

## 創新的常識

從這種簡單陳述中，可以出現根本的變革。醫療保健的變革通常意味著新藥或新技術（例如人工耳蝸手術或新疫苗），但前述關於醫療保健的重新詮釋，絕對是低科技的。當答案一直就在我們眼前時，便不需要浮誇的解決方案，就像弗萊明醫師和布里斯托的家長不需要一樣。這種默默的創新變革方式，這種土爾沙和吉爾福德郡所實施的整合協力醫療保健，將能成為可信賴的聲音，引導為人父母者在育兒路上前行。

為了讓所有早期干預措施將長期效果發揮到極致，我們必須把大腦發展訂為我們的北極星。神經科學告訴我們有關大腦發展的一切（神經可塑性和受環境影響），這表示過時的方法已經行不通了。當我們充分認識到影響大腦發育和健康的所有因素時，我們提出的問題就會改變，從原本的「這病人哪裡出問題了？」改成「這個病人怎麼了？」和「將來有可能怎麼樣呢？」

俗話說，一分預防勝過十分治療。健康會影響短期和長期的大腦發育。大量證據指出，早期的認知和行為發展，和成人身上一些最普遍的健康問題有關，例如心血管疾病、中風、高血壓、糖尿病和肥胖。互動較多的嬰幼兒教育，對健康有長期的益處，其正面影響可能到四十年後都還存在。

上述種種意味著從長遠來看，盡早處理兒童整體生活，可以降低社會所付出的成本。娜塔莉·塔吉特表示，反正我們都要付出成本，就看怎麼付。「我們可以現在付少一點成本，大家有更好、更快樂、更有生產力和更豐富的生活。或者我們可以之後再付代價，想辦法修復損失或處理後果。」

弗萊明醫師傾聽家長的意見、與他人合作、不存定見，於是在兒童健康上有了巨大變革（因SIDS而死亡的人數減少了九〇％）。想想看，如果我們再次將這些教訓付諸實踐，並讓醫療保健成為我們父母國的靠山，發展前途一定不可限量。

# 10

# 企業的重任

## 建立友善育兒的職場

善良是唯一不會失利的投資。

——梭羅（Henry David Thoreau）

我先生劉永嘉的追思儀式莊嚴肅穆。他過世的悲劇不只讓我和孩子心碎，也讓整個社區錯愕。永嘉是芝加哥大學柯默兒童醫院的兒童外科主任，當初醫院也是由他協助創立。他不只受人尊敬，也備受愛戴，沒有人相信他就這樣走了。我們聚集在芝大洛克菲勒禮拜堂壯麗的拱頂下緬懷他，悲傷與震驚寫在現場幾百位親友的臉上。

接著，克里斯．史畢可（Chris Speaker）起身緬懷永嘉。十年來，擔任外科護理師的克里斯一直是永嘉的左右手。

克里斯說：「永嘉對別人的請託來者不拒，我的職責就是確保事情順利進行。」也就是說，他要讓永嘉的手術時程規畫有效率，協助病人準備好接受手術，然後在開刀房裡協助永嘉，就像我的精英團隊協助我一樣。

「永嘉不管怎樣都會找出時間，去治療人家請託的嚴重病例，他技術那麼高超，大家都敬佩不已。」克里斯說：「他總會調整自己的日程安排，再多塞一位病患，讓患者及其家人都開心。」

但只有克里斯才知道永嘉有一段行程。某個週五，他們有六個手術要完成。永嘉告訴克里斯，當天一定要準時結束手術，那相當重要。「我和傑夫．麥休斯（Jeff Matthews）五點要開會，不能錯過，所以打電話給開刀房，要他們提早準備好。」永嘉說。（麥休斯醫生是外科主任。）

當天一切都很順利，直到最後一台手術，看似將拖延到他精心安排的緊湊行程。新生兒加護病房一名早產兒有腹股溝疝氣，但因為人手不足的緣故，所以帶小寶寶來手術室的時間延誤了。這該怎麼辦？永嘉秉持著「事不分大小」，決定和克里斯親自去把寶寶帶來，雖然這絕不是外科主治醫師的工作項目。他們去接寶寶，然後手術進行相當順利。

當天下午四點五十分，永嘉準備好離開手術室。「你今天很棒。」他告訴克里斯：「我該走啦。」大概四十五分鐘之後，克里斯確認小寶寶安然送回新生兒加護病房後，便離開醫院去搭車回家。他走到車站前會先穿過芝加哥大學校園，然後經過一座小公園，裡面正舉行著棒球賽。

「我聽得到加油聲，還有遠遠傳來球『啪』的一聲，然後落入投手的手套裡，還有裁判大喊：『三振出局！』」他回憶。

當克里斯遠望棒球場的界線時，注意到灌木叢裡有位黑髮的高個子，身形和永嘉非常像。但他心想：「不可能啊？永嘉和麥休斯醫生在開會。」然後他靠近一點看，真的是永嘉。他再靠近一點看，認出另一個人，那三好球是我們當時十歲的兒子艾許投的。

「跟傑夫．麥休斯的會議，其實是艾許的棒球賽。」

此時，洛克菲勒禮拜堂座席上擠滿的人哄堂大笑。

克里斯接著把故事講完。週末過後，他在週一早上走進永嘉的辦公室，發現他腳高舉在桌上，讀著醫學期刊。

「和傑夫開會開得怎麼樣？」克里斯問。

「很好啊。」永嘉回答：「謝謝你星期五的幫忙。」

「不客氣……順便問一下……艾許把幾個人三振出局啊？」

永嘉露出被抓包的促狹微笑，帶著一絲開心與自豪悠悠然說：「八個。」

直到棒球賽季結束前，克里斯和永嘉都用「和麥休斯醫生開會」當做艾許棒球賽的暗號。艾許的比賽永嘉很少缺席。

克里斯說的故事讓我們哈哈大笑。但是回想此事，我有了不同的觀點。認識永嘉的人當中，沒人會質疑他對工作的奉獻，都十足投入照顧孩童和病患，對同事與學生也付出很多。禮拜堂裡的每個人也都知道，他深愛我和孩子。他對棒球的熱愛是另一個事實，艾許是嶄露頭角的小聯盟投手，他深深以艾許為榮。那麼，為何永嘉會認為，不能坦白跟克里斯說自己要去看艾許的比賽？畢竟當天他一早六點半就開始工作了，還完成了六個手術，根本沒有偷懶。但即使是永嘉，也都覺得必須隱藏自己想去看兒子打球的渴望，而這就是布朗大學經濟學家艾蜜莉・奧斯特（Emily Oster）所謂「低調育兒」（secret parenting）的最佳例證。

我們覺得當自己在工作時，必須假裝自己的小孩不存在，他們沒理由占用家長的時間或注意力。幾乎所有家長都有同感，而女性又比男性更常感受到，但男性若真的無感，那永嘉也不會假裝要去開會。

他一定是擔心，週五傍晚五點去看艾許的棒球比賽，會讓他看起來不那麼像模範員工，好像在工作上不夠盡心盡力。為了達到這典範，我們在育兒生活與職業生活中間，立起一堵堅不可破的高牆，表現得好像沒有棒球比賽、沒有發燒的小孩、沒有行程上的衝突、沒有突然說不來的保母。但這堵牆其實虛有其表，那些事情全都存在，有時還會影響我們工作和育兒的能力。如果我們不再需要假裝這些事情不存在，就能成為更好的勞工、更好的典範、更好的家長。

新冠肺炎清楚表明，我們私生活與專業工作會相交到什麼程度。我們的生活是有孔隙的，工作不必與私生活硬生生隔開。如果家長完全投入大腦建築師與慈愛照顧者的角色，對社會整體有利，那麼我們的工作就不能完全和私生活斷開。

在這時代，企業與雇主應該欣然接受其在父母國裡的公民權利與義務，過去也是如此；但現在，我們的工作和私人生活因疫情而被撼動，更急迫顯出這點。「欣然接受」要從文化與價值觀的改變開始，透過政策讓員工可以保有家長的身分，才能讓行為也有改變。

## 企業的責任是什麼？

我們是怎麼走到這一步的？家長被期待要同時「密集」且「低調」的育兒？這多半是

把利潤擺第一、將人邊緣化的後果。讓大眾覺得必須密集育兒（提高了不平等，增加了教育投資回報）的經濟勢力，同樣也使大眾覺得育兒需保持低調。

在驚人的「非巧合」下，這現象大約從五十年前就廣為傳播，那其實是特別關鍵的時期。一九七〇年，也就是尼克森否決CCDA的前一年，芝加哥大學經濟學者密爾頓·傅利曼（Milton Friedman）在《紐約時報》上發表了一篇影響深遠的文章：〈企業的社會責任是增加自身的利潤〉。傅利曼主張，企業的責任就是商業，沒辦法給股東帶來更多利潤的社會或環境議題，在商場上都無立足之地。

從這觀點來看，員工的存在純粹只是為公司賺更多錢。由此可見，員工有沒有小孩，雇主完全不在乎，也覺得不重要，傅利曼在其文章中甚至根本懶得提到家庭。他撰文之時，正是男主外女主內時代的尾聲，當時有大約四〇%女性進入職場，而製造業最不景氣的衰退還沒到來。傅利曼確實充分討論「只有人會有責任」的概念，所以任何形式的社會或環境責任，只可能落在個人（而非企業）身上。他建議以個人責任來解決社會問題，這概念符合歷史上對美國個人主義的讚揚，並有利於雇主撇清責任。

這種思維讓「模範員工」的幻影持續存在，期待員工都是年紀輕輕進公司，全職工作四十年，並且全心投入工作，家務事就留在家裡。這樣的典範早在傅利曼之前就存在（可追溯至工業革命時代），但是唯一強調利潤的傅利曼教條更強化這概念，使其成為社會固有的觀念，內化於絕大多數人心中，就像永嘉也是如此想。

這不代表我們喜歡這種情況。在星巴克工作多年的潔德，現在是律師助理，週一到週五上班，朝九晚五。這份工作薪水較高，但是經歷過星巴克的彈性工時後，她現在得調適。她告訴我，下班後要做很多事：煮晚餐、看小孩功課、忙小孩的事，全都塞在晚上要完成，實在不容易。潔德希望新老闆能同理家長必須要內外兼顧的辛苦。在評鑑時，她希望聽到「你是人不是機器」或「最近事情很多嗎」等關懷，但老闆從未說過這些話。「你得假裝天天風平浪靜，繼續完成分內工作。職業婦女在職場上其實沒什麼轉圜餘地。」她說：「感覺社會氛圍會說有，但其實沒有。」

當然，傅利曼宣言的影響，遠遠不只是奉「模範員工」和「低調育兒」為圭臬。美國的勞工保護一直受到侵蝕，個人經濟不穩定持續增加，這點令人擔憂，也讓人更容易受到意外與破壞性事件的擺布。

美國在二十世紀的大部分時間裡，雇主是醫療保險和退休金的主要來源，社會安全（Social Security）、聯邦醫療保險（Medicare）和聯邦醫療補助（Medicaid）只是後盾而已。然而，一九七〇年代以來，在政治科學家雅各．海克（Jacob Hacker）所謂的「風險大轉移」中，一度由機構承擔的許多經濟重擔與風險，都被加諸個人和家庭的肩頭，因此，突然生病或失業，就能輕易讓家庭陷入債務漩渦或失去居所。薩賓娜一家與許多家庭的遭遇便是如此；這問題在疫情期間更變本加厲，數百萬繳不出房租的家庭面臨被驅逐的窘境。

如今美國家庭的平均收入以驚人的規律上升和下降，其波動性從一九七〇年代到二〇一〇年代初期近乎翻倍；個人破產更為普遍，房屋遭法拍也愈加常見，從一九七〇年代的三百戶有一戶，增加到二〇一〇年代的二十戶中有一戶。萬一失業，大約七〇%美國人都沒有足夠的存款，無法撐過六個月而不覺財務吃緊。

總的來說，根據皮尤慈善信託基金會（Pew Charitable Trusts）的統計，超過七五%美國家庭「財務體質不佳」。層層疊疊的風險影響各社經階層的廣大群眾，遍及窮人、勞工與高知識專業人士。海克寫道，日益嚴重的不安全感「改變甚至粉碎那些與美國夢密不可分的基本期待：穩定的中產階級收入、負擔得起的安身之處、退休金保證、優良的健保給付、為孩子提供更全面的經濟保障。」

## 風暴的中心

這一路上，幾乎我接觸的每個家庭都有一把辛酸淚，道盡這經濟體制（只注重短期股東利潤，不願重視投資兒童與家庭來增加長期收益）的後果。

蘭迪在停車場鋪路面時，他是零工經濟的一員，晚上和週末兼差打工，只為多賺一點來養家。塔莉亞．博可維茲必須離開職場，因為幼托的高成本讓她入不敷出。瑪莉亞擔任幼保員的薪水無法讓全家溫飽，即使她熱愛那份工作，也擅長和有特殊需求的孩子相處。吉博莉．蒙塔茲的女兒在新生兒加護病房時，她沒有支薪家庭照顧假可請。雖然上述家長有些自己解決了問題（蘭迪找到新工作，嘉比多接幾門課以支應托育費用），但各自因應並不會帶來真正的改變。

建立家庭已成賭注，令人望之卻步，愈來愈多美國年輕人不願意成家。他們把生兒育女的時間往後延，或者乾脆選擇不生。出生率（每一千名十五至四十四歲女性所生的嬰兒人數）在二〇二〇年持續下降，自二〇〇七年近期的高峰值以來下降約十九%。多數年輕人看著今日的職場，想不出如何能同時勝任模範父母和模範員工。海克說：「家庭以前是避風港，現在卻是風暴的中心。」

這體制是為不同的年代所建立，過去的常態（一人工作一人顧家的雙親家庭模式）已不切實際也站不住腳。有鑑於勞工保護不復存在、過去五十年更多女性進入勞動力市場、可負擔的幼兒托育付之闕如，這情況可以被預見。在一九六〇年到二〇〇〇年之間，雙薪家庭的比例從二五%上升到六〇%，增加了不只一倍，這樣的改變主要是經濟需求使然，其中有三〇%以上的家庭是單親父母當家。

當父母努力要平衡工作與家庭時，雇主就有損失。根據舊金山聯邦儲備銀行（Federal Reserve Bank of San Francisco）的統計，如果美國企業提供更多友善家庭的政策，高達五百萬名勞工會加入美國勞動市場。（同一份報告顯示，實行育兒假和育兒津貼的加拿大，一直保持較高的勞動力參與率，女性勞工尤其如此。）這對國家來說至關重要，因為國內生產毛額（國家產出所有商品與服務的總價值，簡稱GDP）是取決於勞動力成長和生產力增長。

即使如此，絕大多數的職場仍存在對家長（包含父親與母親）的歧視，年輕人看得出這一點。女性擔心會有母職懲罰（可能因為生小孩而損失二〇至六〇%的收入）。根據二〇一五年《華盛頓郵報》所做的民調，有七五%美國母親放棄工作或升遷，或是直接辭職照顧小孩。而男性也不再有豁免權，過去有家庭會增加男性的經濟穩定與收入，但現在並非如此。同個民調顯示，有五〇%的男性因幼兒托育問題，不得不放棄工作上的機會，這一點從新冠肺炎疫情辭職潮中清楚可見。員工常覺得育兒的沉重壓力是個人缺失，不順利時經常會自責，就像塔莉亞，她覺得自己人生「什麼都做不好」。

## 職場媽媽的育兒壓力

在周圍的同事身上，我也見到我們是如何認同並接受這些觀念。醫學界的女性壓力特別大，即使拿二〇一七年來說，醫學院學生半數以上是女性。根據我自己的經驗，我知道醫生養成不易，過程艱辛，需要多年訓練和長時間工作。我和多數女性住院醫師一樣，因為工作壓力而延後生小孩的時間。很多住院醫師只休兩週產假就回來上班了，因為她們覺得再休下去會對職涯造成傷害，或是給同事帶來負擔。

在一個研究中，超過八〇%婦產科主任醫師認為，實習醫師若生小孩，表現會比較差。（這話竟出自將寶寶帶來世上的資深醫師之口！）二〇一九年有份研究指出，在結束訓練六年內，幾乎有四〇%女性醫師不是兼職工作，就是離開職場，主要是因為工作和家作與親職。

庭的衝突。這對醫界和社會是多麼大的損失啊！竟讓這些受訓多年的女性自認無法兼顧工

在「三千萬字計畫」，我的同事每天都埋首於父母與嬰幼兒互動的重要性當中，但他們也一樣擔心請假去生小孩。

丹妮・勒文（Dani Levine）有一天嚴肅的問我：「開完會後你有時間跟我聊聊嗎？」我聽得出她語氣中的不安。丹妮是傑出、年輕的發展心理學家，負責執行我們的SPEAK研究計畫。開會時，我察覺到自己有點焦慮，內心的媽媽角色一直很擔心她：「她生病了嗎？出了什麼麻煩嗎？」最後開完會，就剩我們兩人獨處。

「丹娜，我有消息要宣布……我懷孕了。」

我高興得大笑出來。

「『三千萬字計畫』家庭又要有新成員了！」我大叫。

丹妮後來跟我說，她很怕告訴我懷孕的事，而我的反應讓她鬆了一口氣。六個月後，她產下一名漂亮的小女娃，臉頰和吉納維芙一樣胖嘟嘟的。我們討論她部分時間回來工作的細節，這樣她就有多些時間陪小寶寶瑪蒂。丹妮正慢慢回歸職場，這樣很棒。

我一方面很訝異，怎麼有人會覺得我對小寶寶的消息，會有「開心」以外的反應呢？

另一方面其實也能理解。我知道為何對某些機構來說，產假會引發焦慮勝過開心。進行「三千萬字計畫」很像經營一家小公司，丹妮的工作只有她自己負責，長期產假就表示其分內工作會完全停擺。這一次，我們早在丹妮懷孕前不久，已聘請一位才華洋溢的博士後研究員卡羅琳娜，訓練她在丹妮請假期間代理相關工作。然而，若在「三千萬字計畫」宣布懷孕的消息都讓人如此焦慮，可以想見在較不友善的公司裡會面臨什麼結果。

我們常環顧四周，以為其他人已經想通了，這樣根本沒用。當孩子還小時，我忙著外科手術和創立「三千萬字計畫」，大家都會問：「你是怎麼辦到的？」忙碌的職業婦女常被問到這問題。我的答案（我認為多數人也有相同答案）是：有很多看不到的勞力付出，讓我的生活能順利運作。簡言之，我有幫手，而且為數眾多，不只是永嘉，還有保母、家事管理員、我媽、我爸及很多人。沒有人是神力超人，可以輕鬆維持工作和生活的平衡；我們都只是凡人。一旦承認這點，並且認清某些人有較多資源能解決問題，有些人則是其家庭唯一擁有的資源時，我們才算英雄。社會學家潔西卡·卡拉爾科（Jessica Calarco）說得好：「別的國家有社會安全網，美國有女性。」

疫情期間改成遠距工作和上學，維持工作和家庭平衡的挑戰因此再清楚不過。我們絕對不能再走回頭路。

## 打造對家庭友善的職場

我好友勞夫．史密斯（Ralph Smith）負責「閱讀能力分級宣導活動」（Campaign for Grade-Level Reading），他常將一句話掛在嘴上，那就是「黑暗中總有光」。「不要低估典範能發揮的影響力。」勞夫說。星巴克就是一個好典範，那裡是我去買冰咖啡的地方，也是潔德無法成為一心想當的全職媽媽時，尋求健保和彈性工時的地方。

星巴克在位很久的CEO霍華．舒茲（Howard Schultz）早年刻骨銘心的經驗，讓他做事有不同的格局。舒茲在布魯克林的公共住宅長大，他是家裡的老大，父母都沒讀完中學，家裡總是缺錢。在舒茲七歲的某一天，他回家發現父親「心煩意亂」，腳打著石膏，躺在客廳沙發上。那個冬天，他父親福萊德幫一家布尿布公司送貨，結果在結冰的人行道上滑倒，摔斷了腳踝和髖部。福萊德馬上就被開除了，他沒有健康保險、勞工補償，也沒有存款。就這樣，舒茲的父親不只是在人行道上摔一跤，還連帶跌出勞動力市場，陷入不穩定的境地。

「我父親無助倒在沙發上的景象，一直在我腦海中揮之不去。」舒茲曾如此說。他在解釋自己領導風格背後的動機時，指出那一天和自己辛苦的童年。他說：「我的出發點從來不是建立跨國企業，而是要建立那種我父親從來沒機會去工作的公司，一家能給每個人尊嚴的公司。」

舒茲以實在的政策，化尊嚴於實際。正因如此，當潔德需要工作時，就能向星巴克求助，而且還待了很久。她可以看先生或媽媽什麼時間能在家陪兒子奈森，從而調整班表，即使是兼職員工福利也一樣好。

當潔德家人在別處無法得到醫療保險時，公司會提供；只要一週工時超過二十個小時的員工皆有資格。舒茲在一九八八年制定這項政策時，給兼職員工醫療保險根本是前所未聞，至今仍是如此。

舒茲的創舉不只是醫療保險，星巴克發公司股票給每位員工；公司還和亞利桑那州立大學合作，提供員工（用公司的行話是「夥伴」）免費的線上大學課程。星巴克更提供支薪育嬰假給母親和她們的伴侶。

他們也和 Care.com 聯手，提供員工能取得十天的緊急照顧。我想到塔堤安娜，她必須選擇要把小孩單獨留在家兩天，還是保住旅館房務員的工作，如果能獲得這樣的幫助，對她來說意義有多重大？（在此也該注明，星巴克和很多其他公司的一些員工，正在爭取更多勞工保護，而本書付梓之際，第一家星巴克分店投票要加入工會。）

雇主對員工的家庭具有影響力，舒茲就曾親身經歷過，而這點無疑幫助他理解到，為什麼企業需要改變其文化及政策。他知道雇主有利潤以外的責任，也了解自己實施的家庭友善政策真的很務實，因為這種政策對於最終利潤有所幫助。正如舒茲喜歡講的，星巴克提供所有福利給員工的同時，也給股東帶來超過二〇〇〇〇%的投資回報，股東很難抱怨這點！

此外，時代在變，員工現在愈來愈願意用腳投票：根據Care.com所做的調查，有八三%的千禧世代表示，如果別家公司提供比當前雇主更好的家庭友善福利，他們會換工作。也許正因如此，美國幾家大公司開始提供有薪育嬰假。

這類政策的好處最終會回饋到公司身上，公司不只得到心甘情願、盡心盡力的勞工，其工作品質還很高。

正如娜塔莉．塔吉特所說，吉爾福德郡推動嬰幼兒照顧的動機：「如果吉爾福德郡是世上最適合成家的地方，就會有樂於為你工作的員工。如果吉爾福德郡的孩子入學準備度高，你就有現成的人才庫，能讓公司受益。所以大家都該關心這點。」

她的話引起共鳴，而且不是別人，正是美國商會基金會（U.S. Chamber of Commerce Foundation）。該基金會指出：「世界一流的勞動力始於世界一流的教育體系。要邁向這樣的教育，就要從生命最初幾年開始打造扎實的基礎。」

有了嬰幼兒的神經科學為指南，雇主的地圖上有清楚的標示。我們可以把對兒童基礎大腦發展所知加以應用，指出新的企業經營之道。簡單來說，孩童在嬰幼兒時期的需求有三：安全（不受毒性壓力傷害）、充實（大量且豐富的語言輸入）、時間（與照顧者有教養互動的機會）；而家長所需要的，便是有能力提供這些給小孩。

要滿足這些需求，就要讓雇主認定我們（幾乎）都算是家長或照顧者。如果我們相信，把所有孩童的健康發育放在第一位，將對整個社會有益，職場文化應該就會擁抱這樣的信念，也會實施幫助父母協助孩子的實際政策與計畫。

新冠肺炎破除了傳統職場樣貌的迷思，同樣，我們必須破除典範員工的標準。有些公司已經走上這條路，而且公司與員工的情況都變得更好，例如伊莉絲任職的公司。我是透過同事兼朋友莉茲・薩布立克（Liz Sablich）認識伊莉絲，她原本正考慮要和伊莉絲同請一位保母，結果後來伊莉絲不需要保母。

對伊莉絲來說，並沒有低調育兒這種事。任何走進她辦公室的人都知道她有小孩，因為小孩就在辦公室裡。伊莉絲在「全國兒童CASA/GAL協會」（National CASA/GAL Association for Children，CASA是法院指派特別辯護人，GAL是訴訟監護人）

的華盛頓特區辦事處上班。CASA有個政策：鼓勵員工把出生六個月內的小嬰兒帶進辦公室。伊莉絲的老闆知道，要是失去她並另外找人，代價會比挪出空間給她的小寶寶幾個月更高（另外找人的費用估計等同於六至九個月的薪水）。

對伊莉絲而言，這政策讓她在產假結束後，也就是兒子葛瑞分三個月大時，她一週有兩天半可以把他帶到辦公室（其他時間她先生能待在家裡照顧葛瑞分）。一開始伊莉絲很緊張，擔心葛瑞分會太吵或是不受控。老實說，她很擔心自己所建立的「模範員工」形象就此不再。

她的辦公室很小，只有四個人，而且其他人都沒有小孩。但是她同事很快都成了葛瑞分的「阿姨」，樂於花幾分鐘照顧他，讓伊莉絲去上廁所或接緊急電話。CEO塔拉．麗莎．裴瑞（Tara Lisa Perry）每次過來巡視，都很期待見到葛瑞分，要是那天葛瑞分在家由爸爸照顧，她還會失望呢！

這種時間安排對伊莉絲來說簡直完美，她把最累人的工作排在葛瑞分沒來的那幾天，多數會議也是如此。葛瑞分跟她進辦公室的那幾天，她就處理例行事務；當葛瑞分在空辦公室睡覺時，她就打電話。「葛瑞分有自己的辦公室。」伊莉絲笑著說。

## 工作彈性讓育兒更安心

一旦雇主完全接受員工有小孩（像伊莉絲的雇主），下一步就是認可需求。蘭迪的案例讓我們看到，再堅強的家庭也都會為五斗米折腰。為了提供孩子良好的環境，家長需要穩定的收入與健康理財；換句話說，要有一艘堅固的船載孩子渡河。為此，他們的薪水要足夠支付生活基本開銷，包括食宿與幼兒托育。二〇一九年，五千三百萬人（也就是四四%的勞工）時薪不到一六・〇三美元（美國基本工資），被視為低薪勞工。這族群以女性和黑人占絕大多數。十大低薪工作中，有六個工作的勞工七成以上是女性（例如九五%的幼保員是女性，根據美國勞工統計局的數據，二〇一四年幼保員的平均時薪是九・四八美元）。蘭迪和我共事過的許多家庭一樣，認為兼兩份（甚至三份）工作是養家的唯一辦法。但是這樣一來，就幾乎不可能有足夠的時間和精力全心育兒。當蘭迪終於得到YMCA的工作時，他欣喜若狂，因為薪水較高、有退休福利，也不用再兼差了。更重要的是，蘭迪很開心能花更多時間在孩子身上，掌穩小船的舵。

有大量研究指出，付給家長足以維生的工資，使其生活安穩，對孩子有益處，能夠減少小孩的行為問題，並且加強其認知能力。諷刺的是，儘管今日許多企業把有競爭力的工資等同於低工資，一向實事求是的美國企業家亨利・福特（Henry Ford）卻顯示，較高工資也可能對企業有益。

一九一四年，福特將其工廠員工的薪水加了一倍以上，調到日薪五美元，此舉並非出於好心（他不是個好人，還直言不諱反猶太人），他之所以這麼做，是為了降低狂飆的離職率，減少訓練新員工的成本。這做法大獲成功，提升了員工的穩定和品質（也把很多人帶進中產階級）。福特認為自己做過最棒的削減成本措施，就是「給員工加薪」！

家長也需要時間和精力，才能勝任大腦建築師。今日，太少公司能夠理解，給家長所需時間的政策（例如提供足以維持生計的薪資），也同時有利於企業。對很多家長而言，時間等於彈性，而這對勞工來說很奢侈。

在一份二〇一八年（疫情前）的研究中，九六%的員工表示，他們需要有能力改變工時、工作地點、出差頻率，以及在上班期間短暫離開去履行個人義務的自由。但自認擁有這種彈性的員工不到一半。缺乏這樣的彈性，照顧小孩成了重擔，身心健康受到損害，員工悲慘且懷怨。對企業來說，結果就是員工的生產力較差，較有可能離職，敬業程度較低，對於雇主持較負面看法（而且較不可能擁護自家產品和服務）。

薩賓娜正是缺乏工作上的彈性，不然就不會跟兩個孩子住在收容所兩年了。辭掉工作讓她落入流離失所的境地，而在辭職前，她確實要求變動自己的工時。她覺得如果能晚一點上班，上午可以在家照顧大兒子、協助剛被診斷出有糖尿病的先生，那麼情況可能會好一些。但是她的雇主不答應，缺乏彈性的結果，就是引發骨牌效應，最終因此落入陰暗的收容所。

不幸的是，許多企業現在提供的彈性完全錯誤。「及時制度」（Just-In-Time）的調度，員工的工作排程會隨通知在短時間內變動，端看需要完成的工作量。這種臨時調度其實是滿足雇主的需求，而非員工。對拿時薪的勞工來說，班表會根據店鋪的忙碌程度而每週變化，勞工永遠不會知道他們要工作多久、何時上工。費城地區目標百貨的一名員工，在開始兼差工作時，公司承諾她每週上班三十至三十五小時。但是不久以後，她的工時減少，變動幅度很大，可能這週八小時，下週二十小時，再下週十二小時。如果是這種工作模式，根本不可能有穩定收入。而且這樣要如何安排幼兒托育？諷刺的是，這種臨時調度排程對雇主的傷害，其實遠超過他們想像。二〇一八年，Gap 連鎖店的一份嚴謹研究發現，給員工穩定的排班會增加業績和生產力。

受薪階級也有要面對的挑戰。對他們而言，問題通常是職場的要求永不停歇。他們工作時間長，整天都要回覆電子郵件，還不能讓家務事妨礙工作。所以在疫情之前，工時彈性、能部分時間遠距辦公被視為珍寶，一點也不足為奇，因為那讓我們有幾分掌控力。

調查發現，一般人願意放棄加薪九%來換取自訂工時，捨棄加薪四%換取遠距辦公。在因疫情而封城之前，有些公司已朝這方向進行變革，像總部位於亞特蘭大的金融公司 Credigy 等大公司，都建立起彈性工時制，員工只要工作完成，就可以自由來去。要讓大家利用這樣的變革，需要時間。Credigy 發現，關鍵在於確保高階主管（包括男性和沒有小孩的人）也運用這些變革。換句話說，領導人必須從上而下發出公司文化改革的訊號。

除了合理薪資和彈性工時外，勞工還需要某些形式的保護，以此因應不幸事件及經濟學家所謂的「負面經濟衝擊」。有薪家庭照顧及病假顯然是第一步。有了這福利，吉博莉．蒙塔茲就能在新生兒加護病房陪伴女兒；當薩賓娜無法改變工作時間時，這也會是第二個選擇。研究指出，只要公司提供有薪假，就會提高生產力、員工忠誠度與士氣。

## 實質的改變

若符合資格的人都休有薪假，還能促進性別平等。父親陪產假能增強父子之間的感情，建立長期更公平的育兒習慣。早早就學會換尿布和餵奶的父親，將來和孩子的感情更好。父親參與度愈高，孩子也愈健康。（爸爸是小兒外科醫師，對我家小孩和我是一大福音，因為他是換尿布的高手，小孩便便都是他在清理。）此外，父親請育嬰假的時間愈長，母親會以意想不到的方式受惠。短期來說，母親罹患產後憂鬱的可能性較低；長遠來看，她們的收入比較高，夫妻關係較不可能以離婚或分居收場。

還有一種方式能確保兼顧工作和育兒，那就是自己當老闆。在二十年前的德州奧斯汀，一位有遠大創業夢想的年輕女性就選擇這麼做。隨著第一個孩子即將出世，想前進時尚產業的她，投資了五百美元買材料，在閒置的臥室裡開始設計珠寶。「我想要擁有一個讓我把當媽媽擺第一的工作。」多年後她這麼說。兒子出生之後，她背著兒子到當地的店家，努力說服他們販售自己的商品，當她帶小孩到紐約參加批發活動時，也帶著女朋友一起，以便幫忙顧小孩。

二〇〇九年她開第一家店，正值金融危機高峰，而她是離婚、帶著兩個兒子的單親媽媽。不誇張，這絕對是場挑戰。「兩個小男孩整天都跟著我。我沒有太多錢請幫手。」但是坎德拉．史考特（Kendra Scott）堅持下去，直到二〇二一年，她領軍的同名珠寶產業市值十億美元，有一百多家店，約兩千名員工。（我只要看艾蜜莉及其朋友，就知道該公司商品有多受歡迎，她們全都有 Kendra Scott 品牌的項鍊。）

史考特再婚後，生了第三個兒子，有鑑於上述緣由，她建立了「家庭至上」的公司文化，這完全不令人意外。她的員工超過九成都是女性，很多都是年輕媽媽。公司提供的福利，正是家長需要給予孩子的時間、充實、安全。公司給每個人育嬰假，包括兼職員工。公司也提供生育與領養協助，給予豐厚的有薪休假。

史考特創辦家庭基金，由員工捐款和史考特自己資助，協助那些意外面臨經濟困難的員工。家庭基金給付的範圍，涵蓋那些會引發收入不穩定的事件，如房屋因颶風受損，或是家庭成員突發傷病。另一方面，由於「人生無常」可能是較小的事件，史考特的公司也為此制定「臨托寶寶」政策。保母突然生病？托兒所關門？沒問題，就把小孩帶來上班吧！一位主管說：「有一次我和同事圍成一圈，坐在地上開週會，我的小孩就在中間玩。」公司表示，這些福利也使其受惠：九五％員工在育嬰假結束後會回來上班，升遷快、士氣高、人員流動率低。

但是改變的發生，不是一次一個企業。當群體團結一致認為改變有必要時，職場文化和政策的真正改變才會出現。德州有四百多家企業（大型、中型、小型）符合「在職家長最佳工作場所」，坎德拉．史考特的公司是其中之一。那個認證標章是由沃斯堡（Fort

Worth）的企業領導人、教育家、非營利組織、慈善家及公民領袖努力而來，已經傳到德州其他城市，如坎德拉．史考特所在的城市奧斯汀，並且傳到全國其他州的城市。「教育孩童不只是我們學校的責任。」擘劃者之一邁爾斯基金會（Miles Foundation）的莎拉．瑞丁頓（Sara Redington）告訴我：「企業領袖知道教育就是經濟發展。對家庭友善的作為，協助有小孩的員工在職場大放異采，同時也支持家中孩子的成長與發展。」

「在職家長認證最佳工作場所」活動列出了證實可嘉惠家庭並有助於企業獲利的前十大政策，如下所列：公司投保的醫療保險、有薪休假、育嬰假、育兒福利、企業附設幼托、育兒津貼、幼托緊急支援、彈性工時、遠距工作、被指定為「最佳工作場所」（當然）。公司可以花三分鐘做自我評鑑，看看是否符合，並找出哪裡可改善。「在職家長認證最佳工作場所」會頒發年度創新獎，表彰在幫助員工保持工作與生活平衡上特別有創意的公司。我在其他州找到類似的聯盟（北卡羅萊納州就是其中之一），在他們社區提倡「對家庭友善就是對企業友善」的概念。

我相信許多傅利曼派會很震驚，但我也相信，有另一種方式來詮釋傅利曼對於企業責任的評估。一家公司的淨收益要看短期與長期獲利而定，當農夫春天為作物施肥時，那一季的成本會提高，利潤會下降，但是施肥是為了確保秋天的豐收與獲利。由於神經科學清楚顯示投資於嬰幼兒期的回報，因此對傅利曼強調利潤的字面解釋，將會是對今日的家庭進行再投資，而不是進一步減少投資。這種再投資會為下一代高技能、高學歷和高生產力的勞工播下種子。企業的責任在於……投資在家庭和明日的收成上。

## 創造共好

這就是企業應該投資於孩童與家庭的經濟原因，企業會在今日得到更快樂、更有生產力的員工；明日則會得到更強大、更高效的員工。但還有另一個更強大的理由，那就是讓企業協助打造父母國。很簡單，因為這樣做是對的。孩童若能有公平的人生起跑點，那麼社會的每一份子都會受益，所有家長也會從充分與孩子互動中受益。

我並非輕描淡寫的說這句話。永嘉的死讓我們心痛，提醒我們生命中什麼才最重要。我知道他對自己的工作很自豪，但我們的三個孩子讓他更自豪。比起他的職業生涯被縮短，永嘉錯過見證孩子成長的機會，更讓我痛徹心扉，我想他也會這麼覺得。

孩子有多重要，不應該透過悲劇來告訴我們；孩子不只對我們重要，對整個社會也很重要。他們是下一個世代。我們以慈悲與同理來對待家長也很重要。企業領袖有機會以人道關懷來領導，用同理心和尊重來對待員工。

當然，還是免不了有限制。不是每家企業都可以或應該接受帶寶寶上班。唯一可以出現在我手術室的嬰兒，就是接受人工耳蝸移植的嬰兒。「在職家長認證最佳工作場所」政策希望清單的每個條件，也不是每家企業都能符合，但那其實不是重點。伊莉絲的雇主能重新思考可能性；坎德拉．史考特在創業時思考自己身為年輕媽媽的需求；霍華．舒茲制定公司政策時，想到如何才能讓自己兒時的家庭不陷入窮困，那種思維才會更進一步推動我們所需的文化變革。

我想，如果永嘉還活著，他就會這樣重新思考。他不會像二〇一〇年那樣，為保有模範員工的形象而編造假會議。像永嘉那樣備受尊敬且處於權威地位的人，應該要以身作則。當然，他們在工作上還是得表現出生產力，但不該假裝沒有孩子的棒球賽、沒有音樂發表會、沒有親師座談、小孩不會生病、保母從不請假。

就我對永嘉的了解，我相信他對育兒職責展現的自豪，不亞於對外科專業的自豪。若他這麼做，必定有助於瓦解公私生活間那堵破牆的殘骸，並協助建立我們所需的父母國。另外，他還可以昭告天下，自己清清楚楚知道艾許投出幾個三振呢！

# 11

# 生命、自由、兌現社會的承諾

健康大腦發育是國之本

任何社會規劃的核心都必須是孩子，
這點時刻不能忘。

——羅斯福總統特設經濟安全委員會（Franklin D. Roosevelt's Committee on Economic Security）

我喜歡美好的愛情故事，特別是麥可和奇雅納的故事。奇雅納是麥可姊姊 Yoyo 的好友，所以兩人已認識多年。但麥可小奇雅納六歲，年紀差了一截，不過這也沒什麼大不了。麥可說，他們的戀愛始於二〇一二年一個美好的夏日，他在朋友家陽台見到奇雅納，當時她穿著藍橙相間的扎染洋裝，還有綁帶丹寧涼鞋，實在美極了。她的髮型很誇張，不僅染成金色，還抓成刺蝟造型。麥可一直跟姊姊說自己多喜歡奇雅納，Yoyo 忍不住說：「麥可，跟我說沒用。去跟她說。」

那個夏日他終於展開行動，告訴奇雅納她穿那件洋裝有多漂亮。他們開始調情（麥可說是「對話」）。麥可欣賞她的自信；奇雅納則喜歡麥可的幽默感和溫柔，她覺得他比同齡的人早熟。奇雅納「有話直說」，麥可比較內斂，他們個性雖然南轅北轍，彼此卻互相吸引。

很快的，他們只要有空就都在一起。麥可喜歡和奇雅納的兒子凱許與迪亞蒙帝玩。然而，這對佳偶從在一起第一年，就開始面臨彼此關係的考驗。奇雅納在某天上班時，突然肚子劇痛，甚至嚴重到直不起腰來。她嚇得打電話給麥可，隨後麥可趕緊送她去醫院，結果得知是懷孕了，他們感到興奮不已。

但醫師說她子宮外孕，胚胎著床在輸卵管，而非子宮。為了避免輸卵管破裂而引發生命危險，她必須動緊急手術，切除輸卵管並移除胚胎組織。麥可和奇雅納受到很大的打擊，他們擔心以後無法再懷孕，不能生兩人的小孩。

之後幾個月，他們患難見真情，感情變得更緊密。麥可正式搬去和奇雅納及兩個男孩同住。兩人工作都不錯（麥可是肉類批發商，奇雅納在保險業），他們一起撫養凱許和迪亞蒙帝，小家庭幸福安穩。但是，他們很期望能生個孩子。「我們好希望願望成真。」奇雅納說。

一年後，他們的盼望實現了，奇雅納再次懷孕。麥可說：「我們好開心，那是個大日子。」頭幾個星期，晚上等孩子睡了之後，他們會一起坐在沙發上，麥可把手放在奇雅納的肚子上，兩人想像著孩子美好的未來。他們很確定會是個女孩，因為奇雅納前兩胎都是男生。麥可說小寶寶是他的「公主」，他們想組合彼此的名字來為小寶寶命名，告訴世界他們的愛有多深。

即使背後沒有愛情故事，出生這件事都代表「新生」，珍貴的新生命充滿潛力和可能。出生通常是新開始的隱喻，不只適用於新生命，也適用於重大新任務。所以談到國家的誕生，我們總會使用充滿希望與樂觀的語言。我想，美國開國元勛當初的感受，應該類似新手父母吧！他們在《獨立宣言》中如此寫道：「我們認為下面這些真理不言而喻：人人生而平等，造物者賦予他們若干不可剝奪的權利，其中包括生命權、自由權和追求幸福的權利。」

造物者賦予每個人若干權利的概念（因此不受制於君王）極其革命性，是前所未有的國家基礎，是基於民主原則和遠大抱負所建立的國家。現在，我並沒有把《獨立宣言》想得過分美好，我清楚見到今日困擾我們的諸多衝突和矛盾，當時就已經存在了。其實，並沒有人人受到平等對待，而且還差得遠。我們年輕的國家過去奴役人民，剝奪女性的權利；原住民遭到殺害，或是被逐出他們住了許多世代的土地。這些扭曲現象的反響迴盪在我們歷史中，並且助長了系統性的種族主義，給今日太多太多的人民設下障礙。

儘管如此，獨立宣言的概念依然蕩氣迴腸、雄心萬丈。幾世紀以來，這些概念激勵著美國人，今天也激勵著我。這國家的每個人都有權享受生命、自由和追求幸福，這信念讓我們覺得有無窮的機會，可以讓美國夢成真。美國的承諾，就是讓其子孫有能力實現希望，讓他們學習、成長、茁壯，成為社區和整個社會裡有生產力的一份子。

我們必須明白，基本的大腦發展是兌現這承諾的先決條件，其本身就是一項基本權利。每個孩子因此才有真正均等的機會。因為在生命最初幾年，你若失去生命、自由和追求幸福的權利，那這些權利又有什麼價值呢？

## 被打斷的夢想

麥可和奇雅納在二〇一九年和我分享他們的愛情故事，那時麥可從監獄獲釋滿兩週。在芝加哥西區北勞恩代爾（North Lawndale）三樓無電梯的公寓裡，他們就坐在我對面，當年兩人也是在這裡想像著未出世孩子的未來。從昔日快樂時光至今，中間發生了好多事，但是他們又再次坐在沙發上，麥可伸手環繞著奇雅納的肩膀，奇雅納手放在麥可的大腿上，輕鬆自在、深情款款，就是一般夫妻的模樣。儘管經歷風風雨雨，他們談著未來、談著麥可被逮捕前期待孩子出生的心情，我還是可以從他們的聲音中聽出喜悅。

一起養育兩人愛的結晶這夢想，被命中注定的那一天打斷。那是二〇一四年五月，麥可因謀殺罪而遭逮捕，但他既沒犯罪，事件也完全與他無關。因為他申請保釋被拒，必須在審前拘留下等待案件受審。他們的小孩在十一月底出生，也就是麥可入獄後六個月。由於麥可在坐牢，奇雅納的姊姊陪她進產房，而麥可的兩位姊姊隔天也來了，Yoyo 帶著汽座和其他寶寶必需品。寶寶是男生，但奇雅納還是按照原定計畫，結合他倆的名字，為寶寶取名叫麥奇亞。

一個月後，她帶著小麥奇亞去探望麥可。他們在監獄的會客室見面，坐在小隔間裡壓克力板的兩側。麥可回憶道：「她把他頭上的小帽子拿下來。」麥奇亞本來在睡覺，但他睜開眼睛看著爸爸。「他看起來好像我。」奇雅納給麥可看寶寶小小的手指和腳趾。這回憶對麥可來說是苦樂參半，他自豪極了，但不能抱抱奇雅納和小寶寶，這幾乎讓他發狂。「我錯過自己第一個孩子的出生。」他說。他永遠無法挽回此事，也知道麥奇亞的嬰兒時期無法重來。

幾乎整整五年，他的案件在司法系統裡進展緩慢，麥可、奇雅納、麥奇亞就是這樣互動：週日十五分鐘，隔著壓克力板。每次去探視，奇雅納都要通過重重安檢，連麥奇亞的奶瓶都要通過掃描。等到終於見到麥可，麥奇亞不是睡著就是暴躁不安，畢竟已經等了四十五分鐘或更久。凱許如果跟著去就會好一點，因為他會逗小弟玩。但到了後來，奇雅納有時會讓孩子待在家裡。「他不想去會讓爸爸很受傷。」麥可還在牢裡時，奇雅納這麼告訴我：「我告訴麥可，你得理解探訪是很冗長的過程，而我們來這裡好長一段時間了。」

儘管遭遇如此，麥可仍決心當個好父親。雖然他已當凱許和迪亞蒙帝的繼父一段時間了，但還沒有與自己親生的小孩相處過。他有很多要學，興匆匆報名監獄裡提供給父親的課程。「他們想教我們怎麼當個好爸爸、怎麼跟小孩互動。」他說：「我就像海綿一樣全盤吸收，努力學習。」他有部分動機是因為監獄給出承諾，參與的獄友能獲得更多孩子訪視的時間，而且是面對面，獎勵就是抱孩子。「我想要抱我兒子。」麥可說。然而，在他和其他爸爸獲得這機會之前，課程就中斷了，這讓他失望透頂。那五年間，麥可一次也沒有抱過麥奇亞。

那段時間，奇雅納必須獨自扛下重擔。「如果我倒下，全家會跟著垮掉。」麥可獲釋前她這麼對我說。她真的很不簡單，我慢慢了解到，是她的決心和毅力支撐其走過多年的挑戰。她生下迪亞蒙帝時才十六歲，但仍完成高中學業，抱著寶寶上台領取畢業證書。當麥可坐牢時，她的親友幫忙撫養三個兒子，包括她媽媽和麥可的姊姊。凱許因鐮型血球貧血，需要定期去輸血，奇雅納的媽媽就是某次帶凱許去輸血時，看到我們「三千萬字計畫」的海報。即使她每天那麼忙，還是報名我們的家訪計畫與縱向研究計畫，而且從來不說自己多苦。我會知道麥可在坐牢，還是因為奇雅納解釋當她週日去探視麥可時，沒辦法使用LENA（類似Fitbit的追蹤裝置，用來記錄我們研究中親子間的互動），那裝置無法通過安檢。

看著她啟動媽媽模式，就好像看到訓練中的奧運選手。她火力全開，一直和孩子對話。她盡量每天讀故事書三十分鐘給麥奇亞聽。「書對他來說就像糖果。」她說。即使讓麥奇亞看芝麻街，她也會坐在他旁邊，一起討論節目內容，這樣他就能完全吸收所看所聽。她會限制小孩用3C：把筆電藏在床底下，讓小孩拿不到；也不會去下載那些讓人沉迷的遊戲。（後來，她希望孩子放下3C產品來互動時，就會把Wi-Fi密碼改掉。）

她每天早上五點半起床，以便在前往沃爾格林（Walgreens）連鎖藥局上班前，有時間可以陪麥奇亞。她是在麥奇亞出生後才到沃爾格林上班，理由是工時比較彈性。一大清早是母子二人互動最豐富的時候，「六點到八點，就是我和麥奇亞的專屬時間。」當時奇雅納這麼說。

奇雅納努力照顧家庭的同時，在監獄裡受苦受難的麥可也努力撐下去。那五年間，他母親、舅舅、阿姨相繼過世，而葬禮他都無法參加。「我失去很多。」麥可聲音激動的對我說。但是麥可和奇雅納互相扶持，「她讓我心情好起來。」麥可回憶起過往：「她常說，你會沒事的，會輪到你的。在我快倒下去時，她會再把我扶起來。」她甚至寫詩替他加油打氣。

奇雅納知道麥可沒有殺人，她告訴我：「我想要陪在他身邊。沒有什麼比另一半的一路扶持更重要了。」她想把麥可救出來，這樣他們才能一起養育麥奇亞。麥可說：「我們彼此扶持，我內心必須堅強，她外在表現必須堅強。」

終於，到了二〇一九年七月，堅強的他們有了回報。麥可的案子送審，DNA證據與他不符，證人陳述顯示不可信（還記得嗎？其中一人形容行凶者比麥可矮十五到十七公分），陪審團釋放麥可。經過漫長的五年，這一切在一天半就結束了。麥可出獄的第一件事，就是將麥奇亞擁入懷中，還有給奇雅納一吻。然後他們一起回家，想辦法把碎成一片片的夢想重新拾起。

我們國家有時好像也在重新撿起夢想碎片。或者，我們已經放棄夢想了。我們確實沒有實踐理想：沒有讓孩子的潛力發揮，也沒有兌現對孩子的承諾。為了確保每個孩子在出生時就有天賦的權利，為了修復國家長期的不平等，我們立國的原則必須被照顧、保護，如同父母照顧、保護孩子一樣。

## 改善與修正的機會

我問奇雅納是怎麼熬過麥可被監禁的那幾年，她告訴我：「雨總有一天會停的。」她為麥可打氣時也是這麼說。她是那種一直向前走的人，並且打點一切。對麥可來說，為了自己沒犯的罪而被迫與家人生離死別，在終於獲釋那一刻，我知道他心中充滿憤怒與痛苦。誰不會呢？但是他不想放大那些情緒，反而像當初知道奇雅納懷孕時的心情一樣，充滿樂觀。他期待新的可能。

「我覺得重獲新生。」他告訴我。

麥可和奇雅納沒有失去信念，他們仍秉持著當初攜手的初衷。我們國家也應該秉持立國的原則，從孩子出生第一天就重視他們的需求，這是我們兌現承諾、實現理想最有效的做法。強韌的家庭與孩童才是維繫「社會」這塊布料的線。

健康大腦發育是基本人權，這概念應該激勵我們去建立以孩童、家庭、社區為中心的父母國。我很喜歡華盛頓大學神經科學家瓊安．盧比（Joan Luby）說過的一句話，不僅闡述了這議題有多重要，也明確指出科學可以為前方的路提供什麼指引，她說：「健康的人類大腦發育是我們文明的基礎。因此，社會的首要之務或許無他，就是培育並保護孩子的大腦發展。」她還斷言，科學等於是「珍貴的道路指南，保護並支持社會最重要的資產，即發育中的大腦。」

神經科學告訴我們，教育和學習從出生的第一天就開始，而且關鍵在於盡心盡力又慈愛的父母與照顧者。知道這點後，我們就能全力規劃執行聰明的公共政策。有了腦科學引路，我們很容易就能看出，對嬰幼兒照顧與教育的投資是公共財（不是嚴格的經濟意義，而是字面意義）。這些投資對於正常運作的社會來說，就和公園、道路、消防局一樣必要，也跟最相關的 K-12 公立學校教育一樣不可或缺。

美國在推動免費公立學校教育方面，領先世界其他國家。這體制的歷史和美國的歷史一致。我們認為教育對平等厥功甚偉，也是美國夢的關鍵。我們擁抱全面公立學校教育，使得美國成為二十世紀占主導地位的超級大國，我們投資人力資本。

科學顯示出孩子需要什麼，但我們沒有跟上腳步，開始得不夠早。儘管美國是第一個為六至十八歲孩童提供免費公立學校教育的國家，但世界其他大部分地區都迎頭趕上，甚至超越我們，先是增加了kindergarten[4]，然後又加了pre-K[5]。根據紐約大學幼兒專家艾傑・喬德里（Ajay Chaudry）所言，一九四〇年還沒有免費K-12教育的國家，到了一九九〇年幾乎都有了，甚至增加pre-K學前教育。

想建立起照顧並支持孩子嬰幼兒期的系統，我們必須重新想像所謂的全面公立學校教育的模樣。這表示要看路燈亮處（K-12教育）以外的地方，並了解這樣的系統需要的不只是「學校」，還必須包含醫療保健、有薪假、勞動所得稅收抵免、高品質幼兒托育等。這是各級公共機關的工作，要和父母、社區、醫療保健提供者和企業合作。這樣的系統可以造就一個以兒童、家庭及其社區為中心的新社會架構，這架構從生命的第一天就開始，並認定孩子的嬰幼兒階段是教育和護理連續體中不可或缺的一環。

還好，美國政府的領導人已經開始明白，如果想要達到目標，培養出健康、有生產力的公民，那麼支持基本大腦發展勢在必行。辛西亞・奧斯朋（Cynthia Osborne）告訴我：「許多立法者愈來愈相信嬰幼兒階段很重要的科學說法。」辛西亞的工作結合了嬰幼兒科學與政策，協助把研究證據轉化為可執行的計畫和立法。她說，通常能說服立法者的，是孩子大腦因人生經驗不同而有差異的照片，也就是金柏莉・諾柏所做的腦部掃描。

一份最近的初步研究發現，反貧窮政策確實對兒童大腦有保護效果，特別是在現金福利更優渥的州。但即使立法者知道利害關係，也不見得知道該從哪裡下手。為了協助他們，辛西亞在奧斯汀德州大學的詹森公共事務學院（LBJ School of Public Affairs），創立了「產前到三歲政策影響力中心」（Prenatal-to-3 Policy Impact Center）。該中心是州政府（美國實際推動嬰幼兒政策者）的資源，辛西亞說：「我們的目標是敉平鴻溝，提供他們最有效的投資引導。」

我認為「敉平鴻溝」意味著在基礎建設裡建立基本連結。當然，每個社區、國家的解決方案會有些不同，因為要因應家庭的需求與希望，也必須符合與回應文化。然而，儘管有些微差異，可行的解決方案都會以培養成人與孩童的互動為核心。立法者首先必須明

4 編注　小學前一年，等同於幼兒園大班。

5 編注　等同於幼兒園中班，四歲就讀。

白，投資孩童的發展，意味著要投資孩童生命中的成人。辛西亞說：「要先關懷照顧者，這樣他們才能照顧小孩。」

## 畫出「父母國」的藍圖

我也漸漸和辛西亞一樣，認為我們對於早期的教育和照顧規劃，應該是個無縫的連續體，從懷孕開始，一路帶著孩子及其照顧者到入學的第一天。艾傑在他的書《從搖籃到幼兒園》（*Cradle to Kindergarten*）中，就是如此建議。我們應該在醫療保健體系裡把這連續體擴大，在擴大的方案裡，每個涉及幼兒的專案，無論是早期干預、食品券、pre-K教育等，都應該融合成為連貫整體的一部分，同心協力確保父母能擔任大腦建築師，幫助他們的孩子打造必要的大腦連結。

我們清楚知道什麼行得通，也確實知道為何必須及早開始。辛西亞和艾傑等人長時間苦心投入，審查數百個直接與間接影響嬰幼兒計畫及政策的證據。辛西亞的組織製作了一張非常具體的清單（他們稱之為「道路指南」，和瓊安·盧比的用詞一致），列出各州應該先進行的首要政策與策略，旨在將投資的影響發揮到最大。許多人一直致力於建立「以證據為基礎」的計畫和政策。

父母國的約略藍圖已經畫好，現在我們必須打造這國度。如我所想像，早期教育與照顧連續體的一端，包含一連串從懷孕到生產都會影響家庭的政策。舉例來說，集體產前照顧就能讓準媽媽齊聚一堂，凝聚社群力量，提供更多時間進行預先諮詢指導，那是目前體制中較難獲得的協助。在這個國度裡，也會有充分的產後照顧，而那正是罹患產後憂鬱症的凱薩琳所需。還會有更多給新手父母的審查篩檢與轉介計畫，例如「家庭連接」這計畫，已在吉爾福德郡等地出現正面的影響。

再來是有薪家庭照顧假與病假，這是協助家庭與孩童最棒也最有效的方式：可提升長期的教育成果；能讓兩位家長（如果是雙親家庭）參與孩子的成長；而且一石二鳥，顧及部分嬰幼兒照顧的需求。有薪育嬰假常被視為工作福利，主要是那些在國內幾大企業底下工作的人才能享受。但即使是收入最高的族群（他們最可能獲得有薪假的工作福利），也只有二〇%透過雇主取得有薪假。要讓每個人不論在哪裡工作都能得到有薪假（讓吉博莉．蒙塔茲和薩賓娜等人可以得到），唯一的方法就是透過政策立法，強制執行社會保險計畫。

加州是第一個強制規定有薪假的州，州政府施行州立失能保險（state disability insurance）計畫，資金是從勞工薪水扣除。二〇〇四年開始實施此計畫，此後員工留職的比例提高，那些請有薪假的新手媽媽，更可能回到職場並擔任原本職務。需要請假的員工（不只是因為生小孩，還有照顧患病親人）比較不會那麼有壓力，如此便能提高生產力。將近九〇%的加州公司表示，他們沒有因為這計畫而增加成本，甚至有九%的公司還省了錢，因為有薪假計畫降低了人員流動率。

連續體系中的下一組政策，看起來可能和嬰幼兒期發展無關，但是辛西亞所屬的組織將其放在清單上的重要位置，包括家庭稅收抵免、維生薪資、取得醫療保險的途徑更廣、補充營養援助計畫（SNAP），都被證實有助於提升家庭整體幸福感。這些政策協助父母打造堅固的船隻，安然護送孩子到成年，並幫助他們在狂風暴雨中找到方向。如果潔德的先生從事提供健保的工作，她就能當夢想中的全職媽媽；蘭迪需要足夠的工資，讓他可以只做一份工作，而不是身兼三職。

然而，想幫助家庭度過孩子從出生到上幼兒園的階段，還需要另一組計畫。像美國這種沒有全面幼托的國家，首要之務就是提升幼托體系；那也是嘉比和塔莉亞的需求：不用額外兼差賺錢，就能負擔起有品質的幼兒托育。事實上，我們需要整體更好的選擇，讓像潔德那樣想當全職媽媽的人更容易如願；而對大多數外出工作的人來說，我們提供真正能滿足幼兒與家長需求的幼托，並將托育重點放在教養互動上。

## 借鑑軍中幼托體系

別忘了之前提過，國家兒童健康與人類發展研究所（National Institute of Child Health and Human Development）對幼托中心進行評估，發現只有一〇%符合高品質照顧。但是在尋找如何大規模實施高品質幼托服務的模式時，我發現有個美國組織在幼托方面做得相當出色：軍方。在全國和海外大約八百個中心，國防部提供高品質、全面普及且負擔得起的兒童發展中心，照顧從出生到十二歲的兒童。我沒料想到幼兒托育的創新思維，會成為思考國家安全的因素，但事實證明，辦幼托正是基於國安因素。

大約三十年前，軍方的幼托就和今日最糟的幼托一樣。在一九八〇年代初期，當時被請來改善狀況的盧卡斯（M. A. Lucas），如此形容自己看到的幼托機構：「馬廄、半圓形波浪鐵皮屋、以石棉充填並使用含鉛塗料的二戰前建築。」「幼兒托育充其量就是看著小孩。」許多中心不符合安全標準；規章制度和教師培訓毫無可取之處；員工薪水是軍事基地裡最低，比收垃圾的人還低；人員流動率高達三〇〇%。（現在接近三〇%，還是太高，但已有大幅進步，而且比任何其他幼教系統的員工流動率都低。）

一九七〇年代後期，我朋友琳達・史密斯（Linda Smith）負責經營一所幼托中心（他們稱之為「托兒所」），地點在亞利桑那州的空軍基地。她抵達時和盧卡斯一樣，對眼前景象相當驚訝：小孩擠在一個房間裡（嬰兒擠在一個遊戲圍欄裡）；那裡沒有玩具，只有一台電視；所有小孩都由一位未受過訓練的大人照顧（廣義的照顧）。「挑戰顯然相當巨大。」琳達這樣告訴我。

軍方突然醒悟，發現幼兒托育不只是幼兒及家長的問題，還是軍事準備度的問題。簡言之，軍方必須清楚知道怎麼照顧自己人，包括人數創紀錄的入伍女性，才能讓他們有出色的工作表現。盧卡斯後來寫道：「顯然幼兒托育或缺乏幼兒托育會影響國家安全，也會影響軍方準備保家衛國的能力。」

這種轉變需要國會的法案，在一九八九年的《軍事兒童保育法》（Military Child Care Act）中，國會規劃並資助該系統的全面改革，並且從大幅增加教師的薪酬與培訓開始。為什麼呢？因為軍方領導人受到一九八九年一項研究的啟發，該研究顯示，較高的薪資是幼兒托育品質的首要預測指標。在研究發表後二十四小時內，國防部官員顯然就致電作者，想了解薪資和品質之間的關係。如同亨利．福特在其汽車工廠裡的發現，幼托產業薪資若提高，就會影響誰想做這份工作，以及誰會留下來。

除了提高薪資以外，軍方領導人還提高對園長資格的要求，根據最新的發展理論來制定培訓內容與課程，並在每年規劃突擊檢查，評估整體的品質和師生互動情形。他們也破除了「家庭可負擔費用」及「高品質幼教成本」之間的關聯，家長支付的費用是按比例計算，都在可負擔範圍內，不會超出所得的一〇％，當中差額則由軍方負擔。美國其他地區的做法則完全相反：成本多半轉嫁給家庭，要是家庭付不起，那麼所得到的幼托品質就會大打折扣。

琳達告訴我：「軍方給我們上了最重要的一課：複雜的問題沒有單一解決之道。」在改善亞利桑那州的幼托中心後，她也把這套做法施行於其他基地，後來又和盧卡斯合作，完全檢修整套體系。（她現在為華府的兩黨政策中心〔Bipartisan Policy Center〕主導嬰幼兒期政策。）在她看來，軍方的成功在於看見所有問題：專業發展與薪資、標準與實踐、家庭開銷、獲得幼托的可能，然後正視並處理這些問題。她說：「很多人認為資金能解決所有問題；資金確實很重要，但光有資金也無法全盤解決問題。」

當軍方幼托碰上私人幼托（當軍人家庭還在基地幼托中心的等待名單上時，必須暫時找私人幼托機構），個中差異就顯而易見。

有位在空軍擔任語言學家的技勤士官，把自己五個小孩都送到軍方兒童發展中心。「『中心』對我的孩子來說，就像第二個家。」她在二〇一七年對記者說：「那裡的老師真心為孩子付出。」所以，當她必須把其中一個孩子送到基地外的私營中心幾個月時，確實感到很震驚，因為在那裡一週所需的花費，等於她在軍事中心好幾個月的費用。「差別太大了！」這位技勤士官說。當她和一般平民同事聊起此事，才知道幼托費用是多數家庭生養小孩的考量因素。她說：「我們只是想要有小孩，如果我是平民，那絕對會影響我們要不要繼續生小孩。」

值得注意的是，軍中幼托體系從出生一路到 pre-K，然後再到十三歲前的課後照顧，恰好提供了一個連續體系（包含全面 pre-K），把嬰幼兒時期和 K-12 系統連在一起。穩健的早期教育和照顧，能使孩子在入學時就準備好要學習。

軍中的例子並不能完全複製到社會上，但他們為嬰幼兒教育帶來的品質、資源和承諾，正是我們所需要的。在大型政府機構出現這樣的轉變，著實鼓動人心。「這不是奇蹟。」一位研究軍事大改革的專家說：「這叫有決心，而且你得給予金援。」

沒有錢，就沒有高品質的幼托，這是無法閃避的事實。以上所述大多需要各級政府增加投資，而我們在這方面屢屢未達標準。我們國家花在嬰幼兒身上的支出（此處指影響孩童及其家庭的計畫與服務），大約是國民生產毛額的〇．二％，其他已開發國家平均則是〇．七％，這筆支出主要是為了幼托補助。美國平均每年在每個孩子身上花五百美元，而其他富裕國家平均是一萬四千美元（這只是其他國家比我們花更多錢在社會服務的部分例子）。沒有穩定的資金解決方案，我們就無法建立父母國。

此外，投資在嬰幼兒期，短期回報就是讓更多家長進入職場；而長期回報則是建立起強健、有生產力的未來世代，最終會讓我們省錢。當然，琳達的話很有道理：沒有單一解決方案，光砸錢無法解決軍方面臨的所有問題。除了增加支出之外，我們也要慎選投資對象，然後明智管理投資項目。但是沒有資金，我們永遠無法往前走。

## 一席之地

喬凡娜．阿裘列塔（Jovanna Archuleta）有親身經歷，知道沒錢的年輕媽媽生活有多不容易，也知道靠我們目前的系統有多難找到出路。她懷兒子艾登時只有十九歲，當時她住在阿布奎基（Albuquerque），正準備上大學，是家裡第一個上大學的人，她申請各種獎學金和學貸，才有辦法付學費。獨力生養小孩不是計畫中的事，要不是有媽媽幫忙，喬凡娜覺得自己可能辦不到，「媽媽始終支持我，她不離不棄、讓我心安。」

為了生小孩，喬凡娜回到家鄉南貝鎮（Nambé Pueblo），就在聖塔菲（Santa Fe）北方十五英里。當艾登六個月大時，她帶著孩子回到阿布奎基開始讀大學。不管用什麼標準來看她都很窮，母子倆靠食物券溫飽肚子，仰賴 Early Head Start 提供的幼兒托育。「我們過一天算一天。」

然而，她有好多和兒子小時候的美好回憶，「那大概是我們這輩子最美好的時光。」當她沒課時就和艾登在一起，「我們做一些不用花錢的事情。」她說：「我們常去公園。也會在客廳搭帳棚、看電影。就是這些小事，讓我們感情很好。」

十六年後，她講述這些回憶給我聽，眼眶泛著淚，喬凡娜說：「我有點傷感了，我們的州和人民很貧窮，但那不代表他們很悲慘。窮歸窮，還是能給孩子充滿愛的環境。」真正悲慘的是，當她有迫切需要時，那些服務辦理機構對待她的方式，「進入那些批判你、說你不好的體系，那經驗糟糕透頂、耗時甚久，每次我都差點要放棄學業。」

喬凡娜沒有放棄，當她拿到文學士學位時，艾登也從啟蒙方案「畢業」。然後她繼續拿MBA（企管碩士學位）、結婚，接著又生下一個孩子莉莉，我們對談時莉莉三歲（艾登十六歲）。她懷莉莉的時候，開始在學前教育這領域工作（「我付諸行動」），她為一個私人基金會工作，支持新墨西哥州原住民社區的學前教育。

二〇二〇年，她受聘接任新工作，是全國第一位擔任美洲原住民早期教育照顧的州政府副部長，代表二十三個新墨西哥部落的人民（十九個印第安村、三個阿帕拉契部落，還有納瓦霍國）。今天，喬凡娜身為助理祕書長，不只是養育自己的孩子，對新墨西哥所有美洲原住民孩子，她都有養育責任。

她的新上司伊莉莎白．格羅金斯基（Elizabeth Groginsky）也擔任了新設立的職務。她是嬰幼兒政策領域的前輩，從「啟蒙方案」做起，藉由提高品質、增加入學機會，強化華府的全面pre-K教育；當新墨西哥州成立「嬰幼兒教保部」（Early Childhood Education and Care Department）時，她被任命為首任部長。她是這份工作的最佳人選。新墨西哥州在嬰幼兒健康和教育的每個面向（兒童貧困、兒童福祉等），幾乎都墊底。新墨西哥州成為美國第四個創立內閣層級早期教育部會的州，部長就是被請來改變現況。（聯邦政府都還沒有這樣的部會！）

部長告訴我，新的部會將「顛覆遊戲規則」。傳統上，嬰幼兒教育是次要議題；更精確來說，是其他內閣層級部會責任的一小部分，例如兒童福利、教育、健康等。此外，幼兒教育計畫在各地都有，散布於各地方、州、聯邦政府，造成斷層和重疊管轄。若有一個專責部會，就能整合並簡化組織流程；也等於是給嬰幼兒及其家長一席之地，能夠在優先事項與資金補助的決策桌前發聲。「你必須有個切入點，能讓政府高層官員知道這議題，了解孩子從出生到五歲期間對家庭的影響。」部長說：「好長一段時間，嬰幼兒教育的聲音『一直』沒出現在重大決策桌上。」

我想，當時部落領袖之所以要求新墨西哥州成立新的嬰幼兒教保部，推選為他們社群付出的人，是因為他們也希望有自己人能在決策桌上發聲。那個人會知道原住民精神與文化信仰的核心價值；那個人很清楚美國有段可恥的歷史，曾強迫印第安兒童與原生家庭及部落分離，播下創傷和不信任的種子。喬凡娜是他們精心挑選的人選。

身為副部長的喬凡娜，行事兼具敏銳度與科學依據，她利用新職務來加強對原住民部落家庭的支持，此舉也同時鞏固原住民獨有的文化。「部落『相信』每個嬰兒都是天賜的禮物，能幫助他們保存固有的文化。」喬凡娜向我解釋：「維持原住民向前行的因素，將會是孩子。」現在終於有機會可以修正憾事。喬凡娜不採取那種通用做法，而是跟部落領袖分享基礎大腦發展的重要性，並且請他們指引方向，確保嬰幼兒教育計畫能彰顯原住民文化、志向與精神信仰。在她所支持的專案中，有沉浸式語言的幼兒園，孩子能在此學習原住民母語。這些學校很成功，只要有流利的語言使用者，任何語言都能提供有趣且滋養大腦的語言體驗。

她從家鄉南貝鎮直接感受到，早期經驗會影響之後人生的健康和幸福。她和南貝鎮首長菲力普・培瑞茲（Philip Perez）合作，致力於消除當地早期教育服務的差距。南貝鎮新的兒童發展中心最近完工，能給南貝鎮兒童一個好的起跑點，進而讓整個社會更健康。喬凡娜說：「如果我們可以和寶寶、家人一起打造這基礎，鞏固那些情感連結與滋養關係，我想我們就走在復原的路上。」

新墨西哥州針對部落社區施行的特有文化方式，就是早期教育計畫可採用的好例子，只要那些教育計畫是基於教養且有豐富的來往互動，就能服務所有社區。我和芮秋・安德森（Rachel Anderson）對談時，喬凡娜的精神浮現在我心中。

芮秋主持一個源於福音派社區的基督教團體，叫做「珍愛家庭」（Families Valued）；他們的目標是制定像有薪假、兒童稅收抵免、幼兒托育的政策和計畫。芮秋也希望社區家長能有反映其信仰的選擇，這意味著跟以信仰為本的組織合作，由他們提供一些服務。

不過多半時候，套用芮秋的話，這意味著承認「家庭生活的中心思想在於：促使人類繁榮發展，並認定所有形式的努力都有尊嚴。」她希望無論是選擇留在家或外出工作的人，都能夠得到支持。芮秋認為政府的角色「不是操縱家庭功能，也不是掌控家庭的文化與宗教決定。」政府可以做的是，建立大致的標準，將我們推向支持家庭與母嬰健康的職場模式。

芮秋投身這工作的理由和很多人一樣，因為她自己也是家長，曾努力要申請到有薪假和醫療保險。「我很驚訝，在這麼重視家庭的國家裡，不管是組成家庭或生養小孩，政府提供的資源都相當稀少。」芮秋說：「這現實和我從傳統所理解的內容相去甚遠，家庭該是我們向生命所有形式做神聖致敬之處。在許多方面，家庭應該塑造我們社會的其他體系，或至少有要求這些體系的平等權利。」這就是問題的核心。

我從芮秋的工作和言論中，見到另一個國家的理想。我們國家是由不同信仰、種族、民族、家庭結構所組成，而這些差異讓整體更為強大。父母國也是一樣。我們若能給予家庭真正的選擇，就是在向我們的多元致敬。正如同芮秋所言：「公共廣場是由價值觀與信仰不同的人與機構組成。然而，我們聚集在這個民主國家，一起努力維護共同的利益。」

## 當務之急

麥可獲釋後的那兩年，監獄外的人生適應並非一帆風順，大大小小的挑戰接踵而來。他和奇雅納初次在芝加哥鬧區購物時，他在過馬路的那一刻愣住了。「車子都開好快。」他告訴奇雅納。當時奇雅納一如往常衝過馬路，她趕忙回頭牽起麥可的手，帶著他過馬路。

他們手牽手堅持下來了。「能夠回來和家人共處，回到我的舒適圈，真的很棒。」我們在二〇二一年夏天共進週日早午餐時，麥可這麼對我說。他回想當時有多渴望彌補逝去的時光，於是重獲自由的前幾週都和兒子在一起，做所有他想得到的事：去動物園、去划船、玩他坐牢期間推出的電玩遊戲（麥奇亞樂得當小老師）。

麥可很快在另一家肉品批發商找到工作，也升到經理特助。奇雅納目前任職於芝加哥住宅管理局（Chicago Housing Authority），工作表現贏得讚許，也得到升遷。他們利用住房補助券，得以搬到柳條公園（Wicker Park）社區，那裡比北勞恩代爾安全，孩子能走路上學而無須膽戰心驚。

但最值得他們開心的還是麥奇亞，他幼兒園大班就有小二的閱讀程度。當我們會面時，他們正在考慮麥奇亞小一要讀附近的學校，還是「特色學校」（magnet school）。奇雅納和兒子充滿愛的互動，顯然滿足了他的需求。雖然麥奇亞的進展是那麼出色，我仍忍不住想到奇雅納單獨扛重擔有多辛苦；在麥奇亞人生最關鍵的前五年，麥可失去擔任大腦建築師的機會。

我和這對夫妻邊吃早午餐邊聊天時，聽他們透露現在共同育兒感受到的迫切。那種迫切是出於知道時間有多寶貴，和孩子相處的時間有多重要。他們很以麥奇亞為傲，喜歡聽兒子說長大後要做什麼，有時是籃球明星，有時是建築師（我支持他當醫生），儘管他們經歷了風風雨雨，但對未來仍充滿希望。

本書寫作之際，國會正在考慮對家庭有助益的重大新立法。根據辛西亞的說法，十個州已經通過立法提供有薪假，另外二十個州在疫情期間引進該法。法案並沒有在各地都通過，但是以「州」這層級來支持家庭，其推動力確實前所未見。「疫情給許多人帶來難以估量的危機。」辛西亞說。政府面對挑戰並協助這些人。「這表示我們做得到。如果我們打下基礎，而且顯示其影響力，希望我們能把暫時施行的內容變為永久。」

我們必須在社會與孩子的大腦打下這種基礎。就這點而言，我、麥可與奇雅納都有共同的盼望，也一樣覺得時間緊迫。

五十年前，《全面兒童發展法案》離簽署立法就差臨門一腳，我們站在十字路口，然後轉身走回頭路。今日，我們又走到新的十字路口，這次我們一定要穩穩前行。再次借用馬丁．路德．金恩博士激勵人心的話語，我們又「面臨此時此刻的急迫」。

確實相當急迫。因為雖然五十年來改變有限，但有些事情確實有所改變。以我們現在對大腦的了解，急迫是必然的。一九七一年《全面兒童發展法案》正在制定時，大家才開始了解早年經驗對兒童的發展有多重要。從那時起，我們學到好多事情。神經科學告訴我們，孩子需要什麼、何時需要，也明白指出父母與照顧者至關重要，是孩子最初與最棒的老師。

以我們在疫情期間的經歷來看，急迫可謂必然。新冠肺炎拋出一些無法避免的挑戰，同時也顯示「誰都能成功獨自育兒」這想法錯得離譜，屬於必然的謬論。疫情也讓我們認清「工作和私生活緊密相連」，再也不能假裝並非如此。

最後，我們的理想是當務之急。三十多年前，世界各地領導人齊聚一堂，制定了「兒童權利公約」（Convention on the Rights of the Child），明示兒童應該受到特別保護，而且有帶著尊嚴成長、學習、玩耍與茁壯的權利。這些權利始於出生，而我們目前還未完全履行。現在就是我們真正保護兒童、讓每個國家都對家長友善的時候了。世界各地的父母國加起來，就會讓全球成為父母世界。

# 跋

「在這一片壯觀的低垂星空裡，北極星是我們的選擇……對幾百萬人來說，如今在我們自豪擁有的自由土地上，那是希望之星。」

——弗雷德里克．道格拉斯（Frederick Douglass）

永嘉過世後的這些年，凶猛的水勢開始緩和，升起的朝陽緩緩逼走天空的黑暗。河畔的青年慢慢映入眼簾。我孩子三張驚恐的小臉不再仰頭端詳著我；吉納維芙、艾許、艾蜜莉成熟愉快的臉龐，反倒俯瞰著我。他們承繼了父親的回憶與同理心（以及他的身高），進入青年期。

我繼續獨自往前，折返每天早上永嘉和我上班的路徑。我的研究和我的孩子一樣，一直是慰藉的來源，是意志，是持續的學習。身為自學的社會科學家（不過我也是接受正式訓練的外科醫師），我從周遭的人身上學習。我從所接觸與照顧的家庭學習。我向大學、全國、全世界的同事學習。我畢生的工作就是弄清楚，為了讓每個孩子的潛能都實現，必須有哪些林林總總的事情來配合。

彷彿命中注定，我遇見約翰．里斯特（John List）這位傑出的經濟學家，孩童議題在他心中占有一席之地。

經濟學家實踐那句調侃芝加哥大學的名言：「這在實踐上看來挺好的，那背後的理論是什麼？」他們寫出簡化方程式，也就是「模型」，除去「雜音」，揭開生命最根本的事實。我們開始合作之後，他讓我知道，我在尋找的答案其實十分簡單。

對這位經濟學家來說，不全然是理論。他是一位全心付出的父親，從來不知「低調育兒」為何物，他毫不掩飾養育五個很棒的孩子——安妮卡、伊萊、諾亞、格蕾塔和梅森（和他非常棒的前妻珍共同撫養）。他擔任孩子棒球隊的教練（庫柏斯敦冠軍！），慫恿他們看電影《真善美》，那是他的最愛，看了一遍又一遍。他引領他們體會經濟學的「樂趣」，雖然孩子覺得經濟學和樂趣根本相互矛盾。他啟發他們去思考想以什麼方式貢獻世界。他的目標很簡單：讓回憶充滿愛。

久而久之，這些回憶成了我們共有的回憶，一開始是我們的工作，然後是我們的生活，接著我們的家庭開始交織在一起。

當約翰的愛包圍艾蜜莉、艾許和吉納維芙時，我帶著複雜的心情，想像永嘉照看著他三個寶貝孩子。在某種程度上，約翰的出現是個痛苦的提醒，雖然永嘉永遠不會被取代，但他已不在人世，無法見證孩子的成長。但是我知道，永嘉若知道孩子受到關愛，我也有人幫忙渡過洶湧水流，他會覺得平靜喜樂，這讓我釋懷許多。約翰以最深刻的方式向永嘉致敬。他深愛永嘉的孩子，永嘉應該也會如此希望，他珍愛永嘉身後的遺澤。我的孩子和他的孩子，已成為我們的孩子。

約翰和我正式結為連理，我們幸福無比。我們的婚禮刊登在芝加哥大學校報的頭版，斗大的標題寫著：「從三千萬字到僅僅三個字：我願意！」我們在那個美麗的秋日交換誓言，此時我明白這位經濟學家確實引領我找到一直在尋找的答案。一直以來，我接過小寶寶，抱著他們進手術房時，都在他們父母臉上見到這種感覺。他創造出完美的「模型」，以此了解想讓孩子能發揮其原有的潛能，必須具備哪些條件。

答案就是，能把別人的孩子視如己出，並且在他們父母努力要越過凶猛水勢時，伸出手提供援助。

而我的科學旅程也帶領我，從三千萬字到僅僅五個字：我們的孩子。

附錄一

# 打造父母國行動指南

組織社群。營造集體認同感。為改變而努力。

如今你已讀完《打造同村共養父母國》，很可能覺得受到感召，想加入打造這國度的行列。告訴你一個好消息！這份指南能提供一些幫助。

建立與父母合作也為父母著想的國度，最重要的第一步就是「改變心態」。父母是個多元的群體。我們每個人都用自己的視角看世界，也把自己的親身經歷帶到育兒的神聖任務中。但我們也是一個共同體，對孩子強烈的愛與對他們未來無盡的期望，把我們聯繫在一起。這個集體認同，會促使我們給予所有家長同理心和群體歸屬感。我和你或許長相、生活方式不同，但我們給予孩子的愛都是一樣，因此我們是夥伴。這個集體認同給我們力量，讓我們能藉以確保彼此都獲得所需要的系統支援。談到育兒這項重責大任，父母不能也不該被期望要單打獨鬥。家長能夠也應該邀請職場、社區、國家提供必要的支援，如此孩子才能在生命的最初幾年得到優質的教養。這點有科學背書。孩子應該享有這一切。

如果你覺得受到感召，想為親子發聲，力求改革，可以考慮以下做法：

- 上 ParentNation.org 網站，了解美國境內為親子而努力的組織。如果你有能力，可以選定一個組織，出錢出力表示支持。
- 閱讀〈父母國理念〉（Parent Nation Ideals）並簽署。
- 在 ParentNation.org 網站上分享你的故事。

- 使用你的社群媒體平台，分享為親子發聲組織的工作，並邀請其他人也分享出去。
- 在你的社區空間（工作地點、宗教場所、學區）成立「家長會」，確保所有家長的聲音和需求都被聽到。
- 和你街坊鄰里、鄉鎮或城市的家長談談他們的經驗，並整理統合這些擔憂和想法，告訴民意代表。
- 對你工作場所的家長進行調查，找出哪些支援最能讓他們受惠，並將這些結果告訴領導階層。
- 寫一封信給地方報或全國報的編輯，提倡支持親子的計畫或政策。

- 在選舉將近時研究候選人和政見，著眼於對親子最好的政策。去投票！
- 組成讀書會，討論《打造同村共養父母國》，或者把這本書推薦給你目前參加的讀書會（請參閱討論指南）。
- 創立或加入「父母村」。父母村是家長的小團體，能聚在一起彼此支持，指出並討論社群裡家庭的需求，並且擬訂計畫滿足這些需求。你的「父母村」成員可以是你的職場同事、你孩子學校的家長、你的鄰居、和你有相同信仰的教友。成員來源不拘，只要十位以下願意投入的變革促進者皆可。你可以在 ParentNation.org/Villages 網頁找到所有資訊，包括「父母村」聚會的建議課程。

附錄二

# 討論指南

敬告讀者：如果你是自己或兩、三人小團體使用這份指南，或許可以考慮涵蓋每個討論要點。如果是在大團體討論本書，可以從每一章裡挑一到兩個要點來分享。

## 第一章：朝向新的北極星

- 你有育兒所需的工具和隊友嗎？
- 如果沒有，是什麼阻止你找到或留住工具和隊友？
- 什麼事或什麼人可以幫助你除去上述阻礙？
- 你可以協助社區裡其他家長除去這類阻礙嗎？
- 對你來說，疫情期間最大的育兒挑戰是什麼？
- 你曾愧於承認育兒讓你喘不過氣嗎？
- 你認為其他家長是你的盟友嗎？

## 第二章：大腦最厲害的招數

- 從夏綠蒂的故事中，你對大腦有能力自我重塑有何看法？
- 她的故事對我們看待幼托和嬰幼兒教育有何影響？
- 從哈辛的故事中，你對美國的資源分配與機會有何看法？
- 對於夏綠蒂和哈辛的成功，社會是提供幫助或設法阻礙？
- 請想像一個把基礎大腦發展視為北極星的社會。我們的學校裡，有哪些地方需要改進？工作場所呢？社區呢？
- 你能協助為上述改變發聲嗎？

## 第三章：路燈效應

- 在你還沒上學時，父母對於照顧你有什麼選擇？
- 那些選擇和你自己當了父母後擁有的選擇有何不同？
- 在不把成本轉嫁到家長的前提下，社會能如何為幼托人員增加工資？
- 如果你可以根據二十一世紀的思維，重新塑造我們的學校體系，你第一個想改變的地方是什麼？

- 有些父母有能力也想要全職照顧孩子，直到孩子上小學為止。這些父母需要什麼支援？
- 有些父母必須或偏好外出工作。這些父母需要什麼支援？

**第四章：大腦建築師**

- 花幾分鐘想一想「無知之幕」思想實驗，或是和你的小組進行討論。
- 就育兒來說，你想像中的社會和現實有哪裡不同？
- 承上題，又有哪裡相同？
- 你有沒有認識的家長（包括你自己），他們的育兒夢想因為突如其來的障礙而中止？
- 吉博莉把她的故事告訴美國兒科學會，並幫忙擬定有薪家庭照顧與醫療假的政策陳述。你能為自己聽到或親身經歷的育兒故事採取什麼行動呢？

**第五章：一切都從信念開始**

- 你在何時何地得知，寶寶需要什麼才能培育健康的大腦？
- 你的知識有改變你和自己孩子互動的方式嗎？如果對你來說這是新資訊，會改變之後和孩子互動的方式嗎？

- 有什麼方法能把這資訊更快、更有系統傳達給其他家長知道？
- 根據作者的描述，你覺得自己的育兒風格是「規劃栽培」派或「自然長大」派？
- 蘇斯金寫道，我們國家說一套、做一套，這樣的知行不合一會對家長有直接（甚至嚴重）的後果。你能舉出一個例子嗎？你能想出如何解決嗎？

**第六章：奠定根基，打造堅固船隻**

- 你是否曾希望有更多時間可以陪小孩？
- 經濟壓力以何種方式影響你的育兒？
- 有了小孩以後，幼托費用對你決定何時回去工作（或是否回去工作）影響有多大？
- 你能夠找到自己負擔得起，同時能提供孩子足夠照顧的幼托機構嗎？
- 工作場所有哪些其他方式可以和家長合作，而非阻礙家長呢？

**第七章：畫好地圖，驚濤駭浪不迷航**

- 你覺得薩賓娜和凱薩琳的故事有什麼共通點？
- 你有在她們或她們家人身上看到自己的影子嗎？或是有哪位你認識的家長和其中任何人

很像？

- 你所處的社區有完善制度，協助家長提供安穩的環境給孩子嗎？你周遭的社區呢？
- 凱薩琳盼望有家長團體的存在，讓來自不同背景的家長齊聚一堂，互相支援。你居住的地方有類似的團體嗎？那是怎樣的團體？
- 研究指出，一個國家若家庭支援政策不強，比較有可能出現兒童健康上的差異。在體制面應該要制定什麼政策，才能讓家長獲得凱薩琳夢寐以求的支援？

**第八章：大聲疾呼**

- 當代版本的《全面兒童發展法案》該納入哪些內容，才能支持家庭？
- 我們能從AARP的成功汲取哪些經驗，以此提升親子的健康與幸福？
- 健全的大腦發育應該視為公民權嗎？為什麼？
- 作者寫道：「有時我們因眼界而受限，接著在突然間，我們放眼望去直視地平線，這才發現還有別條路。」你覺得這「別條路」容易到達嗎？為什麼？

## 第九章：醫生的囑咐

- 你的醫療提供者（婦產科醫師、小兒科醫師）有提供給你孩子大腦需求相關的資訊嗎？他們是這方面可靠資訊的來源嗎？
- 你通常會去哪裡尋求打造孩子大腦的資源或建議？
- 那些資源容易取得嗎？
- 美國在醫療照顧和社會服務上花費的比例，是否讓你驚訝？我們應該多花點錢在社會服務上嗎？還是少花一點？抑或是和現在差不多？為什麼？

## 第十章：企業的重任

- 你曾覺得必須向雇主隱瞞你家庭的需要嗎？
- 如果你告訴雇主，自己必須要離開一段時間去看孩子的棒球賽／演奏會／學校話劇，或是帶小孩去看醫生，雇主會有什麼反應呢？
- 你曾經和同事聊過公司是否對育兒有利嗎？若然，你有沒有試著讓公司高層知道這些對話內容呢？
- 你認為公司可以在利潤和員工私生活之間取得平衡嗎？

- 政治科學家雅各．海克說：「家庭以前是避風港，現在卻是風暴的中心。」是怎樣的變化帶來這種轉變？

**第十一章：生命、自由、兌現社會的承諾**

- 一九八九年的「軍事兒童保育法」重新思考定義軍人家庭的幼兒托育。你可以想像在平民世界有類似的作為嗎？
- 有薪假、兒童稅額抵減、幼兒托育這些議題，會讓你覺得根本是政治議題嗎？為什麼？
- 作者在本書介紹很多家長讓我們認識。誰的故事最能引起你的共鳴？為什麼？
- 讀完本書後，你是否覺得和其他家長間產生了歸屬感或群體認同？
- 讀完本書後，你是否充滿希望？為什麼？

國家圖書館出版品預行編目 (CIP) 資料

打造同村共養父母國：父母的語言 2 ｜正視 0-3 歲大腦發展期，幫助每個爸媽安心育兒 / 丹娜・蘇斯金 (Dana Suskind), 莉迪亞・丹維斯 (Lydia Denworth) 著；謝儀霏譯 . -- 第一版 . -- 臺北市：親子天下股份有限公司 , 2023.03

368 面；2.2 公分 . -- ( 家庭與生活；86)

譯自：Parent nation : unlocking every child's potential, fulfilling society's promise.

ISBN 978-626-305-416-5 ( 平裝 )

1.CST：兒童發展 2.CST：兒童心理學 3.CST：育兒

523.1 112000685

家庭與生活 086

# 打造同村共養父母國

## 父母的語言 2 ｜正視 0-3 歲大腦發展期，幫助每個爸媽安心育兒

Parent Nation：Unlocking Every Child's Potential, Fulfilling Society's Promise

---


作　　者｜丹娜．蘇斯金（Dana Suskind）、莉迪亞．丹維斯（Lydia Denworth）
譯　　者｜謝儀霏
責任編輯｜謝采芳、陳子揚（特約）
校　　對｜魏秋綢、王雅薇
封面設計｜黃育蘋
版型設計｜Bianco_Tsai、中原造像股份有限公司
內頁排版｜中原造像股份有限公司
行銷企劃｜陳佩宜

天下雜誌群創辦人｜殷允芃
董事長兼執行長｜何琦瑜
媒體產品事業群
總 經 理｜游玉雪
總　　監｜李佩芬
副 總 監｜陳珮雯
版權主任｜何晨瑋、黃微真

出 版 者｜親子天下股份有限公司
地　　址｜台北市 104 建國北路一段 96 號 4 樓
電　　話｜(02) 2509-2800　傳真｜(02) 2509-2462
網　　址｜www.parenting.com.tw
讀者服務專線｜(02) 2662-0332　週一～週五：09:00~17:30
讀者服務傳真｜(02) 2662-6048
客服信箱｜parenting@cw.com.tw
法律顧問｜台英國際商務法律事務所．羅明通律師

製版印刷｜中原造像股份有限公司
總 經 銷｜大和圖書有限公司　電話｜(02)8990-2588

出版日期｜2023 年 3 月第一版第一次印行
定　　價｜500 元
書　　號｜BKEEF086P
I S B N｜978-626-305-416-5（平裝）




訂購服務
親子天下 Shopping｜shopping.parenting.com.tw
海外．大量訂購｜parenting@cw.com.tw
書香花園｜台北市建國北路二段 6 巷 11 號　電話｜(02) 2506-1635
劃撥帳號｜50331356 親子天下股份有限公司